服装结构制图

主　编　甘小平　廖红梅
副主编　吴玉珍　何琳琳
参　编　叶　菁　刘　群　王兴举
　　　　姜　旭　刘巧丽　李初禹
　　　　王爱钧　王晓兰　王晓东
　　　　赵　双　黄蓉蓉　刘峻华
　　　　邓冰蕾
主　审　邓仕川　周　利

北京理工大学出版社
BEIJING INSTITUTE OF TECHNOLOGY PRESS

内容简介

本书较全面地介绍了服装结构设计基础知识，典型部件结构设计，裙装、裤装、衬衫、连衣裙结构设计的操作过程，时尚款式变化结构设计的操作实例。本书在介绍操作过程的同时，注重实例操作要领的讲解，很好地进行了理实融合。

本书旨在使读者更好地掌握服装结构设计的基础知识和基本技能，既可以作为服装企业、行业人员就业、培训的参考用书，还可以作为广大服装爱好者的自学用书。

版权专有 侵权必究

图书在版编目（CIP）数据

服装结构制图 / 甘小平，廖红梅主编 . -- 北京：北京理工大学出版社，2025.1.
ISBN 978-7-5763-4796-8

Ⅰ . TS941.2

中国国家版本馆 CIP 数据核字第 2025QA4409 号

责任编辑：钟　博	文案编辑：钟　博
责任校对：刘亚男	责任印制：施胜娟

出版发行 / 北京理工大学出版社有限责任公司
社　　址 / 北京市丰台区四合庄路 6 号
邮　　编 / 100070
电　　话 /（010）68914026（教材售后服务热线）
　　　　　（010）63726648（课件资源服务热线）
网　　址 / http://www.bitpress.com.cn

版 印 次 / 2025 年 1 月第 1 版第 1 次印刷
印　　刷 / 定州启航印刷有限公司
开　　本 / 889 mm × 1194 mm　1/16
印　　张 / 11.5
字　　数 / 248 千字
定　　价 / 79.00 元

图书出现印装质量问题，请拨打售后服务热线，负责调换

前言

随着时代的发展，人们对服装的需求早已超越单纯的遮体御寒，转而追求个性化表达与审美体验。无论是经典款式还是时尚潮流，其都离不开严谨的结构设计与精湛的制图技术。本书的编写初衷，正是帮助每一位服装设计爱好者系统地掌握从基础理论到实践应用的核心技能，在探索服装奥秘的旅途中找到属于自己的创作方向。

本书以"实用"与"易学"为核心理念，全面覆盖服装结构设计的核心领域。本书从基础知识入手，逐步深入至具体款式的设计与变化，涵盖裙装、裤装、衬衫、连衣裙等常见品类的结构制图方法，并通过丰富的实例解析，帮助读者理解不同服装部件的设计逻辑。无论是经典的直裙、西裤，还是充满创意的牛仔裙、休闲裤，书中均以图文并茂的形式，详细展示每一步操作的关键要点。此外，本书特别设置了"时尚款式变化结构设计"模块，结合当下流行趋势，解析省道转移、基型调整等进阶技巧，为读者提供灵感与技术支持。

本书的特色之一是兼顾传统工艺与创新思维，在介绍基础制图方法的同时，融入现代服装设计的灵活性与多样性。例如，针对同一款式，本书提供多种结构变化方案，引导读者打破固有思维，尝试不同的设计可能。这种"基础+拓展"的编排方式，既适合初学者夯实基本功，也能满足有一定经验的设计者深化技能的需求。

对于希望自学服装设计的读者，本书将成为一本可靠的指南。本书内容由浅入深，无须复杂工具即可上手实践。读者可跟随模块顺序系统学习，亦可依据兴趣跳转至特定模块，快速掌握目标技能。同时，本书还特别设置了"知识拓展"与"强化训练"板块，通过举一反三的练习，帮助读者巩固所学知识，逐步提升独立设计能力。

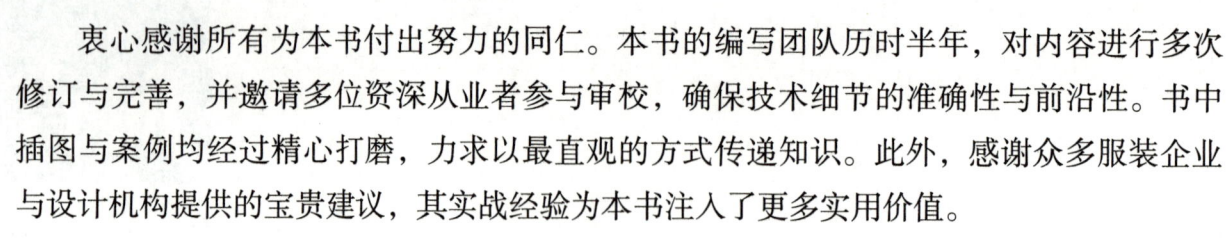

衷心感谢所有为本书付出努力的同仁。本书的编写团队历时半年，对内容进行多次修订与完善，并邀请多位资深从业者参与审校，确保技术细节的准确性与前沿性。书中插图与案例均经过精心打磨，力求以最直观的方式传递知识。此外，感谢众多服装企业与设计机构提供的宝贵建议，其实战经验为本书注入了更多实用价值。

服装设计是一门不断发展的艺术，新的工艺与潮流层出不穷。书中若有不足或疏漏之处，恳请广大读者不吝指正。

编　者

目录

模块一　服装结构设计基础知识　1

　　任务一　服装结构设计概述　2
　　任务二　服装结构设计依据　7
　　任务三　服装结构制图基础知识　18
　　任务四　服装号型系列基础知识　28

模块二　典型部件结构设计　35

　　任务一　典型口袋结构设计　36
　　任务二　典型开衩结构设计　46
　　任务三　典型领结构设计　54
　　任务四　典型装腰型门里襟拉链结构设计　61

模块三　裙装结构设计　69

　　任务一　直裙结构设计　70
　　任务二　斜裙结构设计　77
　　任务三　牛仔裙结构设计　85

模块四　裤装结构设计　95

　　任务一　女裤结构设计　96

任务二　男西裤结构设计 …………………………………………………… 106
任务三　休闲裤结构设计 …………………………………………………… 118

模块五　衬衫、连衣裙结构设计 ……………………………………………… 127

任务一　女衬衫结构设计 …………………………………………………… 128
任务二　男衬衫结构设计 …………………………………………………… 137
任务三　连衣裙结构设计 …………………………………………………… 146

模块六　时尚款式变化结构设计 ……………………………………………… 155

任务一　时尚女装基型结构设计示例 ……………………………………… 156
任务二　时尚女装省道转移及设计应用 …………………………………… 158
任务三　时尚女装结构设计示例 …………………………………………… 162

参考文献 ………………………………………………………………………… 178

模块一
服装结构设计基础知识

学习内容

任务一　服装结构设计概述
任务二　服装结构设计依据
任务三　服装结构制图基础知识
任务四　服装号型系列基础知识

学习目标

（1）能够熟练使用常用工具。
（2）了解人体外形与服装结构的关系、人体测量与服装号型的基础知识。
（3）了解服装结构设计常用专业术语及各种图形符号。
（4）学会与人沟通的方法，提高团队协作能力。
（5）学会理论联系实际，提高动手实践的能力。
（6）能够验证服装设计与工艺之间的配伍联系，为服装专业相关课程的学习提供帮助。

学习方法

学生结合任务视频、教师演示法、任务引领法等方式，以小组为学习单位，掌握服装结构设计的常用工具、人体外形与服装结构的关系、人体测量、服装号型、结构制图等基础知识，在有条件的情况下，建议在企业以教学实习、顶岗实习等方式进行训练。

任务一　服装结构设计概述

一、文化溯源

卜丹同学在看电影《开国大典》时，发现在历次国庆阅兵典礼、国际国内重要政治活动中，中山装及其改良装都是国家领导人着装的首选。她问爸爸："国家领导人为什么穿中山装而不穿西装呢？"爸爸为她讲解道："20世纪20年代，孙中山先生以西装、南洋华侨中流行的'企领文装'等服装的造型结构为基础，结合中国传统的审美理念，并考虑到具体的使用功能，运用'洋裁法'的剪裁方式，设计制作出了适合中国人穿着的'新服装'。因为孙中山先生创制、率先垂范并且极力倡导'新服装'，所以'新服装'得名'中山装'。中山装紧收颈部的衣领是压力与危机的象征，前襟的4只口袋标志着礼、义、廉、耻的儒教思想，后背无缝表示祖国统一不可分割。中山装给人以信心和力量，蕴含着设计者强烈的主观意愿和设计思想，并与中国历史的背景和使命相融相通。"中山装激活了流淌在中国人血液中的民族记忆和创新活力，对构建新时代中华文明的认同感，增强中华民族的服装服饰文化自信心意义重大。

在新时代，如何进一步推进作为文化标识的传统服装服饰文化的传承、传播和创新？

二、服装理念

中山装以中国传统精神为内涵，融入了外来服饰的造型及其技术手段，这一点对新时代中式服装的发展具有极大的借鉴意义。要学习孙中山先生不断地创新与尝试的精神，充分发挥服装作为彰显文化自信显性标识的作用。经历了"拿来"与"消化"过程的中山装成为"洋为中用"、传承民族文化、适应国际化潮流、极具时代特征的典范。其造型结构和造型风格，代表着中国服装服饰风貌由传统向现代的转变，反映了新时代的服装服饰文化转折。

三、核心素养

根据服装结构设计的相关书籍，了解服装结构设计所需的各类工具。根据服装结构设计概述及常用工具使用知识，熟悉服装结构设计常用专业术语，并熟练使用服装制图工具绘制服装各部位的图线。

从中山装汲取设计灵感，以传统服装为依托，以中国传统精神为内涵，将中国服装发扬光大，彰显中国特色。在服装结构设计概述及常用工具使用知识的学习过程中，培养发散思维和职业标准意识，养成良好的职业素养。

四、关联知识

（一）服装结构设计的历史和发展

随着生活水平的不断提高，人们对服装结构设计的要求也越来越高，服装结构设计和其他自然科学一样是在人类认识自然、改造自然的过程中产生和发展的。

在上古时期，人类用兽皮保护身体和取暖，形成最原始的服装雏形。在距今一两万年前，人类已经懂得将兽皮分割成不同形状的皮片，用骨针缝制成兽皮衣服，但还不能适当地剪切，制成合体的衣服。在氏族社会时期，出现了石制和陶制的纺轮，人类开始懂得用植物纤维纺线和将线织成布帛，出现了用布帛制成的宽松的披挂式和围身形服装。这些服装多为宽大的束腰款式，在结构上属于将人体简化为可展曲面的平面结构类，在具体构成手法上开始形成简单的粗线条的平面构成和将布帛覆合在人体上进行剪切的立体构成。公元460年，欧洲人发明了名为"豪佩兰德"的紧身裤以及名为"布利奥"的紧身胸衣，服装开始趋向贴体、合身，其裁剪技术发展到将人体体表视作不可展曲面的立体构成阶段。

17世纪以后，服装结构制图由简单依靠经验进入教学推理的规范化阶段。世界上第一本记载服装结构制图公式与材料的书籍是1589年由贾·德·奥斯加所著的《纸样裁剪》，在西班牙马德里出版。1798年，法国数学家卡斯帕特摩根出版了《画法几何学》，为服装结构制图提供了数学依据，确立了标准体和基础纸样的概念。与此同时，在英国发明的带形软尺为人体测量提供了方便的工具。1818年，欧洲开始发行刊物 *Barn Hearn*，推广了以胸寸法为基础的比例制图方法。1828年，法国的格朗姆·康拜为流行的比例制图方法系统化作出了很大的努力，但充实服装结构制图方法并使之严密的功劳最大者是德国的数学家亨利·乌木，他在1834年于汉堡首次出版了单独阐明比例制图方法原理的教科书，奠定了比例制图的合理、科学、规范的基础。随之，1871年，在英国伦敦出版了《绅士服装的数学比例和结构模型指南》一书，该书进一步奠定了服装结构制图的科学性，从而最终将服装结构设计纳入近代科学技术的轨道。

我国传统的服装结构设计基本上是按照平面结构形式进行的，直至在19世纪末引入了西方的服装设计制作技术，并逐渐形成了西式裁剪技术这一概念。百多年来，西方裁剪技术在中国经历了引进—消化—吸收—改进—提高的过程，形成了符合中国国情的分配比例形式的结构制图方法。20世纪70年代末，服装结构制图被纳入职业教育的轨道，并且成为职业院校服装专业的必修课程，它的知识结构得到了充实，理论和实践的严密性、合理性得到深化。进入20世纪80年代，服装教学从单一的平面结构模式逐步过渡到平面结构与立体裁剪相结合，直至平面结构与立体裁剪同步进行的模式（图1-1-1）。随着计算机技术的发展，服装工业技术也随之得到迅速的发展，如人体体型数据采集、纸样设计、样板缩放、排料等都采用了省工省时、高效率的先进设备——非接触式三维人体计测装置、CAD 服装款式造型设计系统（图 1-1-2）、二维和三维的纸样设计和显示系统、自动排料系统、CAM 自动切割机/自动裁床等。新技术、新设备的采用使服装得到迅猛的发展，从理论和实践都大大地丰富了"服装结构制图"课程的知识结构，同时反过来又对该课程的内容提出了更加严谨、规范、科学的要求，以体现当代服装结构设计的科技水平。

图 1-1-1　学生们正在做样版

图 1-1-2　老师正在进行服装 CAD 制版示范

（二）服装结构设计常用专业术语

1. 服装结构设计常用专业术语的来源

服装结构设计常用专业术语的来源大致有以下五个方面。

（1）约定俗成。

（2）外来语的音译，如育克、塔克、克夫（袖头）等。

（3）部件本身的形状，如琵琶襟、蝙蝠袖等。

（4）部件的作用，如吊襻、腰带等。

（5）部件的安放部位，如肩襻、袖襻等。

2. 服装结构设计常用专业术语说明

服装结构设计常用专业术语大致如下。

（1）版和版型：版指的是服装的样子，即常说的款式。由设计师先进行设计，然后打版师把设计变为版样，具体的尺寸由打版师掌握；版型指的是打版的效果。

（2）版和款式：通常行业内称为版，大众称为款式。版主要体现为设计和面辅料使用的不同，而款式除了体现设计和面辅料元素，其对花色和颜色的表达也更明确。

（3）服装造型：由服装造型要素构成的总体服装艺术效果。

（4）服装款式：服装的式样，通常指形状因素，是造型要素的一种。

（5）款式设计图：体现服装款式造型的平面图。

（6）服装效果图：表现人体在特定时间、特殊场合穿着服装效果的图。

（7）服装裁剪图：用曲线、直线、斜线、弧线等特殊图线及符号将服装款式和造型分解展开成平面裁剪形式的图。

（8）服装轮廓线：表示服装裁剪及部件外部轮廓的制图线条。

（9）服装结构线：表示服装各部位之间关系的制图线条。

（10）配零料：除衣裤裙等主要裁片以外的部件。

（11）基础线：进行服装结构设计时首先画出的水平方向和垂直方向的直线。

（12）净样：服装实际规格，不包括缝份、贴边等。

（13）毛样：服装裁剪规格，包括缝份、贴边等。

（14）吃势：某一部位需要通过工艺方法使其收缩的量，如袖山弧线大于袖窿弧线的量。

（15）胖势：服装中凸出的部位。

（16）劈势：直线的偏进，如上衣门里襟上端的偏进量。

（17）困势：直线的偏出，如裤子侧缝困势指后裤片在侧缝线上端的偏出量。

（18）翘势：水平线的上翘（抬高），如裤子后翘指后腰线在后裆缝处的抬高量。

（19）凹势：服装中凹进的程度，也叫作窝势，如袖窿门。

（20）缝份：已放好做缝的裁片的宽度。

（21）眼刀：在裁片的某部位所剪的一小缺口，作为制作对位标记。

（22）串口：驳领中翻领与驳头结合处的缝合线。

（23）门襟：衣片的锁眼边。

（24）里襟：衣片的钉纽边。

（25）叠门：门襟和里襟叠合的部分。

（26）丝缕：织物的经向、纬向、斜向，行业中称为直丝缕、横丝缕、斜丝缕。

（27）画样：用样板按不同规格在面辅料上画出衣片的裁剪线条。

（28）画顺：光滑圆顺地连接直线与弧线、弧线与弧线。

（29）钻眼：打在裁片上作定位标记的孔眼。

（30）编号：将裁好的衣片和部件按顺序所编的号码。

（31）开剪：按画样线条把面料裁成裁片。

（32）验片：逐片检查裁片的质量和数量。

（33）换片：调换不符合质量要求的裁片。

（34）挂面：上衣门里襟反面的贴边。

（35）过肩：也称为复势、育克，一般常指男、女上衣肩部的双层或单层布料。

（36）驳头：挂面第一粒纽扣上段向外翻出的不包括领的部分。

（37）克夫：又称为袖头，缝接于衣袖下端，一般为长方形袖头。

（38）分割：根据人体曲线形态或款式要求在上衣片或裤片上增加的结构缝。

（39）登门：衣服底边处的镶边，特指夹克衫的底边。

（40）省：又称为省缝，根据人体曲线形态所需缝合的部分。

（41）裥：根据人体曲线形态所需有规则折叠或收拢的部分。

（42）弧度：弧形线的弯曲形状，如袖窿弧线的弧度。

（43）对刀：眼刀与眼刀相对或眼刀与衣缝相对。

（44）失出：某些疏松的面料，经开剪后经纬纱一根根失落的现象。

（45）爆版：好卖的和畅销的版。

（46）炒货：经销不是自己生产或不是自己下单生产的货品。

（47）大路货：中档、中低档的，不走加盟，走批发路线的服装产品。大部分大路货没有注册商标。

（48）补货与补单：补货是指换季上新货的后续进货，包括补好销的旧版货和上新版货；补单一般是指向工厂下单做好销的旧版货。补货和补单都可以叫作返单，且通常称为返单。

（49）组合关系：一件服装是由多少衣片和部件组合而成的（包括面料、里布、衬布等），它们之间又是如何配合的，即所采用的缝法（如分缝、包缝等）以及缝份的宽窄与配合时所采用的归拔工艺（如平缝配合、吃势配合等）等。

（50）组合形态：各部位、部件的衣里、衬及其他辅料的组合关系。

3.服装结构设计术语的作用

服装结构设计术语可以统一服装结构制图中的裁片、部件、线条、部位的名称，使各种名称规范化、标准化，以便于交流。

五、巩固强化

（一）单项选择题（每小题列出的四个备选项中，只有一个正确答案。错选或漏选均不得分）

（1）世界上第一本记载服装结构制图公式与材料的书籍是在（　　）出版的。

A. 法国　　　　B. 西班牙　　　　C. 英国　　　　D. 葡萄牙

（2）1798年，法国数学家卡斯帕特摩根出版了（　　）。

A.《画法几何学》　　　　　　　　B.《纸样裁剪》
C.《结构模型指南》　　　　　　　D.《绅士服装的数学比例》

（3）（　　）是表示服装各部位之间关系的制图线条。

A. 服装轮廓线　　B. 服装裁剪线　　C. 服装结构线　　D. 服装设计线

（4）（　　）年，欧洲开始发行刊物 Barn Hearn，推广了以胸寸法为基础的比例制图方法。

A. 1871　　　　B. 1589　　　　C. 1798　　　　D. 1818

（5）（　　）指光滑圆顺地连接直线与弧线、弧线与弧线。

A. 画样　　　　B. 弧度　　　　C. 毛样　　　　D. 画顺

（二）判断题（正确的打"√"，错误的打"×"）

（1）组合关系是指各部位、部件的衣里、衬及其他辅料的组合关系。　　（　　）
（2）补货是指换季上新货的后续进货，包括补好销的旧版货和上新版货。（　　）
（3）里襟是指衣片的锁眼边。　　　　　　　　　　　　　　　　　　　（　　）
（4）服装轮廓线是指表示服装裁剪及零部件外部轮廓的制图线条。　　　（　　）
（5）困势是指直线的偏进，如上衣门里襟上端的偏进量。　　　　　　　（　　）

（三）简答题

（1）简述服装结构设计常用专业术语的来源大致有哪些方面。
（2）简述服装结构设计术语的作用。

任务二　服装结构设计依据

一、文化溯源

龙是神话传说中的神异动物，为百鳞之长。在中国古纹样装饰中，龙纹占有十分重要的地位。龙纹被广泛运用于服装、陶瓷、建筑等领域。古人认为龙是神灵，在封建社会更是被作为帝德的最高标志和祥瑞的象征。

龙纹作为中国传统文化的代表之一，不仅是一种装饰纹样，更是一种文化符号，承载着丰富的文化内涵和精神价值（图1-2-1）。

图1-2-1　龙纹

二、服装理念

龙纹的曲线、流动性和变化多端的特点可以为服装剪裁、线条和结构设计提供灵感和参考。例如，在设计服装的领口、袖口或裙摆时，可以借鉴龙纹的曲线和形态，使服装更具有动感和美感。

在学习和设计实践中，应不断汲取中国传统文化的营养，为服装设计注入更多创新活力。通过介绍具体的传统纹样，激发学生对传统文化的兴趣和认识，将传统文化与实际设计实践结合，提升学生对服装设计的审美水平和文化素养。

三、核心素养

古人创造了神态、造型各不相同的龙纹形象。通过学习和了解龙纹，提取其内涵并将其融入服装结构设计，可以感受到服装所蕴含的博大精深的中国传统文化，增强对民族文化的自豪感和认同感。

在新时代的语境下，期待龙纹艺术能继续以其独有的方式，让世界见证中华文化的不朽魅力。

四、关联知识

（一）人体外形与服装结构

1. 人体的外形

人体的外形可分为头、颈、躯干和四肢。

骨骼、关节、肌肉共同构成人体的外部体型特征。骨骼是人体的支架。人体全身有206块骨骼，骨骼是人体测量的基准点，骨骼与服装结构设计有密切的关系。与服装结构设计有关的骨骼主要有脊骨、胸骨、盆骨、上肢骨、下肢骨。

关节是骨骼之间连接的部位，是人体运动的纽带。人体关节的活动特征和活动范围对服装结构设计有重要的影响。

肌肉附于骨骼与关节之上，人体靠肌肉的收缩牵动骨骼产生运动。肌肉是人体表面形态的决定因素，肌肉发达者体型丰满，反之干瘪瘦小。与服装结构设计关系较大的主要有颈肌、躯干肌、上肢肌和下肢肌等。

2. 男、女体型的差异

男、女体型的差异见表 1-2-1。

表 1-2-1　男、女体型的差异

部位	男体特征	女体特征
颈	横截面呈桃形，较粗	横截面呈扁圆形，较细长
肩	锁骨弯曲度较大，宽而平	锁骨弯曲度较小，扁而向下倾斜
胸	胸廓长而宽阔，胸肌健壮，较平坦	胸廓窄而短小，胸部隆起，表面起伏变化较大
背	背肌丰厚，较宽阔	背肌圆厚，较窄
腰	弯曲度较小，腰节较低，凹陷较浅	弯曲度较大，腰节较高，凹陷较深
腹	腹肌起伏明显，较平坦	腹肌圆厚宽大
臀	盆骨高而窄	骨盆低而宽，臀部宽大丰满，向后突出，臀骨沟深陷
上肢	上臂肌肉强健，肘部宽大，手宽厚粗壮，略长	略短，肘部宽厚，腕部较窄，手较窄小
下肢	腿肌强健，略长	腿肌圆厚，略短

3. 人体体型

人体体型可以从人体比例和人体结构两个方面理解和分析。

1）人体比例

人体比例最简单、最方便的测量单位是头。我国正常的成年男性约为 7 个半头高，成年女性约为 7 个头高。不同年龄段的人体比例如下：1~2 岁，4 个头高；5~6 岁，5 个头高；14~15 岁，6 个头高，16 岁，接近成人；25 岁，达到成年人身高。

2）人体结构

按服装的构成需要，为了方便测量人体，可以将人体的体表部位分别用假设的基准点、线、面来表示。

（1）人体上的基准点如图 1-2-2 所示。

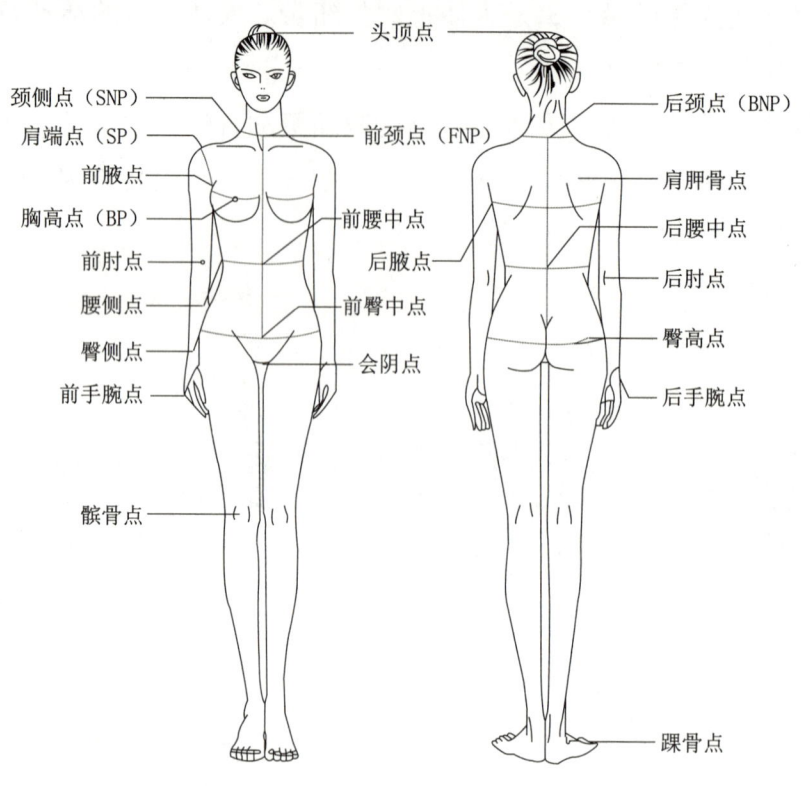

图 1-2-2　人体上的基准点

（2）人体上的基准线如图 1-2-3 所示。

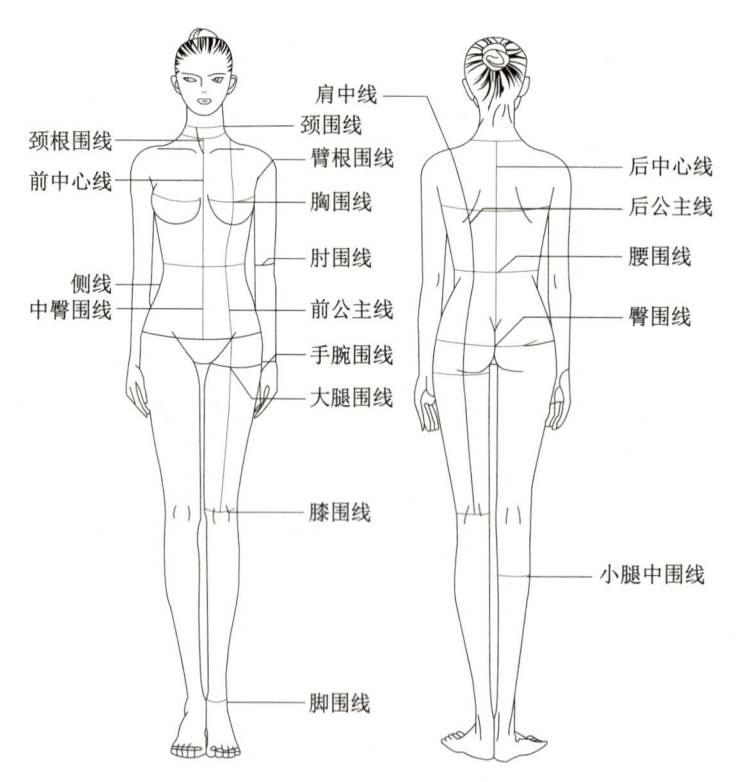

图 1-2-3　人体上的基准线

（3）人体上的基准面如图1-2-4所示。

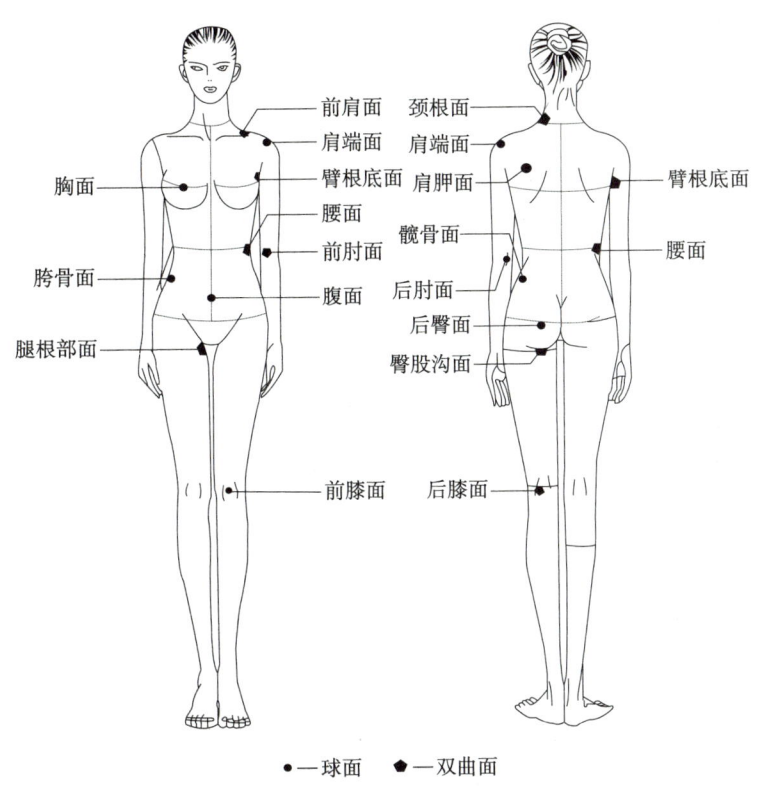

●—球面　◆—双曲面

图1-2-4　人体上的基准面

（二）人体外形与服装结构的关系

研究人体外形与服装结构关系的目的是使服装最大限度地满足人体外形的需要。人体外形与服装结构有直接的关系。

1. 颈部与衣领的关系

（1）男性颈部较粗，喉结位置偏低且外观明显。

（2）女性颈部较细，喉结位置偏高且平坦，不显露。

（3）老人颈部脂肪少，皮肤松弛。

（4）幼儿颈部细而短，喉结发育不完全，不显露。

（5）人体颈部呈上细下粗的不规则圆台状，上部和头部相连。

（6）从侧面观察，颈部向前呈倾斜状，下端的截面近似桃形，颈长相当于头长的1/3。

（7）颈部的形状决定了衣领的基本结构，由于颈部呈不规则圆台状及有向前倾斜的特点，所以衣领的造型基本上是后领脚宽，前领脚窄，上衣前、后领的弧线一般是后平前弯。

（8）由于颈部上细下粗，所以衣领的规格是上领小、下领大。

2. 躯干与上装的关系

躯干包括肩部、胸部、背部、腰部、腹部、臀部等。

1）肩部

（1）在一般情况下，男肩宽而平，女肩狭于男肩且斜于男肩。

（2）肩端部呈球面状，前肩部呈双曲面状，肩部前倾，俯视整个肩部呈弓形。

（3）肩部是前、后衣片的分界线，是服装的主要支撑点。

（4）肩部的弓形形状使服装后肩斜线略长于前肩斜线。

（5）肩部的特征决定了服装结构的肩部形状，肩部前倾使服装的前肩斜度大于后肩斜度。

2）胸部与背部的关系

（1）胸部与背部包括一部分脊柱、胸骨以及由12对肋骨组成的胸廓。

（2）胸廓的形状决定了胸部的大小和宽窄。

（3）女性胸廓较男性短小，呈扁圆形，前胸表面乳胸隆起，乳胸部呈近似圆锥状，背部凹凸变化不明显。女性由于乳胸隆起，故一般后腰节长等于或小于前腰节长。女性前胸的球面状使服装前中线有劈势。由于女性乳胸隆起，所以女装通过收省、打褶及设置分割线来达到合体的目的。

（4）男性胸廓宽而大，呈扁圆形，前胸表面呈球面状，背部凹凸变化明显。男性胸部与背部的特征决定了男性后腰节长大于前腰节长；又由于男性的肩胛骨凸起，所以男衬衫过肩线下收背裥。

3）腰部

（1）腰部截面呈扁圆状，小于胸围和臀围，侧腰部及后腰部呈双曲面状。

（2）男性腰部较宽，腰部凹陷不太明显，侧腰部呈双曲面状。

（3）女性腰部窄于男性，腰部凹陷明显，侧腰部双曲面状比男性明显。

（4）男、女腰部的宽窄差异决定了女装吸腰量大于男装吸腰量。

（5）侧腰的双曲面状决定了曲腰服装的腰节在侧缝处必须外展。

3. 上肢与衣袖的关系

上肢包括上臂、下臂、手。

（1）男性手臂较粗、较长，手掌较宽大。

（2）女性手臂较细，较男性短，手掌较男性狭小。

（3）肩关节、肘关节、腕关节使手臂能够旋转和屈伸。

（4）为了适应手臂活动的需要和符合手臂的形状，一片袖收肘省。

（5）袋口位置的高低与手臂的长短有关。

（6）手的不同体积，决定了男、女服装袋口的宽窄。

（7）手腕、手掌、手指都是确定服装袖长、袖口规格的依据。

（8）由于肩端和肩部三角肌的浑圆外形使袖山弧线和背部肩胛骨形成凸起，所以前袖山弧线与后袖山弧线不对称。

（9）上肢的形状决定了衣袖的基本结构，当上肢弯曲时，上臂和下臂呈一定角度，反映在衣袖上即后袖弯线外凸，前袖弯线内凹。

4. 下肢与下装的关系

下肢包括大腿、小腿、足，下肢是全身的支柱。

（1）下肢与腹部相连。下装一般为腰节线以下的服装。人体腰部最细处在静态时不是水平的，呈前高后低状态。人体腰部主要向前运动，因此，有些设计常在衣片后腰处加长 2 cm 左右。腹上部较平坦，腹部易囤积脂肪，呈圆形隆起状，腹峰为腹着力点，肥胖体型的人腹凸较明显，因此，在量体时要量腹围。

（2）胯关节、膝关节、踝关节使下肢能蹲、坐和行走。

（3）臀部丰满下垂而富有弹性，其下缘与股肌结合处形成臀股沟，它是测量直裆的主要标记。

（4）男性臀部小于女性。人体臀部厚度约占臀围的 15% 左右。裤子后裆要有一定的倾斜度并加后翘。

（三）人体测量概述

人体测量是对人体有关部位的长度、宽度、围度等的测量，其结果作为服装结构制图的直接依据，也是取得服装规格的主要来源之一。人体测量是服装专业技术人员必备的专业技能。

1. 人体测量常用工具

（1）软尺：进行人体测量的主要工具，质地柔韧，刻度清晰，稳定不伸缩。

（2）腰节带：测量腰节所用（可用绳子或软尺代替）的工具，围绕在腰节最细处。

（3）人体测高仪：测量人体垂直部位距离的仪器。

2. 人体测量注意事项

（1）目测被测者体型：为了裁出合体的服装，对被测者体型进行目测是必不可少的，目测时要做好两步，第一步是观察人体正、侧面弧线状态；第二步是观察正常体和非正常体。

（2）使被测者保持正确的姿势：被测者应站立正直，双臂自然下垂，测量时软尺不宜过紧或过松，保持横平竖直。

（3）确定放松量：在一般情况下，放松量 = 呼吸放松量 + 内装厚度 + 造型放松量。

（4）区分服装品种和季节要求：针对跨季服装的人体测量应注意对测量规格有所增减。

（5）把握正确的测量顺序：从上到下，从左到右，从前到后，先横后直。

（6）做好每一测量部位的规格记录：注明必要的说明或简单画上服装式样，注明体型特征和要求等。

3. 人体测量方法

人体测量所得的数据为净尺寸，即用软尺贴附于仅穿内衣的静态人体体表进行人体测量所得的数据为净尺寸。

如拟将人体测量数据作为服装结构制图的规格，还需要在净尺寸的基础上进行处理，即根据服装品种和式样的要求、活动量及穿着层次等因素，加放一定的放松量，主要控制衣长、肩宽、胸围、腰围、臀围等的放松量。放松量错误将影响整套服装穿着的合体性、外形的美观性和顾客的满意度。

下面从围度、宽度、长度三个方面介绍主要的人体测量方法。

1）围度

（1）颈围：用软尺从颈根最细处水平围量一周。

（2）胸围：用软尺从腋下通过胸部最丰满处水平围量一周。

（3）腰围：用软尺从腰部最细处水平围量一周。

（4）臀围：用软尺从臀部最丰满处水平围量一周。

（5）腕围：用软尺从腕部最细处水平围量一周。

（6）大腿围：用软尺从大腿根最高部位水平围量一周。

（7）膝围：用软尺从膝部最细处水平围量一周。

（8）踝围：用软尺从踝骨处水平围量一周。

人体主要围度测量方法示意如图 1-2-5 所示。

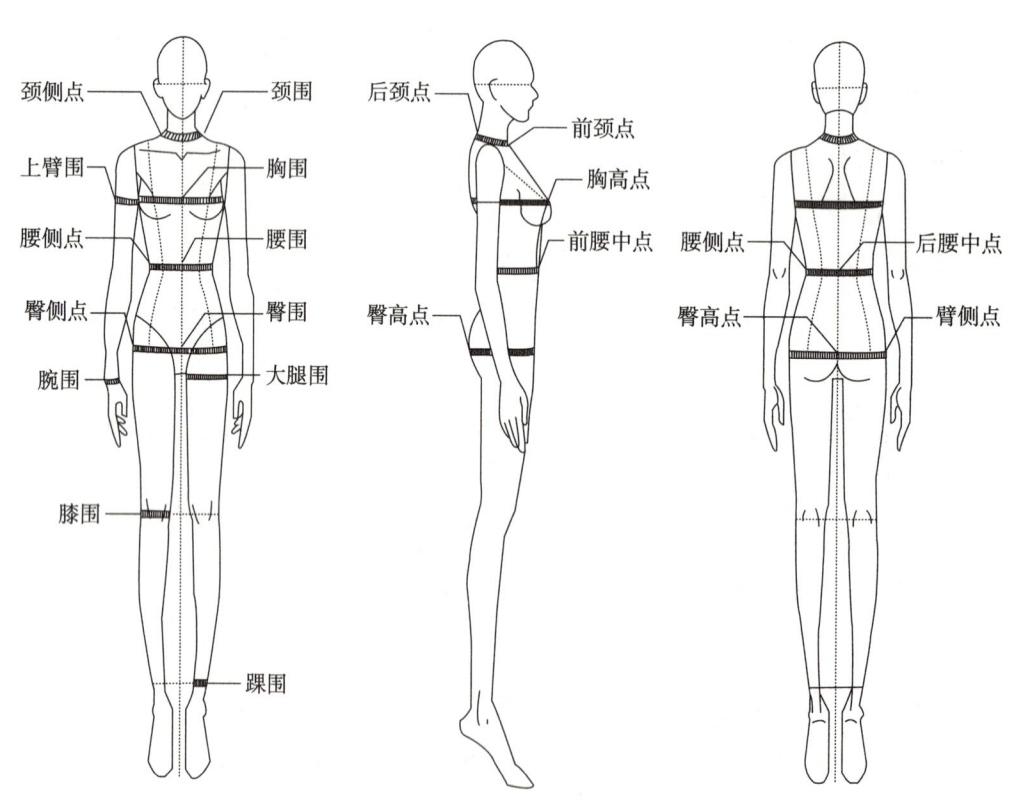

图 1-2-5 人体主要围度测量方法示意

2）宽度

（1）肩宽：用软尺从后背左肩端点量至右肩端点。

（2）乳距：用软尺测量两乳峰间的距离。

（3）前胸宽：用软尺从左前腋点水平量至右前腋点。

（4）后背宽：用软尺从左背宽点水平量至右背宽点。

人体主要宽度测量方法示意如图 1-2-6 所示。

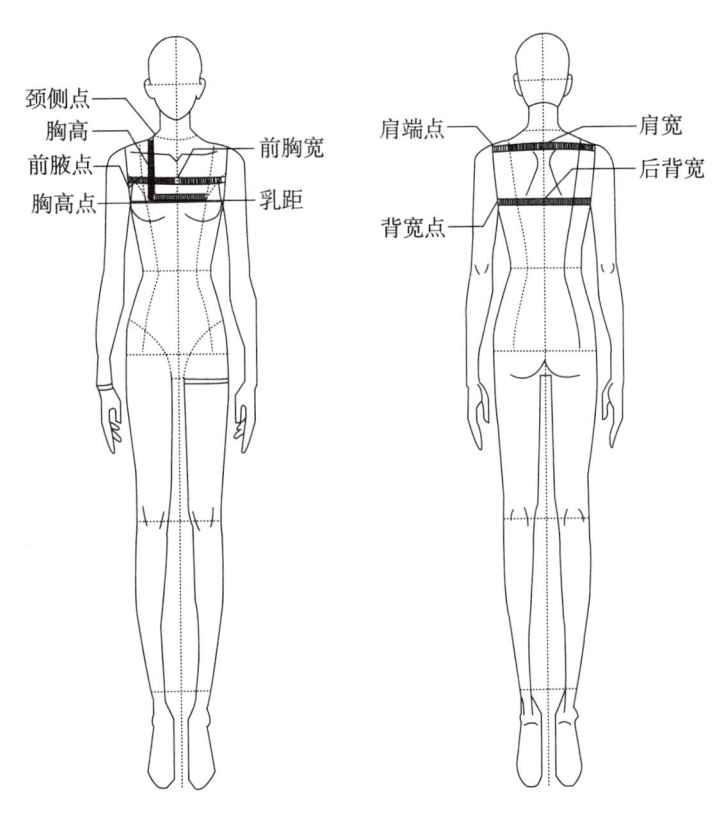

图 1-2-6　人体主要宽度测量方法示意

3）长度

（1）人体总体高：用人体测高仪或软尺从头骨顶点量至脚跟（体现为服装的"号"）。

（2）前衣长：用软尺由右颈肩点通过胸部最高点，垂直向下量至所需长度。

（3）后衣长：用软尺从由后领圈中点向下量至所需长度。

（4）胸高：用软尺从由右颈肩点量至乳峰点。

（5）袖长：用软尺从肩端点向下量至所需长度，一般情况下量至腕骨处。

（6）前腰节长：用软尺从右颈肩点通过胸部最高点垂直量至腰部最细处。

（7）后腰节长：用软尺从右颈肩点通过背部最高点量至腰部最细处。

（8）后背长：用软尺从后领圈中点量至腰部最细处。

（9）裤长：用软尺从侧腰部髋骨处向上 3 cm 处垂直量至所需长度，在一般情况下，量至外踝骨下 3 cm。

（10）裙长：用软尺从侧腰部髋骨处向上 3 cm 处垂直量至所需长度。

（11）臀高：用软尺从侧腰部髋骨处量至臀部最丰满处。

（12）上裆长：用软尺从侧腰部髋骨处向上 3 cm 处量至地面。

人体主要长度测量方法示意如图 1-2-7 所示。

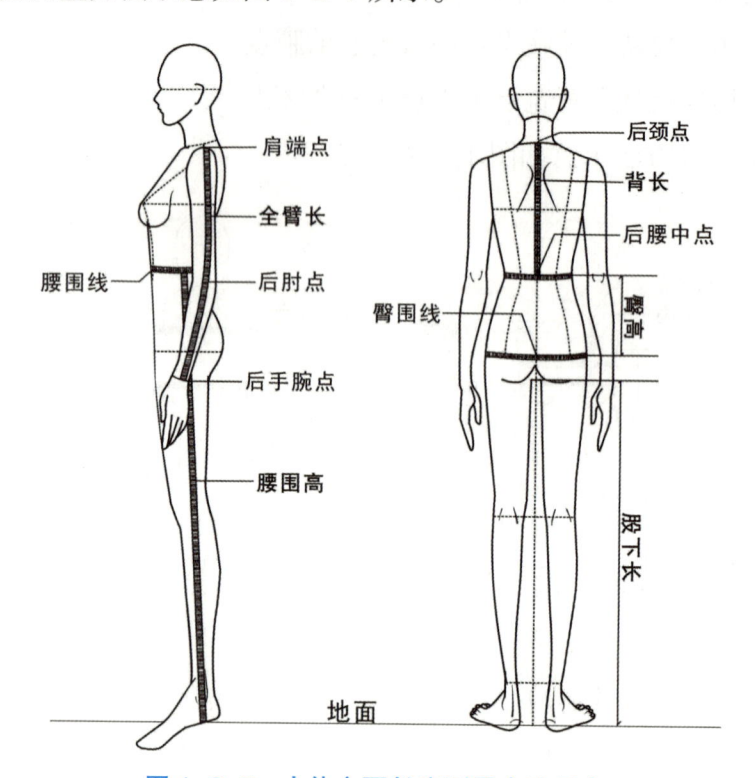

图 1-2-7　人体主要长度测量方法示意

（四）服装成品的放松量

（1）为了使服装适合人体的各种姿态和满足活动的需要，必须在人体测量所得数据（净尺寸）的基础上，根据服装的品种、式样和穿着用途，加放一定的余量，即服装成品的放松量。

（2）服装的放松量又称为加放量。按照人体测量所得数据裁制的服装虽然是合体的，但不能满足人体活动的需要。人体处于经常活动的状态中，在不同的姿态下，人体体表或伸或缩，皮肤面积变化很大，而绝大多数面料伸缩性不高，因此应根据服装穿在身上的内外层次加放一定的放松量，人体运动规律则是确定放松量的主要依据之一。

（3）服装各部位放松量的确定与多种因素有关，主要如下。

①款式特点的要求。

②衣料的性能和厚度。

③个人爱好与穿着用途。

④工作性质及活动量。

⑤外套内衣服的总厚度。

⑥不同地区的生活习惯和自然环境等。

（4）各种常用服装的放松量见表1-2-2（仅供参考）。

表1-2-2　各种常用服装的放松量　　　　　　　　　　　　　　cm

服装名称	一般情况下应加放的放松量				建议
	领围	胸围	腰围	臀围	
女裙装			1~2	4~6	内可穿一条衬裤
女裤装			1~2	6~10	
男裤装			2~3	8~12	
女衬衫	1.5~2.5	10~16			内可穿一件薄紧身衫
男衬衫	2~3	10~25			
女连衣裙	1.5~2.5	6~9			
女两用衫	3~3.5	12~18			
男夹克衫	3~5	20~30			
男春秋衫	5~6	16~25			
女西装	3~4	12~16			内可穿一件羊毛衫
男西装	4~5	18~22			
女大衣	4~6	20~25			
男大衣	4~6	25~30			
男中山装	4~5	20~22			

五、巩固强化

（一）单项选择题（每小题列出的四个备选项中，只有一个正确答案。错选或漏选均不得分）

（1）上裆长是由侧腰部髋骨向上（　　）处量至地面的距离。

A. 3 cm　　　　B. 3.5 cm　　　　C. 4 cm　　　　D. 4.5 cm

（2）臀部的球面状使西裤的后裆缝（　　）前裆缝。

A. 等于　　　　B. 长于　　　　C. 短于　　　　D. 小于

（3）后袖山弧线与前袖山弧线不对称，其重要原因是（　　）形成凸起。

A. 肩端部　　　B. 胸部　　　　C. 肩胛骨　　　D. 臂根底部

（4）袋口位置的（　　）与手臂的长短有关。

A. 长短　　　　B. 大小　　　　C. 高低　　　　D. 宽窄

（5）人体全身有（　　）块骨骼。

A. 205　　　　B. 206　　　　C. 208　　　　D. 216

（二）判断题（正确的打"√"，错误的打"×"）

（1）进行人体测量时一般不考虑被测量者所穿衣服的厚度因素。　　　　（　　）

（2）女装吸腰量大于男装吸腰量。　　　　（　　）

（3）同一个人穿着西装和中山装，其袖长应该相等。　　　　（　　）

（4）女装肩斜线和前、后肩斜度与男装是相同的。　　　　（　　）

（5）人体手臂弯曲时，上臂与下臂呈一定角度，反映在衣袖上为后袖弯线外凸，前袖弯线内凹。　　　　（　　）

（三）简答题

（1）概括地写出人体外形与服装结构的关系。

（2）简述服装成品的放松量主要与哪些因素有关。

任务三　服装结构制图基础知识

一、文化溯源

蜀锦（图1-3-1）是中国传统的丝织品之一，以四川为主要产地，历史悠久、工艺精湛。蜀锦不仅以其华美的图案和细腻的质地而闻名，更因其蕴含着丰富的文化内涵和深厚的历史底蕴而备受推崇。蜀锦多用染色的熟丝线织成，用经线起花，用彩条起彩或添花，用几何图案和纹饰相结合的方式织成。蜀锦有两千年的历史，色调鲜艳，对比性强，是一种具有汉民族特色和地方风格的多彩织锦。蜀锦与南京的云锦、苏州的宋锦、广西的壮锦并称为中国的四大名锦。

图1-3-1　蜀锦

二、服装理念

在服装结构设计中，将蜀锦织造技艺与服装结构制图结合，以达到更好的审美效果和更高的文化价值；以传统蜀锦织造技艺为依托，古今融合，以求使服装结构设计更具创意和表现力。

三、核心素养

通过学习蜀锦织造技艺，在服装结构设计过程中融入文化元素，提升设计作品的审美价值和文化内涵。同时，增强对中国传统文化的认同和理解，培养对中国传统文化的尊重和热爱。

通过引入蜀锦织造技艺，可以为服装结构设计注入更多文化魅力和思想内涵，使得学习不仅是对知识的获取，还是对文化传承和创新的探索。

四、关联知识

（一）服装结构设计常用工具

服装结构设计常用工具根据用途可以分为以下五大类。

1. 人体测量常用工具

（1）软尺：人体测量的主要工具，质地柔软，刻度清晰，稳定不涨缩［图1-3-2（a）］。一般长度为150 cm。在服装结构制图中，软尺经常用于测量、复核各曲线、拼合部位的长度（如测量袖窿、袖山弧线长度等），以判定适宜的配合关系。

（2）蛇尺：用于测量曲线部位，中间加入铅丝，故可任意弯曲成被测部位的形态，能准确测量［图1-3-2（b）］。

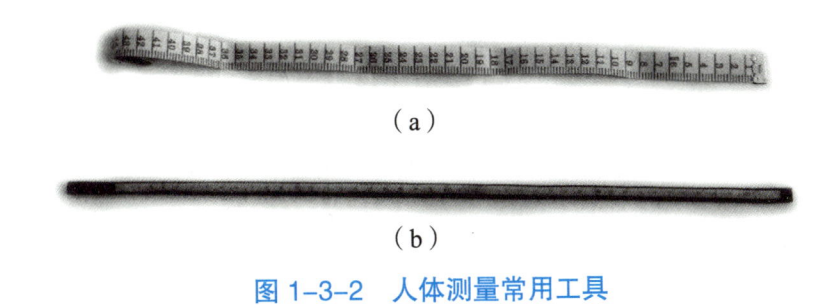

（a）

（b）

图1-3-2　人体测量常用工具
（a）软尺；（b）蛇尺

2. 服装结构制图常用工具

（1）铅笔：直接用于进行服装结构制图的工具。铅笔的笔芯有软硬之分，一般标号HB表示中性铅，标号B表示软铅，标号H表示硬铅。铅芯按照粗细有0.3 mm、0.5 mm、0.7 mm、0.9 mm等规格［图1-3-3（a）］。

（2）橡皮：用于修改图纸［图1-3-3（b）］。

（3）直尺：服装结构制图的基本工具，有机玻璃直尺最常见，常用规格有20 cm、30 cm、50 cm、60 cm、100 cm等。进行服装结构制图时借助直尺既可以完成直线条的绘画，又可以辅助完成弧线的绘画。

（4）刀尺：用于画长度较大的弧线，如西装驳头外弧线、裤子侧缝线等。常用规格有45 cm、50 cm、55 cm、60 cm等。也有量角器、圆尺等多功能弧形刀尺。

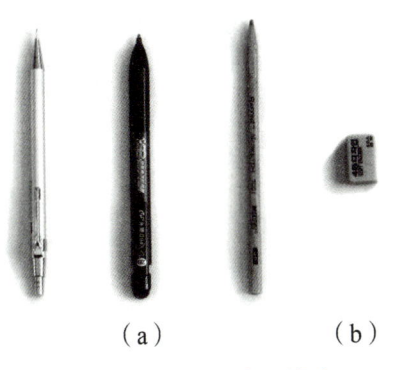

（a）　　（b）

图1-3-3　铅笔、橡皮
（a）铅笔；（b）橡皮

（5）袖窿尺：用于画袖窿弧线的部位。

（6）逗号尺：用于画袖窿、领圈、裆弯等弧度较大的部位。

（7）比例尺：一般用于按一定比例作图，主要用于绘制缩比图，常用规格有1∶2、1∶3、1∶4、1∶5等，进行服装结构制图时可选用相宜的比例规格。

（8）三角尺：服装结构制图的基本工具，塑料、有机玻璃三角尺最常见，常用规格分别为30°、60°、90°和45°、45°、90°，两种规格配套使用。角尺则是不同规格的两条直尺组成"L"型。主要应用于服装制图中垂直线的绘画。

服装结构制图常用尺具如图1-3-4所示。

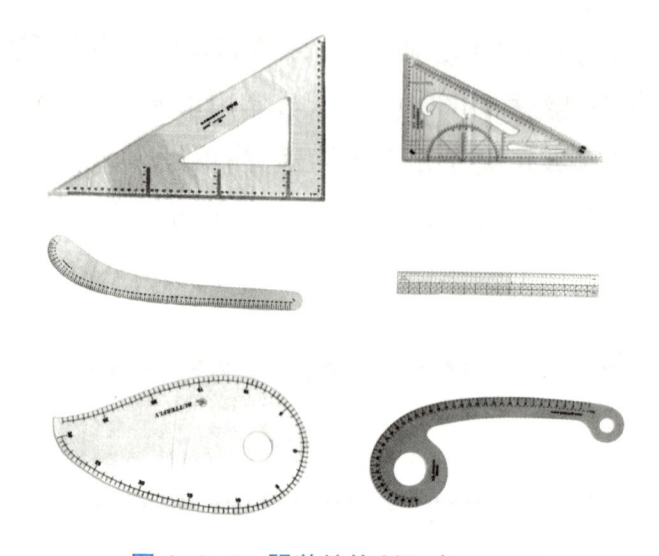

图1-3-4 服装结构制图常用尺具

3. 记号常用工具

（1）划粉：在纸样或衣片上做标记用的粉片，有多种颜色，一般选用与面料相同或相近的颜色［图1-3-5（a）］。

（2）锥子：用于复制纸样和在纸样上打孔做印记［图1-3-5（b）］。

（3）打孔钳：用于在纸样上打孔定位标记，也可用缺口钳在纸样上打对位记号［图1-3-5（c）］。

（4）描线轮：用于复制纸样和在面料上做印记［图1-3-5（d）］。

（5）记号笔：用于在纸样上做记号或进行立体裁剪时做记号［图1-3-5（e）］。

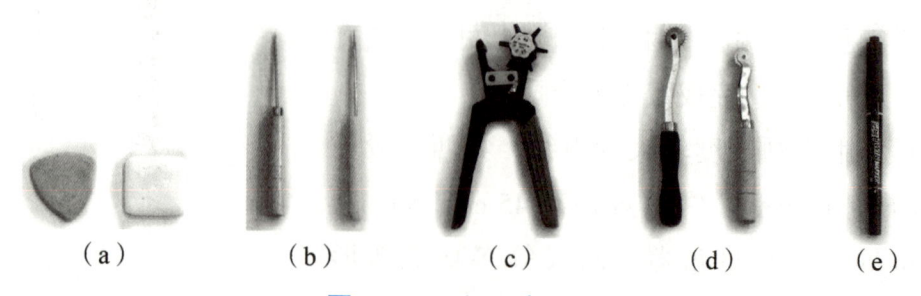

图1-3-5 记号常用工具
（a）划粉；（b）锥子；（c）打孔钳；（d）描线轮；（e）记号笔

4. 裁剪常用工具

（1）线剪：用于剪缝纫线［图1-3-6（a）］。

（2）美工刀：用于裁切纸样和图纸［图1-3-6（b）］。

（3）缺口剪：用于在纸样上打对位、缝份记号［图1-3-6（c）］。

（4）裁剪剪刀：用于裁剪布料，常用规格有9号、10号、11号、12号［图1-3-6（d）］。

（5）多功能剪刀：用于裁剪纸样和进行立体裁剪［图1-3-6（e）］。

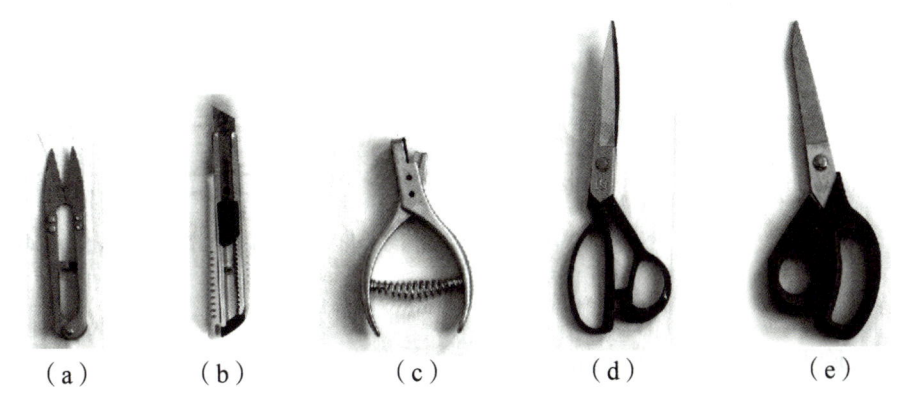

图1-3-6 裁剪常用工具
（a）线剪；（b）美工刀；（c）缺口剪；（d）裁剪剪刀；（e）多功能剪刀

5. 绘图常用纸张

绘图常用纸张如图1-3-7所示。

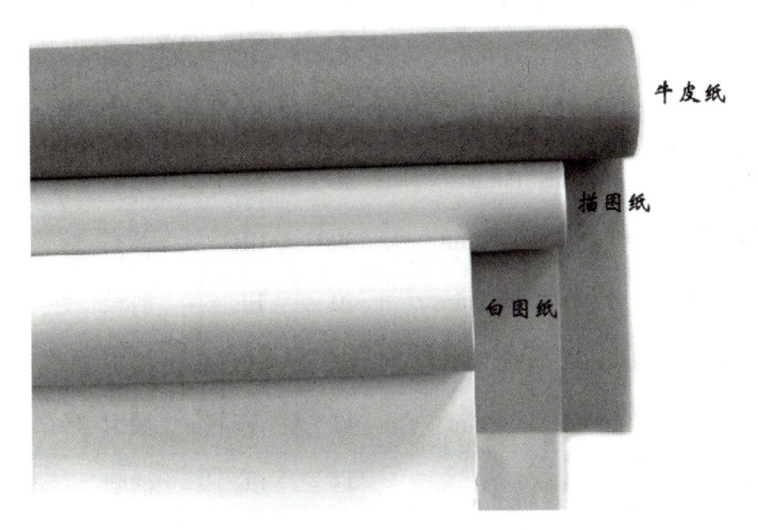

图1-3-7 绘图常用纸张

（1）牛皮纸：用于制作小批量生产的样板，薄，韧性好，裁剪容易，但硬度不足，克重一般选用100~130 g/m²。

（2）描图纸：纯木浆做的半透明纸，呈灰白色，外观似磨砂玻璃，克重为50~200 g/m²，纸面平滑，耐磨性、耐水性和吸墨性良好，具有很好的可修改性。

（3）白图纸：用于制作小批量生产的样板，纸面细洁，韧性好，裁剪容易，克重一般选用50~120 g/m²。

（二）服装结构制图主要部位代号

服装结构制图主要部位代号见表1-3-1。

表1-3-1　服装结构制图主要部位代号

序号	代号	部位中文	部位英文	序号	代号	部位中文	部位英文
1	N	领围	Neck Girth	24	BN	后领围	Back Neck
2	B	胸围	Bust Girth	25	CL	上胸围线	Chest Line
3	W	腰围	Waist Girth	26	FCL	前中心线	Front Center Line
4	H	臀围	Hip Girth	27	BCL	后中心线	Back Center Line
5	TS	大腿围	Thigh Size	28	FWL	前腰节长	Front Waist Length
6	NL	领围线	Neck Line	29	BWL	后腰节长	Back Waist Length
7	FN	前领围	Front Neck	30	FR	前上档	Front Rise
8	BL	胸围线	Bust Line	31	BR	后上档	Back Rise
9	UBL	下胸围线	Under Bust Line	32	S	肩宽	Shoulder Width
10	WL	腰围线	Waist Line	33	FBW	前胸宽	Front Bust Width
11	MHL	中臀围线	Middle Hip Line	34	BBW	后背宽	Back Bust Width
12	HL	臀围线	Hip Line	35	TL	裤长	Trousers Length
13	EL	肘围线	Elbow Line	36	IL	股下长	Inside Length
14	KL	膝围线	Knee Line	37	SB	脚口	Slacks Bottom
15	BP	胸点	Bust Point	38	SC	领座	Stand Collar
16	SNP	颈侧点	Side Neck Point	39	CR	领高	Collar Rib
17	FNP	前颈点	Front Neck Point	40	EL	肘长	Ellbow Lengt
18	BNP	后颈点	Back Neck Point	41	HS	头围	Head Size
19	SP	肩端点	Shoulder Point	42	AT	袖山	Arm Top
20	AH	袖窿	Arm Hole	43	BC	袖肥	BiIceps Circumference
21	L	衣长	Length	44	AHL	袖窿深	Arm Hole Line
22	FL	前衣长	Front Length	45	SL	袖长	Sleeve Length
23	BL	后衣长	Back Length	46	CW	袖口	Cuff Width

（三）服装结构制图图线

服装结构制图图线的形式、宽度及用途见表1-3-2。

表 1-3-2　服装结构制图图线的形式、宽度及用途

序号	图线名称	图线形式	图线宽度 /mm	图线用途
1	粗实线	——————	0.9	1. 服装和部件轮廓线 2. 部位轮廓线
2	细实线	——————	0.3	1. 图样结构的基本线 2. 尺寸线和尺寸界线 3. 引出线
3	虚线	------------	0.3	叠面下层轮廓影示线
4	点划线	—·—·—·—	0.9	对折线（对称部位）
5	双点划线	—··—··—··	0.3~0.9	折转线（不对称部位）

（四）服装结构制图符号

服装结构制图符号及其名称、用途见表 1-3-3。

表 1-3-3　服装结构制图符号及其名称、用途

序号	符号	名称	用途
1		等长	表示两线段长度相等
2		等量	表示两个以上部位等量
3		等分	表示该段距离平均等分
4		经向	对应布料经向
5		顺向号	顺毛或图案的正立方向
6		顺序号	制图的先后顺序
7		省缝	表示该部位需缝去
8		裥位	表示该部位有规则折叠
9		皱褶	表示布料直接收拢成细褶
10		直角	表示两条线互相垂直

续表

序号	符号	名称	用途
11		连接	表示两部位在裁片中相连
12		阴裥	表示裥量在内的折裥
13		明裥	表示裥量在外的折裥
14		斜料	对应布料斜向
15		间距	表示两点间距离，其中"×"表示该距离的具体数值和公式
16		拔伸	表示该部位经熨烫后拔开、伸长
17		归缩	表示该部位经熨烫后归缩
18		扣眼	表示扣眼位置
19		扣位	表示纽扣位置
20		花边	表示该部位装花边
21		明线	表示该部位缉明线
22		拉链	表示该部位装拉链
23		螺纹	表示该部位装螺纹

（五）服装结构制图的标准与要求

根据服装结构制图行业标准 FZ/T 80009—2004，服装结构制图中的制图比例、字体大小、尺寸标注、图纸布局、计量单位等必须符合统一的标准，以使服装结构制图规范化。

1. 制图比例

制图比例是指进行服装结构制图时图形尺寸与服装部位（衣片）实际大小的比例。

常用制图比例见表 1-3-4。

表 1-3-4　常用制图比例

序号	名称	含义	举例
1	等比	与实物相同	1∶1
2	缩比	缩小的比例	1∶2、1∶3、1∶4、1∶5、1∶6、1∶10
3	倍比	放大的比例	2∶1、3∶1、4∶1

2. 图纸规格

常用图纸规格见表 1-3-5。

表 1-3-5　常用图纸规格

幅宽代号	A0	A1	A2	A3	A4
$B \times L$	841×1 189	594×841	420×594	297×420	210×297
C	10	10	10	5	5
A	25	25	25	25	25
备注	1. 单位：mm； 2. 表中 B 为图纸宽；L 为图纸长；C 为图纸边框；A 为图纸装订边。					

3. 图纸布局和图纸标题栏格式

（1）图纸标题栏位置应在图纸的右下角。服装款式图的位置应在图纸标题栏的上面，服装部件的制图位置应在服装款式图的左边。

（2）图纸标题栏的格式见表 1-3-6。

表 1-3-6　图纸标题栏格式

图名				单位		
号型				产品		
比例						
面料						
辅料						
成品规格	部位	cm	部位	cm	图纸详情	设计		日期	
						制图		日期	
						描图		日期	
						校对		日期	
						审定		日期	

4. 字体要求

图纸中的文字、数字、字母都必须做到字体端正、笔画清楚、排列整齐、间隔均匀。

5. 尺寸标注

（1）服装各部位及部件的实际大小以图样上所注的尺寸数值为准，单位一律为 cm。

（2）服装各部位、部件的每一尺寸一般只标注一次，并应标注在该结构最清晰的图形上。

（3）尺寸线用细实线绘制，其两端箭头应指到尺寸界线。制图结构线不能代替尺寸线，一般也不得与其他图线重合或画在其延长线上。

（4）需要标明直距离的尺寸时，尺寸数字一般应标在尺寸线的左面中间，如直距位置小，则应将轮廓线的一端延长，在上、下箭头的延长线上标注尺寸数字。

（5）需要标明横距离的尺寸时，尺寸数字一般应标在尺寸线的上方中间，如横距尺寸位置小，则需用细实线引出使之成为一个三角形，尺寸数字标在三角形附近。

（6）需要标明斜距离的尺寸时，需用细实线引出，使之成为角形，并在角的一端绘制一条横线，尺寸数字标在该横线上。

（7）尺寸数字不可被任何图线通过，当无法避免时，必须将该图线断开并用弧线表示，尺寸数字标在弧线断开处的中间。

（8）尺寸界线用细实线绘制，可以利用轮廓线引出作为尺寸界线。尺寸界线一般应与尺寸线垂直，弧线、三角形和尖形尺寸除外。

（六）服装结构制图的尺制与换算

在量体裁制中，目前一般使用的尺制有公制、英制和市制三种。服装工业系统以公制、英制为主，服装商业系统以公制、市制为主。

1. 尺制单位的种类

1）公制单位

（1）公制单位是国际通用的计量单位。

（2）服装结构制图中常用的公制单位是 mm（毫米）、cm（厘米）、dm（分米）、m（米），以 cm 最为常用。

（3）公制单位的优点是计算简便，已成为我国通用的计算单位，也是我国法定计算单位。

2）市制单位

（1）市制单位是过去我国通用的计量单位。

（2）服装结构制图中常用的市制单位是市分、市寸、市尺、市丈，以市寸最为常用，现已不使用。

3）英制单位

（1）英制单位是英、美等英语国家习惯使用的计量单位。

（2）我国对外生产的服装规格常使用英制单位。

（3）服装结构制图中常用的英制单位是英寸、英尺、码。

（4）英制由于不是十进位制，所以进位较复杂，计算很不方便。

2. 公制、市制、英制的换算

（1）公制：以 m 为标准单位，比 m 大的单位有 km（千米），1 m=10 dm=100 cm=1 000 mm。

（2）市制：以尺为基本单位，比尺大的单位有"丈""引""里"。1 华里 =15 引 =150 丈 =1 500 尺；1 尺 =10 寸 =100 分 =1 000 厘。

（3）英制：以英寸为基本单位。1 码 =3 英尺，1 英尺 =12 英寸。

公制、市制、英制的换算见表 1-3-7。

表 1-3-7 公制、市制、英制的换算

尺制	换算公式	计算对照
公制	换市制：厘米 ×3	1 米 =3 尺 ≈ 39.37 英寸
		1 分米 =3 寸 ≈ 3.93 英寸
	换英制：厘米 ÷2.54	1 厘米 =3 分 ≈ 0.39 英寸
市制	换公制：寸 ÷3	1 尺 ≈ 3.33 分米 ≈ 13.12 英寸
		1 寸 ≈ 3.33 厘米 ≈ 1.31 英寸
	换英制：寸 ÷0.762	1 分 ≈ 3.33 毫米
英制	换公制：英寸 ×2.54	1 码 ≈ 91.44 厘米 ≈ 27.43 寸
		1 英尺 ≈ 30.48 厘米 ≈ 9.14 寸
	换市制：英寸 ×0.762	1 英寸 ≈ 2.54 厘米 ≈ 0.76 寸

五、巩固强化

（一）单项选择题（每小题列出的四个备选项中，只有一个正确答案。错选或漏选均不得分）

（1）等长表示两线段长度（　　　）。

A. 等量　　　　　B. 等分　　　　　C. 等于　　　　　D. 相等

（2）叠面下层轮廓影示线是（　　　）。

A. 点划线　　　　B. 虚线　　　　　C. 细实线　　　　D. 粗实线

（3）肘线的代号为（　　　）。

A. KL　　　　　　B. HL　　　　　　C. EL　　　　　　D. BL

（4）1 米等于（　　　）尺。

A. 1　　　　　　　B. 2.54　　　　　C. 3　　　　　　　D. 0.762

（5）进行服装结构制图时借助（　　）既可以完成直线条的绘画，又可以辅助完成弧线的绘画。

A. 刀尺　　　　B. 直尺　　　　C. 比例尺　　　　D. 三角尺

（二）判断题（正确的打"√"，错误的打"×"）

（1）直尺是服装结构制图常用工具，它包括三角尺和刀尺。（　　）

（2）需要标明竖距离尺寸时，尺寸数字一般应标在尺寸线的上方中间，标明横距离尺寸时，尺寸数字一般应标在尺寸线的左面中间。（　　）

（3）公制单位是国际通用的计量单位。我国对外生产的服装规格常使用英制单位。（　　）

（4）尺寸线用细实线绘制，其两端箭头应指到尺寸界线。（　　）

（5）服装款式图的比例不受服装结构制图比例规定限制。（　　）

（三）简答题

（1）简述粗实线的用途。

（2）简述服装结构制图的尺制及其换算。

任务四　服装号型系列基础知识

一、文化溯源

在中国古代，服饰不仅是一种外在的装扮，更是体现社会礼仪和文化传承的重要载体。在中国传统文化中，"衣"是"礼"的重要组成部分。古人认为，人的衣着举止应当符合礼仪规范，以体现个人的修养和社会地位。不同的服饰款式、颜色和面料都承载着特定的含义和用途，反映社会等级和人际关系的复杂网络。

二、服装理念

在中国传统文化中，礼法是人们行为举止的准则和规范。穿着得体、举止文明是对他人的尊重，也是对自己修养的体现。本任务介绍如何通过服装的合理设计和搭配，呈现符合礼法规范的形象，为社会传递正能量和文明风范。

通过深入探讨中国传统服饰中的"礼"文化，不仅能够学习服装号型系列基础知识，还能体会中华民族所秉持的尊重和谦恭的传统美德。在学习中感悟传统文化的魅力，为自己的人生之路增添更多光彩与底蕴。

三、核心素养

查阅服装结构设计的相关书籍，了解人体外形与服装结构的关系。掌握人体的比例和男、女体型的差异。能够简述人体结构的基准点、线、面，并能够概括地写出人体外形与服装结构的关系。

传承和弘扬中华传统服饰文化。在人体外形与服装结构关系的学习过程中，提高程序化的思维能力，增强标准意识。

四、关联知识

（一）服装号型的定义

"号"是指高度，是以 cm 为单位表示人体的身高，是设计和选购服装长短的依据。

"型"是指围度，是以 cm 为单位表示人体的上体胸围和下体腰围，是设计和选购服装肥瘦的依据。

（二）服装号型中的四种体型

国家标准服装号型具体以人体的胸围和腰围的差数为依据来划分体型，并将体型分为四类，体型代号由 Y、A、B、C 表示。Y 型为偏瘦型；A 型为一般正常型；B 型为略胖型，多为中老年；C 型为肥胖型，腰围接近胸围（表 1-4-1）。

在我国人群中，A、B 两种体型约占 70%，Y、C 两种体型约占 30%。服装号型标准按照体型分类，有效地解决了服装的适体性和上、下装配套问题，使服装号型系列的覆盖率达到 90% 以上。

表 1-4-1 男、女体型分类　　　　　　　　　　　　　　　　　　cm

体型代号	Y	A	B	C
男子胸围与腰围之差数	17~22	12~16	7~11	2~6
女子胸围与腰围之差数	19~24	14~18	9~13	4~8

（三）服装号型系列

1. 建立服装号型系列的五个"有利于"

（1）有利于对外交流。

（2）有利于提高设计水平。

（3）有利于成衣生产及销售。

（4）有利于服装产品质量的监督。

（5）有利于消费者购买到合体的服装。

2. 服装号型系列设置

服装号型系列根据体型规律和服装使用的需要，将各体型按照一定的分档数值排列，由不同的分档数值排列组成不同的系列。在一般情况下，以中间标准体为中心，向两边依次递增或递减。

服装号型系列的前一个数值表示"号"的分档距离，后一个数值表示"型"的分档距离。在"型"的后面加上"体型分类代号"组成不同体型的5·4和5·2系列。服装号型系列分档范围和分档间距见表1-4-2。

表1-4-2 服装号型系列分档范围和分档间距　　　　　　　　　　　　　　　　cm

号型	部位	体型	男	女	分档间距
号	身高	Y、A、B、C	155~185	145~175	5
型	胸围	Y	75~100	72~96	4
		A	72~100	72~96	
		B	72~108	68~104	
		C	76~112	38~108	
	腰围	Y	56~82	50~76	2和4
		A	56~88	84~82	
		B	62~100	56~94	
		C	70~108	60~102	

（四）服装号型标志

服装成品必须具有号型标志。具体的号型标志由"号""斜线""型"，再加上"体型分类代号"组成。

例如：（1）上装160/80A，其中160代表"号"，80代表"型"，A代表"体型分类代号"。

（2）下装165/76B，其中165代表"号"，76代表"型"，B代表"体型分类代号"。

（五）服装号型应用

服装上标明的号型数值及体型分类代号，表示该服装适用于身高、胸围或腰围与此号型相近，以及胸围与腰围之差在此范围之内的人群。因此，号型的数值与每个人的实际情况并不完全相符，每个人套用号型数值可使用上下归靠的方法。

例如：（1）女上装165/88A，适用于身高为163~167 cm、胸围为86~89 cm，以及胸围与腰围之差在14~18 cm范围内的人群。

（2）男下装175/88B，适用于身高为173~177 cm、腰围为87~89 cm，以及胸围与腰围之差在 7~11 cm 范围内的人群。

依此类推，对于介于两个"号"或"型"中间的人群，可根据衣着习惯和要求归靠。

（六）服装号型配置形式

服装号型配置形式一般有三种，以 5·4 系列上衣为例介绍如下。

1. "号"与"型"同步配置

以女子 A 体型为例，见表 1-4-3。

表 1-4-3 "号"与"型"同步配置　　　　　　　　　　　　　　　　cm

号型	规格						
号	……	150	155	160	165	170	……
型	……	76	80	84	88	92	……

"号"与"型"同步配置后形成：……150/76A、155/80A、160/88A、170/92A……

2. 一个"号"与多个"型"配置

以女子 B 体型为例，如图 1-4-1 所示。

号　　　　160
型　　80 84 88 92 96

图 1-4-1　一个"号"与多个"型"配置（单位：cm）

一个"号"与多个"型"配置后形成：……160/80B、160/84B、160/88B、160/92B、160/96B……

3. 多个"号"与一个"型"配置

以男子 A 体型为例，如图 1-4-2 所示。

号　160 165 170 175 180
型　　　　　　88

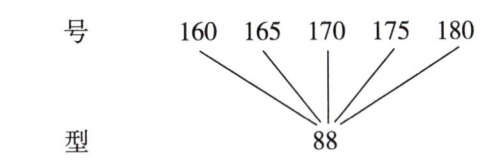

图 1-4-2　多个"号"与一个"型"配置（单位：cm）

多个"号"与一个"型"配置后形成：……160/88A、165/88A、170/88A、175/88A、180/88A……

（七）服装号型系列中的中间体和控制部位数值

1. 服装号型系列中的中间体

中间体是通过我国男、女成人各类体型的身高、胸围、腰围数据进行大量采集后，计算其平均值而构成的。中间体反映了为数众多的实际体型的情况，具有一定的代表性，且在一个较长的时期内具有相对的稳定性。中间体对设计服装规格起到很大的指导作用。

男性的中间体为 170/88A；女性的中间体为：160/84A。

男、女体型中间标准体见表 1-4-4。

表 1-4-4 男、女体型中间标准体
cm

体型		Y	A	B	C
男子	身高	170	170	170	170
	胸围	88	88	92	96
	腰围	70	74	84	92
女子	身高	160	160	160	160
	胸围	84	84	88	88
	腰围	64	68	78	82

2. 服装号型控制部位数值

一套服装仅长度、胸围、腰围适体还达不到整体适体的目的，同样，在制作结构图时，仅有身高和胸围、腰围规格，还不能满足服装结构制图的要求，必须要有必不可少的几个部位的规格，才能制作整套服装的结构图，而这些部位称为控制部位。

1）控制部位

（1）上装的控制部位是衣长、胸围、总肩宽、袖长、领围，女装加前、后腰节长。

（2）下装的控制部位是裤长、腰围、臀围、上裆长。

（3）控制部位反映在人体上是颈点高（决定衣长的数值）、坐姿颈点高（决定衣长分档的参考数值）、胸围、总肩宽、全臂长（决定袖长的数值）、颈围、腰围高（决定裤长的数值）、腰围、臀围等。

（4）控制部位具体数值的确定都是以"号"和"型"为基础的。

2）非控制部位

非控制部位，如袖口、裤脚口等，可根据款式的需要自行设计。

3）控制部位规格数值向服装成品规格的转换

服装号型系列和各控制部位数值确定以后，就可引出服装成品规格，概括地说，即以控制部位数值加放不同的放松量来设计服装成品规格。

（八）服装成品规格的主要来源和构成

1. 服装成品规格的主要来源

1）按通过实物样品测量取得的数据制订服装成品规格

不管是个体单件制作的服装还是批量生产的服装，一般均按通过实物样品测量取得的数据制订服装成品规格，均应将实物样品中需要测量的所有部位规格测量准确，要明确测量的方法、顺序及部位。

2）按订货单位提供的数据制订服装成品规格

批量生产的服装通常按订货单位提供的数据制订服装成品规格。关于订货单位提供数据的注意事项如下。

（1）要确认规格的计量单位是公制单位、英制单位还是市制单位。

（2）要确认所提供的规格是人体净尺寸规格，还是包括放松量在内服装成品规格。

（3）要确认各部位规格的具体量法，例如衣长有的是指前衣长，有的是指后衣长等。

（4）应按具体款式要求，将服装成品规格中不全的数据补全。

3）按服装号型系列的数据制订服装成品规格

服装号型系列是以我国正常人体的主要部位规格为依据，对我国人体体型规律进行科学的分析，经过多年实践所形成的国家标准，故可以按照服装号型系列的数据制订服装成品规格。

4）按人体测量数据加放放松量制订服装成品规格

服装成品规格的直接来源是人体，通过人体测量，在取得净尺寸数据的基础上，考虑各种因素后加放适当的放松量，即能构成服装成品规格。

2. 服装成品规格的构成

服装成品规格，就其内部每一规格的具体构成来说，包括三个方面的因素，简称"三要素"。

（1）人体净尺寸。

（2）人体活动因素。

（3）服装造型因素。

在满足人体静、动统一的实用性要求的基础上，从审美和流行倾向出发，对某些部位的规格作适当的调整。例如领口从贴领到敞领的变化、肩部宽垫肩的添加等，以及服装外形轮廓的变化，都是由服装造型因素决定的。

五、巩固强化

（一）单项选择题（每小题列出的四个备选项中，只有一个正确答案。错选或漏选均不得分）

（1）下列上装号型中，服装厂一般不生产（　　）号型。

A. 155/104A　　　　B. 160/80A　　　　C. 165/84A　　　　D. 170/80A

（2）上装的衣长与（　　）无关。

A. 胸围　　　　B. 颈点高　　　　C. 身高　　　　D. 坐姿颈点高

（3）某女生长得较胖，胸围是89 cm，腰围是75 cm，她的体型属于（　　）类型。

A. Y　　　　B. A　　　　C. B　　　　D. C

（4）下装的裤长与（　　）有关。

A. 胸围　　　　　B. 腰围　　　　　C. 腹围　　　　　D. 臀围

（5）某男生身高为 168 cm，胸围为 81 cm，腰围为 63 cm，他应选购（　　）号型的上衣和裤子。

A. 165/84A，165/60A　　　　　　B. 170/80A，170/62A

C. 170/80Y，170/62Y　　　　　　D. 168/80B，168/62B

（二）判断题（正确的打"√"，错误的打"×"）

（1）服装工业企业在扩大号型范围时，可以按照需要随意调整。（　　）

（2）非控制部位是指服装裁剪中较次要的部位，如上裆长、脚口等。（　　）

（3）在一般情况下，号型以中间标准体为中心，向两边依次递增或递减。（　　）

（4）服装号型系列中规定的号型不够用时，可扩大号型设置范围。（　　）

（5）在服装裁剪中，有几个部位的尺寸必不可少，这些部位称为控制部位。（　　）

（三）简答题

（1）简述服装号型的定义。

（2）简述服装成品规格的主要来源。

模块二 典型部件结构设计

学习内容

任务一 典型口袋结构设计

任务二 典型开衩结构设计

任务三 典型领结构设计

任务四 典型装腰型门里襟拉链结构设计

学习目标

（1）能够熟练进行口袋、开衩、翻领、立领、装腰型门里襟拉链等典型部件结构设计。

（2）能够理论联系实际，提高动手操作的能力。

（3）能够实现典型部件局部变化，为以后各类服装、饰品的部件结构设计提供帮助。

（4）了解文化历史知识，感受中华优秀传统文化的魅力。

学习方法

学生结合任务视频、任务引领法、教师演示法等方式，以小组为学习单位，掌握常用工具、专用工具、计算机平面设计软件、计算机辅助设计软件、典型部件结构等基础知识，在有条件的情况下，建议在行业企业或校办工厂根据时间、技术指标要求进行训练。

任务一　典型口袋结构设计

一、作品溯源

中国古代有身份的人的着装特点是宽服大袖。把大袖的出手处开口收小，即可以放置物品。还有一种做法，就是在衣服上臂的位置缝制一个口袋，这个口袋称作肘后袋，或者简称肘后。将手伸入衣襟，即可取出口袋中的物品。东晋时期的医药学家葛洪在广泛收集当时民间流传的用于治疗常见病的处方后，经整理编成《肘后备急方》一书。梁朝医药学家陶弘景又对该书进行增补，编成《补阙肘后百一方》一书。这两部医书的名称都使用了"肘后"一词，表明书可以放在肘后袋中随身携带，随时取出查阅。这说明古人上衣中的口袋位于袖内的肘后。袋的位置比较隐蔽，所以古人常在后肘袋中放置一些饰品和散碎银两，以及银票等贵重物品（图2-1-1）。

图 2-1-1　古人用后肘袋储物

对于较大的物品，可以在胸前相交的两个衣襟与束带处的位置缝制一个口袋进行存放。

二、设计理念

随着社会文明的发展、服饰文化的衍生，既要传承传统口袋的精髓，还要不断发展创新。不仅要追求服装的实用功能，还要追求服装的装饰美化功能。为了使口袋既方便储物，又能与服装本身融为一体，形成了当下常用的多种形式的口袋（图2-1-2）。

对于口袋的设计要领，不能呆板地死记硬背，照本宣科，应将所学知识转化为自己独特的设计，即创新。创新是一个民族进步的灵魂，是一个国家兴旺发达的动力，也是一个人在工作和事业上永葆生机和活力的源泉。

图 2-1-2　现代服装口袋设计

三、设计目标

（1）传承传统口袋的实用功能，同时满足当下人们的审美需求。

（2）了解口袋的基本类型，掌握口袋的设计要领，理解口袋的造型变化。

（3）在口袋结构设计中，培养学生的发散思维、审美意识和职业素养。

四、作品设计

（一）认识典型尖角贴袋

如图 2-1-3 所示，尖角贴袋可用于男衬衫、裤装或工装等服装。绘制尖角贴袋款式图时，在制版纸上完成 25 cm×23.5 cm 的布片结构图，并在布片中间绘制一个尖角贴袋。

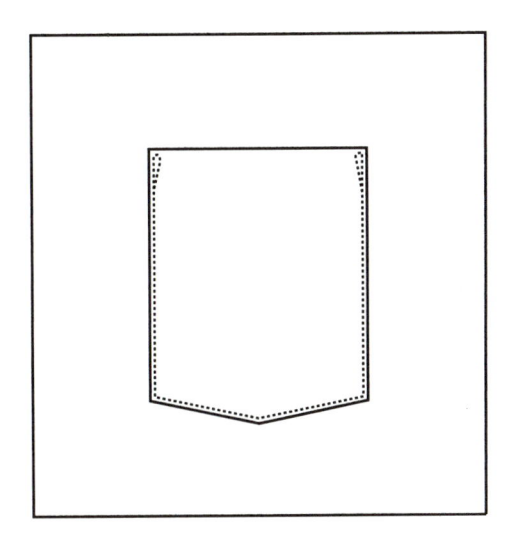

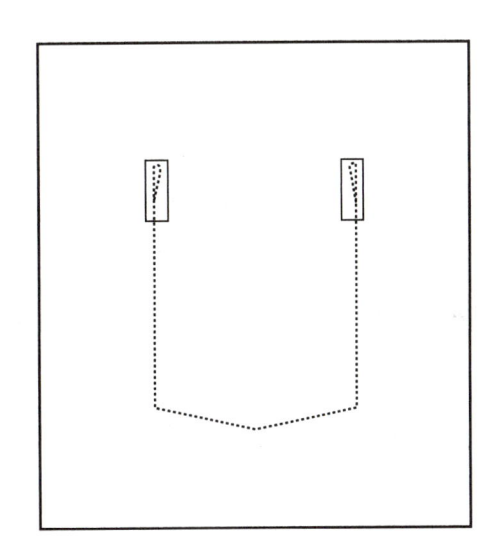

图 2-1-3 典型尖角贴袋款式图

（二）成品规格

典型尖角贴袋规格尺寸见表 2-1-1。

表 2-1-1 典型尖角贴袋规格尺寸　　　　　　　　　　　　　　　　　　　　cm

号型	170/88A				
部位	布片长	布片宽	袋长	袋宽	尖高
规格	25	23.5	11.5	11.5	1.5

（三）典型尖角贴袋的部件结构

典型尖角贴袋的部件结构包括布片、尖角贴袋结构图 1 片，袋口加固裁片图 2 片，布片裁片定位图 1 片，尖角贴袋裁片图 1 片，尖角贴袋净样图 1 片，尖角贴袋扣烫图 1 片，如图 2-1-4 所示。

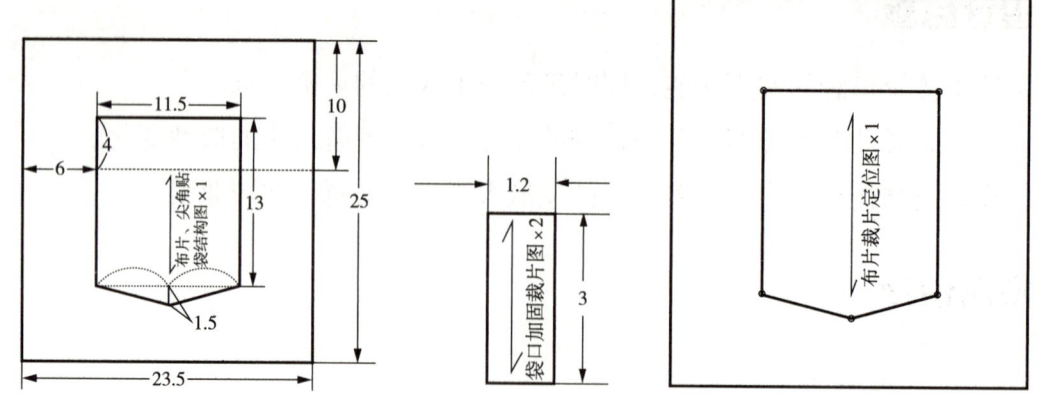

图 2-1-4　典型尖角贴袋的部件结构（部分）（单位：cm）

（四）典型尖角贴袋结构设计步骤

具体步骤如下。

第一步：根据布片的长和宽绘制布片，即 25 cm × 23.5 cm 的长方形。

第二步：确定袋位。首先，布片从上向下取 10 cm − 4 cm = 6 cm，袋身距布片左侧 6 cm；然后，分别绘制袋口宽（11.5 cm）和袋长（11.5 cm）；最后，取袋口宽的中点做尖高 1.5 cm。

第三步：绘制袋口加固裁片，即长 3 cm × 1.2 cm 的长方形。

第四步：标记好尖角贴袋各部件的经纱向及裁片数量。

（五）裁剪样板放缝图

典型尖角贴袋裁剪样板放缝图如图 2-1-5 所示。

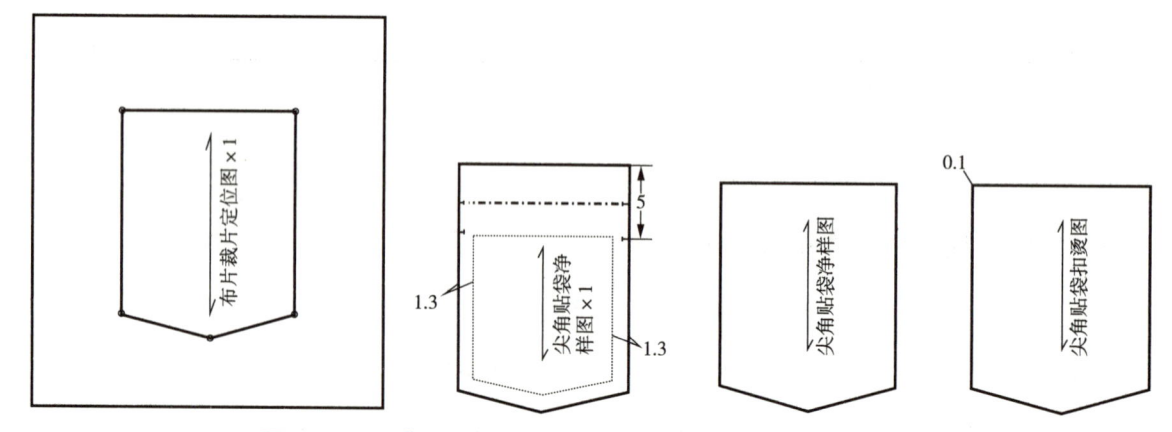

图 2-1-5　典型尖角贴袋裁剪样板放缝图（单位：cm）

（六）技巧提示

1. 尖角贴袋的放缝

在进行服装结构制图时，应使用服装专用放码尺工具，以提高制图效率。

2. 尖角贴袋的样板

尖角贴袋的样板分为三种，即净样板、工业样板、扣烫样板（工艺样板）（除袋口外，尖角贴袋其余各边在净样板的基础上缩进 0.1 cm）。

五、作品评价

典型尖角贴袋质量检验评价见表 2-1-2。

表 2-1-2 典型尖角贴袋质量检验评价

学生姓名		班级		综合得分			
科目		小组		评价	自评得分	组评得分	师评得分
检验项目	序号	检验内容	评分标准	配分			
典型尖角贴袋结构设计	1	布片、尖角贴袋结构图等齐全	布片、尖角贴袋结构图等缺少一个扣5分	15			
	2	布片、尖角贴袋结构图各部位标记准确	各部位标记有误扣1分，多标、漏标每处扣2分	15			
	3	画线顺直、清晰、手势准确	画线不顺直每处扣1分，画线不清晰扣3分，画线手势不准确扣3分	15			
	4	丝绺标注准确	丝绺漏标每处扣2分，标注错误每处扣3分	15			
时间	5	在规定时间内完成	每超过10分钟扣2.5分	10			
工具	6	使用工具正确	未正确使用相应工具扣5分	10			
整洁	7	完成结构制图后，作品画面整洁	完成结构制图后，作品画面不整洁扣10分	10			
安全	8	安全	在制图中未按要求执行，出现安全事故扣10分	10			
企业质检评定等次		优质品（　）良品（　）合格品（　）次品（　）					
学生签字		组长签字		老师签字		师傅签字	

六、举一反三·一（典型圆角贴袋结构设计）

（一）认识典型圆角贴袋

如图 2-1-6 所示，典型圆角贴袋可用于男衬衫、裤装或工装等服装。绘制圆角贴袋款式图时，在制版纸上完成 25 cm×23.5 cm 的布片结构图，并在布片中间绘制一个圆角贴袋。

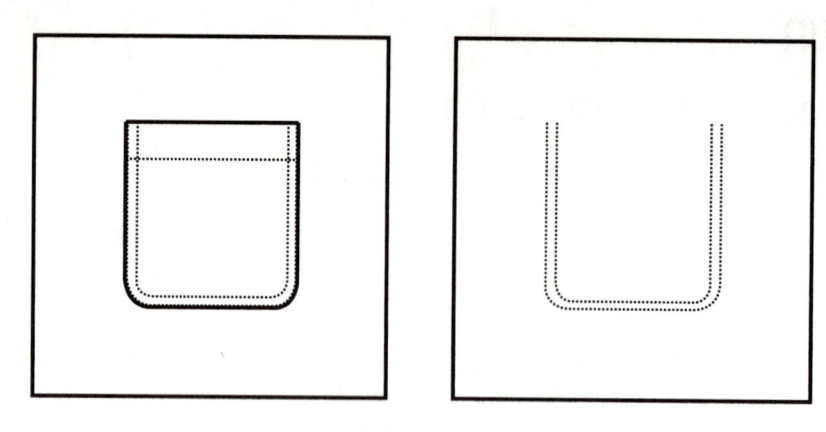

图 2-1-6 典型圆角贴袋款式图

（二）成品规格

典型圆角贴袋规格尺寸见表 2-1-3。

表 2-1-3 典型圆角贴袋规格尺寸　　　　　　　　　　　　　　　　cm

号型	160/84A				
部位	布片长	布片宽	袋长	袋宽	圆度高
规格	25	23.5	11.5	11.5	0.7

（三）典型圆角贴袋的部件结构

典型圆角贴袋的部件结构包括布片、圆角贴袋结构图 1 片，布片裁片定位图 1 片，圆角贴袋裁片图 1 片，圆角贴袋净样图 1 片，圆角贴袋扣烫图 1 片，如图 2-1-7 所示。

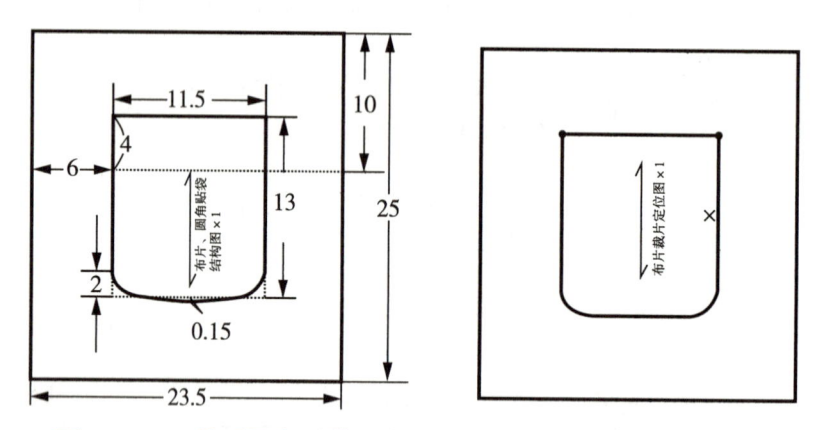

图 2-1-7 典型圆角贴袋的部件结构（部分）（单位：cm）

（四）裁剪样板放缝图

典型圆角贴袋裁剪样板放缝图如图 2-1-8 所示。

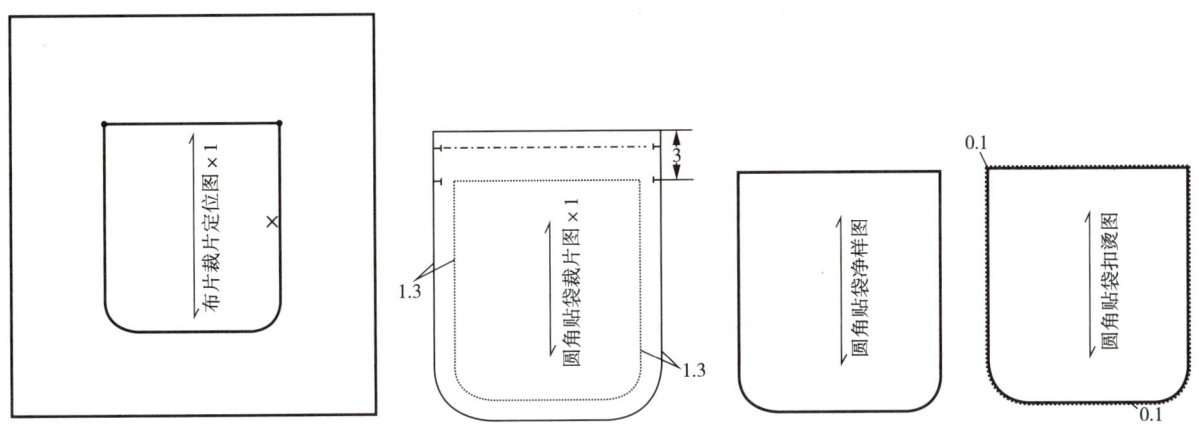

图 2-1-8 典型圆角贴袋裁剪样板放缝图（单位：cm）

七、举一反三·二（典型箱式贴袋结构设计）

（一）认识典型箱式贴袋

如图 2-1-9 所示，典型箱式贴袋可用于裤装、工装或特种作业服等服装。绘制典型箱式贴袋款式图时，在制版纸上完成 30 cm×35 cm 的布片结构图，并在布片中间绘制一个箱式贴袋。

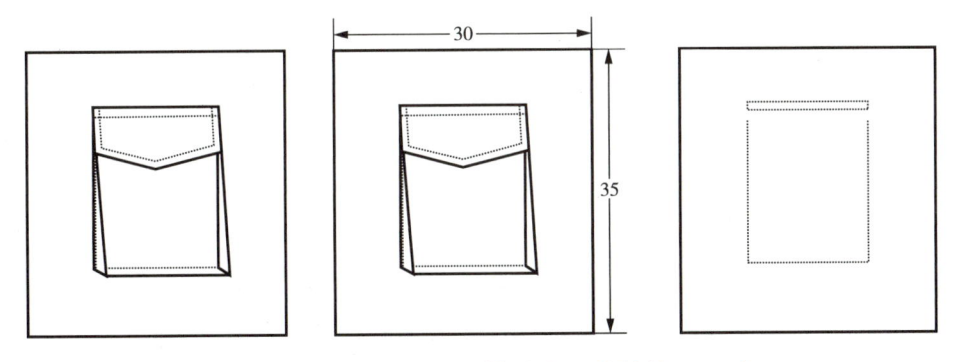

图 2-1-9 典型箱式贴袋款式图（单位：cm）

（二）成品规格

典型箱式贴袋规格尺寸见表 2-1-4。

表 2-1-4 典型箱式贴袋规格尺寸　　　　　　　　　　　　　　　　cm

号型	160/84A				
部位	布片长	布片宽	袋长	袋宽	袋盖宽
规格	35	30	13	11.5	5.5

（三）典型箱式贴袋的部件结构

典型箱式贴袋的部件结构包括布片、箱式贴袋结构图 1 片，布片裁片定位图 1 片，箱式贴袋裁片图 1 片，箱式贴袋净样图 1 片，箱式贴袋扣烫图 1 片，如图 2-1-10 所示。

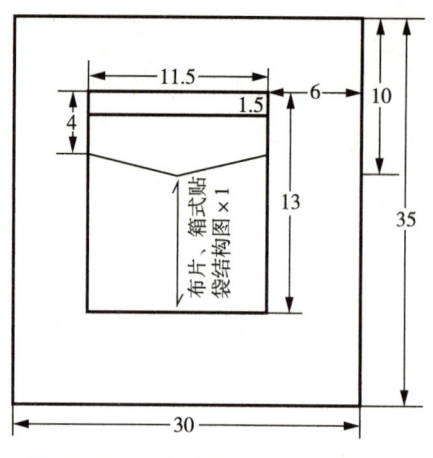

图 2-1-10　典型箱式贴袋的部件结构（部分）（单位：cm）

（四）裁剪样板放缝图

典型箱式贴袋裁剪样板放缝图如图 2-1-11 所示。

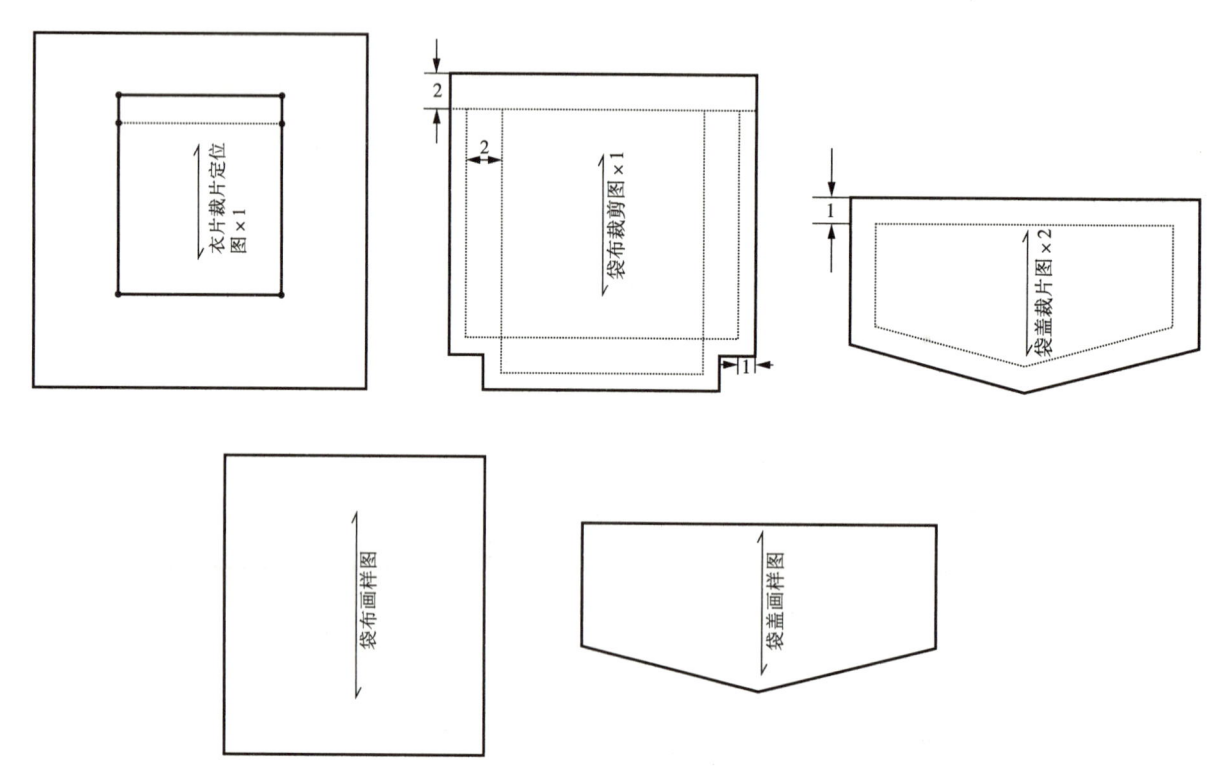

图 2-1-11　典型箱式贴袋裁剪样板放缝图（单位：cm）

九、举一反三·三（典型插袋结构设计）

（一）认识典型插袋

如图 2-1-12 所示，典型插袋可用于裙装、裤装或风衣、大衣等服装。绘制典型插袋款式图时，在制版纸上完成 35 cm × 31 cm 的前裤片结构图，并在左侧缝上端向下 3 cm 处完成一个 16 cm 的插袋。

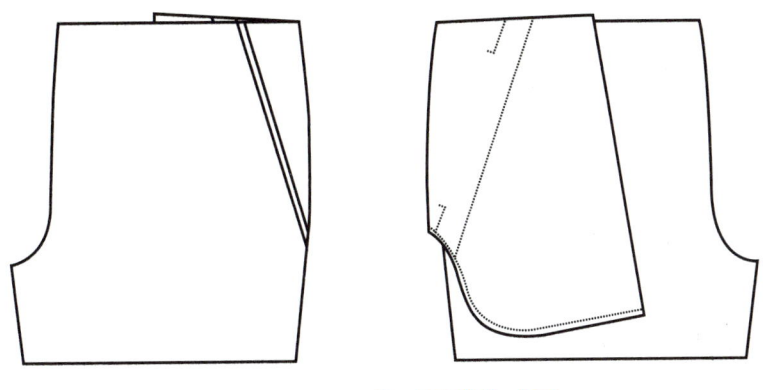

图 2-1-12　典型插袋款式图

（二）成品规格

典型插袋规格尺寸见表 2-1-5。

表 2-1-5　典型插袋规格尺寸　　　　　　　　　　　　　　　　　　　cm

号型	160/64A					
部位	裤片长	裤片宽	袋口长	袋口宽	袋布长	袋布宽
规格	35	29	15	4.5	31	16

（三）典型插袋的部件结构

典型插袋的部件结构包括插袋、裤片结构图 1 片，袋布、垫布结构图 1 片，袋布展开图 1 片，插袋裁片图 1 片，袋布裁片图 1 片，垫布裁片图 2 片，如图 2-1-13 所示。

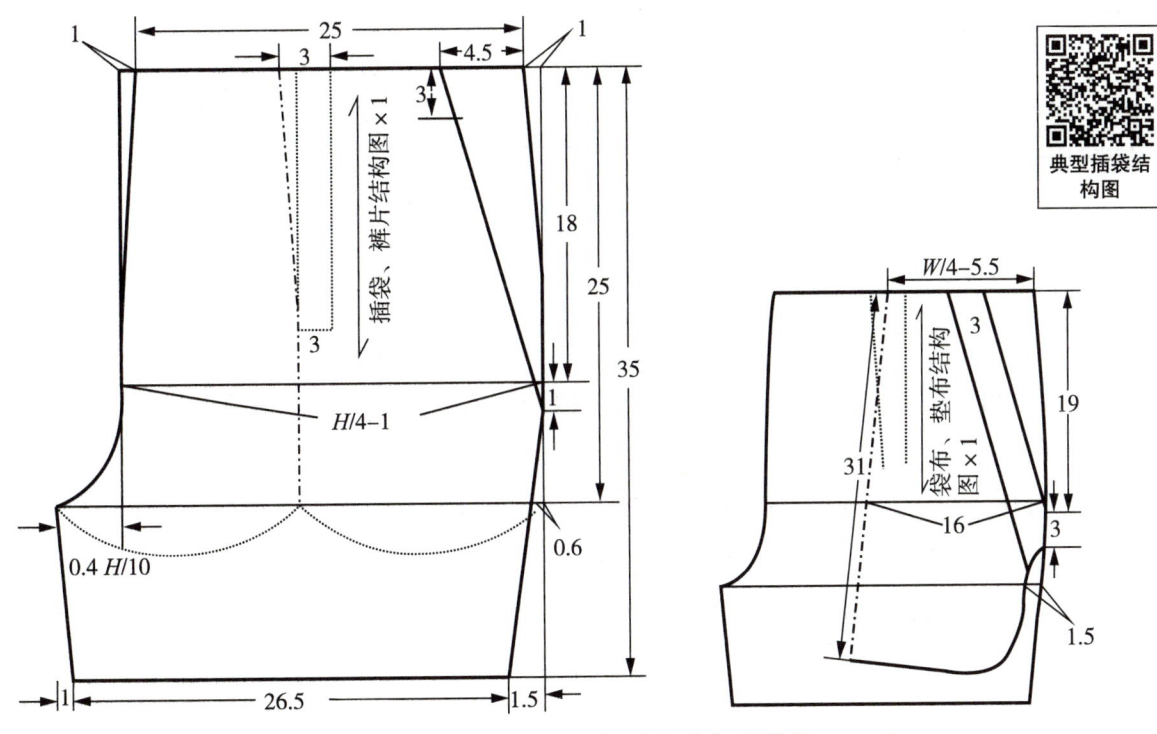

图 2-1-13　典型插袋的部件结构（部分）（单位：cm）

（四）典型插袋结构设计步骤

具体步骤如下。

1. 典型插袋框架制图顺序

第一步：根据规格，确定前裤片的长度，即 35 cm。

第二步：前裤片臀围为 $H/4-1$（cm）。

第三步：腰围为 $W/4-1+5.5$（cm）。

第四步：小裆宽为 $0.04H$。

第五步：绘制前裤片轮廓。

2. 典型插袋结构制图顺序

根据典型插袋规格尺寸，绘制袋布、上垫布和下垫布。

（五）裁剪样板放缝图

典型插袋裁剪样板放缝图如图 2-1-14 所示。

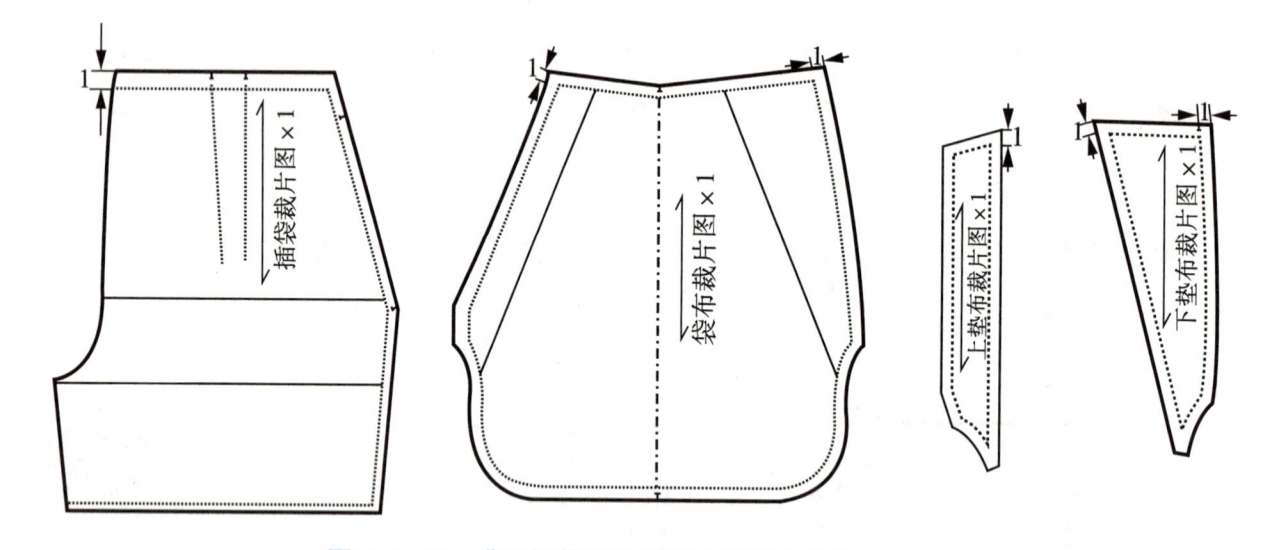

图 2-1-14　典型插袋裁剪样板放缝图（单位：cm）

（六）技巧提示

1. 典型插袋大小的确定

根据不同人群的手掌大小和长度，再加放适当的松度和深度确定典型插袋大小。

2. 垫布与袋布的适配

上垫布必须与袋口要完全匹配，下垫布必须与前裤片侧缝完全匹配。

3. 袋口的方向

袋口及袋布按插手的方向灵活设计。

（七）作品评价表

典型插袋质量检验评价见表 2-1-6。

表 2-1-6　典型插袋质量检验评价

学生姓名		班级		综合得分			
科目		小组		评价	自评得分	组评得分	师评得分
检测项目	序号	检验内容	评分标准	配分			
典型插袋结构设计	1	插袋结构图，袋布展开图，袋布、垫布裁片图齐全	插袋结构图，袋布展开图，袋布、垫布裁片图缺少一个扣2分	15			
	2	插袋结构图各部位标记准确	各部位标记有误扣2分，多标、漏标、错标每处扣2分	15			
	3	画线顺直、清晰、手势准确	画线不顺直每处扣1分，画线不清晰扣3分，画线手势不准确扣3分	15			
	4	丝缕标注准确	丝缕漏标每处扣2分，标注错误每处扣3分	15			
时间	5	在规定时间内完成	每超过10分钟扣2.5分	10			
工具	6	使用工具正确	未正确使用相应工具扣5分	10			
整洁	7	完成结构制图后，作品画面整洁	完成结构制图后，作品画面不整洁扣10分	10			
安全	8	安全	在制图中未按要求执行，出现安全事故扣10分	10			
企业质检评定等次		优质品（　）良品（　）合格品（　）次品（　）					
学生签字		组长签字		老师签字		师傅签字	

九、巩固强化

（一）专业知识——应知

1. 单项选择题（每小题列出的四个备选项中，只有一个正确答案。错选或漏选均不得分）

（1）标准男衬衫左胸贴袋多为（　　）。

A. 贴袋　　　　　B. 插袋　　　　　C. 挖袋　　　　　D. 立体袋

（2）男衬衫胸袋的袋口大小为（　　）。

A. $0.05B$　　　B. $0.05B+6$ cm　　　C. 袋口大 $+1.2$ cm　　　D. 袋口大 $+1.5$ cm

（3）手的不同体积，决定了男、女各式服装（　　）的宽窄。

A. 前后片　　　　B. 袋口　　　　　C. 袋盖　　　　　D. 袖子

2. 判断题（正确的打"√"，错误的打"×"）

（1）男西裤袋口大小一般为 7 cm。　　　　　　　　　　　　　　　　（　　）

（2）男衬衫胸袋后角要上翘 0.7 cm。　　　　　　　　　　　　　　　（　　）

（3）男西装手巾袋袋口大小的计算公式为 $0.05B+5$ cm。　　　　　　（　　）

3. 简答题

（1）嵌线条的宽窄与袋口宽的关系是什么？

（2）贴袋扣烫样板的作用是什么？

（二）技能操作——应会

根据典型贴袋结构图的技术规格要求，绘制至少一款贴袋的款式变化结构图。

任务二　典型开衩结构设计

一、作品溯源

开衩在我国传统服装——旗袍中最为常见。两边开叉的部分是为了方便古人狩猎以及劳动而制作的。当古人狩猎或劳动时，将前、后两片袍襟掀起，打成一个活结。

现如今旗袍是最具代表性的中国传统女性服装。

二、设计理念

服装结构设计的对象是人体，满足人体日常活动，为生活和工作提供便利，是服装开衩最根本的设计意义。

合理的开衩设计能够体现服装的整体风格（图 2-2-1）。

图 2-2-1　开衩设计

三、设计目标

人体多数时间处于非静止状态，因此在进行开衩设计前，首先应考虑人体的活动量，以实用功能为主。

（1）根据具体款式和个人需求，合理设计开衩的位置。在确保蔽体的情况下，既满足人体的活动量，又不失美观雅致。

（2）根据具体款式和个人需求，合理设计开衩的高度。特别是下装结构中，开衩能适当地展露腿部曲线，突出腿部的线条感，给人修长、挺拔的视觉感受。

四、作品设计

（一）认识典型衣身开衩

如图 2-2-2 所示，典型衣身开衩可用于风衣、大衣、西装、裤、裙等服装。绘制典型衣身开衩款式图时，在制版纸上完成 35 cm×38 cm 的布片结构图，并在布片中缝处绘制一个 16 cm 长的衣身开衩。

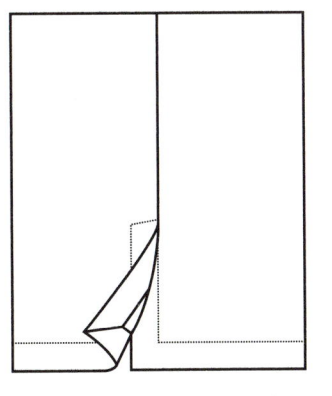

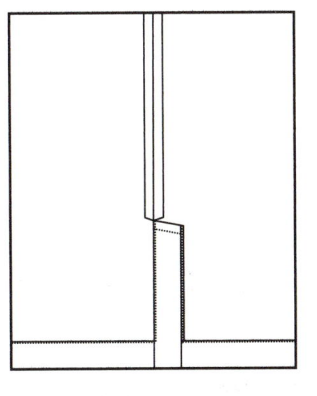

图 2-2-2　典型衣身开衩款式图

（二）成品规格

典型衣身开衩规格尺寸见表 2-2-1。

表 2-2-1 典型衣身开衩规格尺寸
cm

号型	160/84/64A			
部位	布片长	布片宽	衩长	衩宽
规格	35	38	16	3

（三）典型衣身开衩的部件结构

典型衣身开衩的部件结构包括衣身开衩结构图 1 片，左、右衩片展开图各 1 片，左、右衩片裁片图各 1 片，左、右衩片衬料裁片图各 1 片，如图 2-2-3 所示。

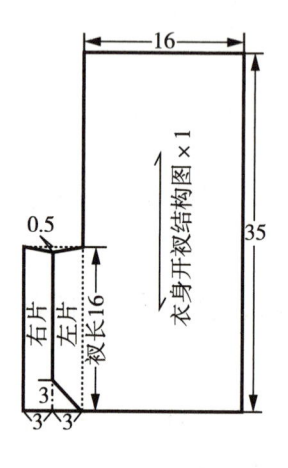

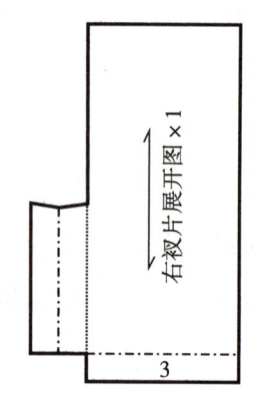

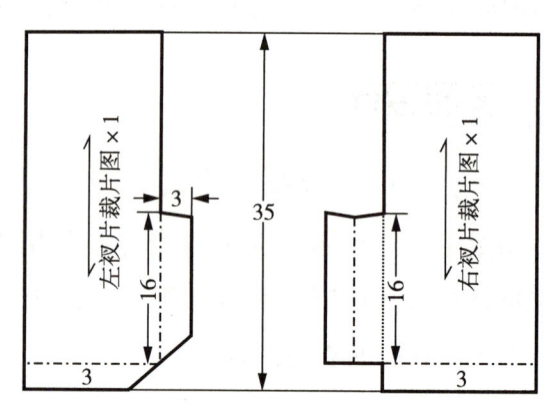

图 2-2-3 典型衣身开衩的部件结构（部分）（单位：cm）

（四）典型衣身开衩结构设计步骤

具体步骤如下。

1. 典型衣身开衩框架制图顺序

确定裙片大小。绘制长 35 cm×宽 16 cm 的长方形。

2. 典型衣身开衩结构制图顺序

第一步：确定面衩规格。

从裙底线沿后中线上向外取长 15 cm × 宽 3 cm 的长方形，即面衩。面衩上端下落 0.5 cm，下端为 45°斜角。

第二步：确定底衩规格。

在面衩未去斜角的基础上，对称绘制一个底衩即可。

第三步：绘制底边。

将面衩和底衩下摆加放 3 cm。

第四步：标记好典型开衩各部件的经纱向及裁片数量。

（五）裁剪样板放缝图

典型衣身开衩裁剪样板放缝图如图 2-2-4 所示。

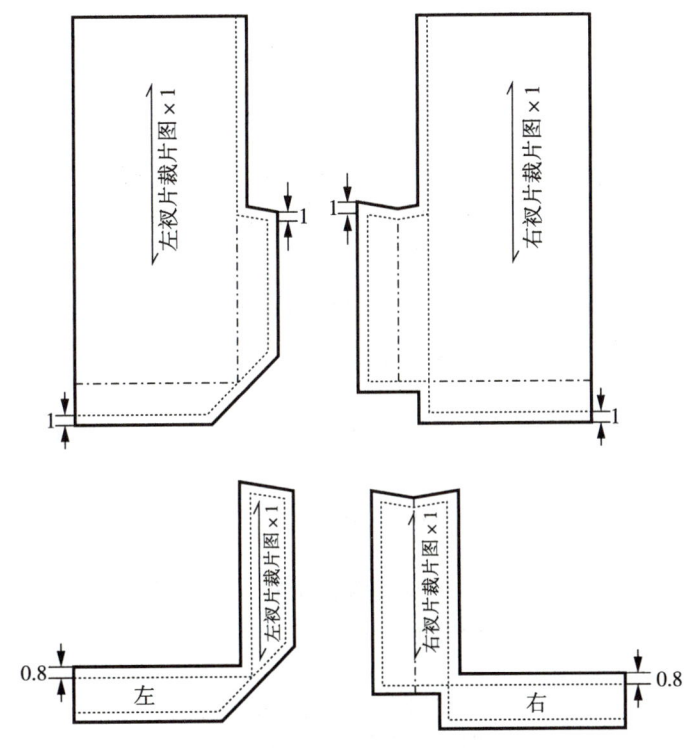

图 2-2-4　典型衣身开衩裁剪样板放缝图（单位：cm）

（六）技巧提示

1. 典型衣身开衩的方式

45°斜角衩为面衩，面衩在上；直角衩为底衩，底衩在下。

2. 典型衣身开衩的样板

典型开衩的样板分为三种：即净样板、裁剪样板、衬料样板（衬料样板即面衩和底衩的衬料样板）。

五、作品评价

典型衣身开衩质量检验评价见表 2-2-2。

表 2-2-2　典型衣身开衩质量检验评价

学生姓名		班级		综合得分			
科目		小组		评价	自评得分	组评得分	师评得分
检验项目	序号	检验内容	评分标准	配分			
典型衣身开衩结构设计	1	衣身衩片结构图，左、右衩片裁片图、左、右衩片衬料裁片图齐全	衣身衩片结构图，左、右衩片裁片图，左、右衩片衬料裁片图缺少一个扣2分	15			
	2	衣身开衩结构图各部位标记准确	各部位标记有误扣2分，多标、漏标、错标每处扣2分	15			
	3	画线顺直、清晰、手势准确	画线不顺直每处扣1分，画线不清晰扣3分，画线手势不准确扣3分	15			
	4	丝缕标注准确	丝缕漏标每处扣2分，标注错误每处扣3分	15			
时间	5	在规定时间内完成	每超过10分钟扣2.5分	10			
工具	6	使用工具正确	未正确使用相应工具扣5分	10			
整洁	7	完成结构制图后，作品画面整洁	完成结构制图后，作品画面不整洁扣10分	10			
安全	8	安全	在制图中未按要求执行，出现安全事故扣10分	10			
企业质检评定等次		优质品（　　）良品（　　）合格品（　　）次品（　　）					
学生签字		组长签字		老师签字		师傅签字	

六、举一反三·一（典型男衬衫袖衩结构设计）

（一）认识典型男衬衫袖衩

如图 2-2-5 所示，典型男衬衫袖衩可用于衬衫或工装等服装。在绘制典型男衬衫袖衩款式图时，在制版纸上完成 25 cm × 23.5 cm 的结构图，并在袖后 1/4 处绘制一个面、底袖衩。

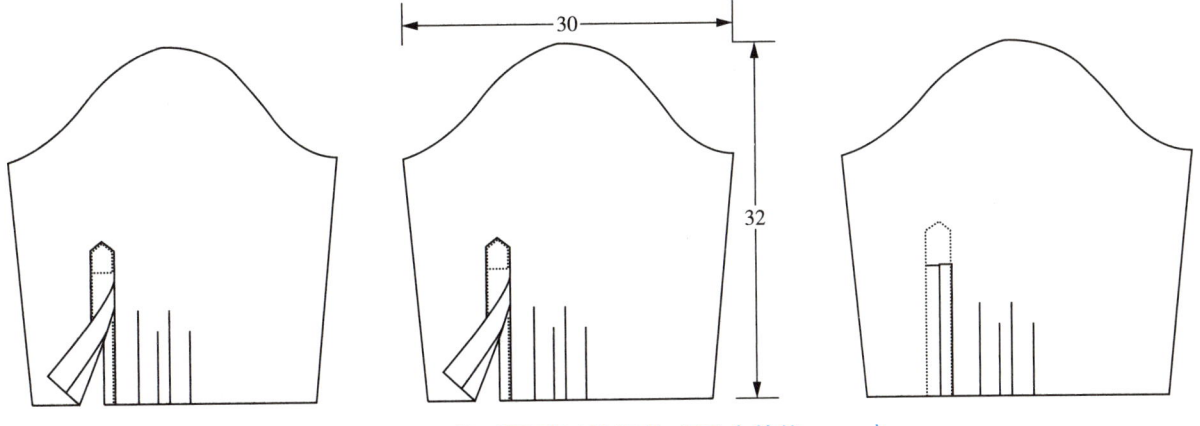

图 2-2-5　典型男衬衫袖衩款式图（单位：cm）

（二）成品规格

典型男衬衫袖衩规格尺寸见表 2-2-3。

表 2-2-3　典型男衬衫袖衩规格尺寸　　　　　　　　　　　　　　　　　　cm

号型	170/88A				
部位	袖片长	袖片宽	面衩	底衩	面衩尖高
规格	32	30	11.5	11.5	4

（三）典型男衬衫袖衩的部件结构

典型男衬衫袖衩的部件结构包括袖片结构图 1 片、面衩结构图 1 片、底衩结构图 1 片、袖片裁片图 2 片、面衩裁片图 1 片、底衩裁片图 1 片、面衩净样图 1 片、底衩净样图 1 片、面衩扣烫图 1 片、底衩扣烫图 1 片，如图 2-2-6 所示。

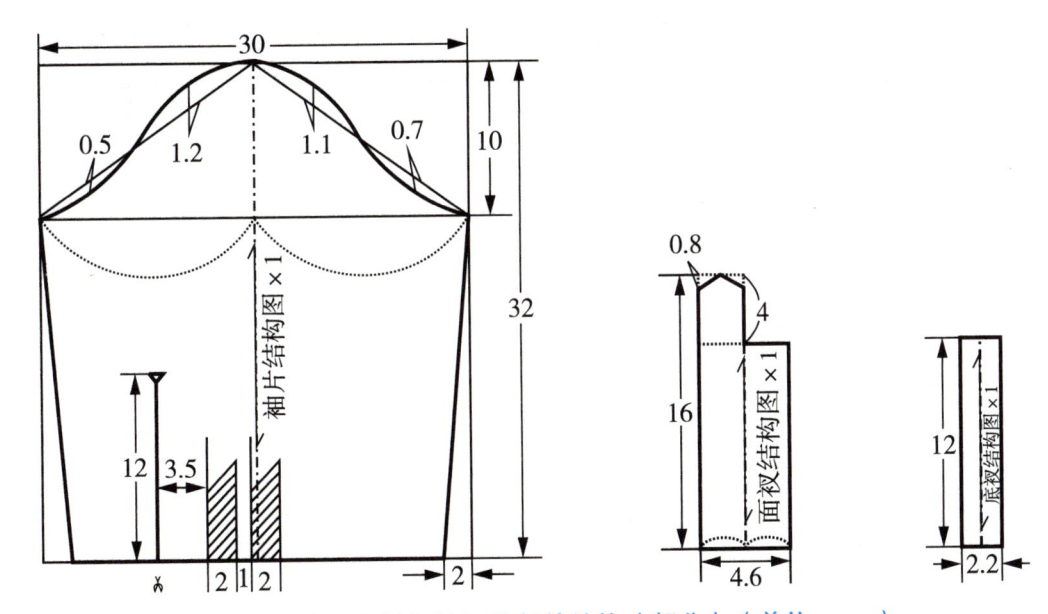

图 2-2-6　典型男衬衫袖衩的部件结构（部分）（单位：cm）

（四）裁剪样板放缝图

典型男衬衫袖衩裁剪样板放缝图如图 2-2-7 所示。

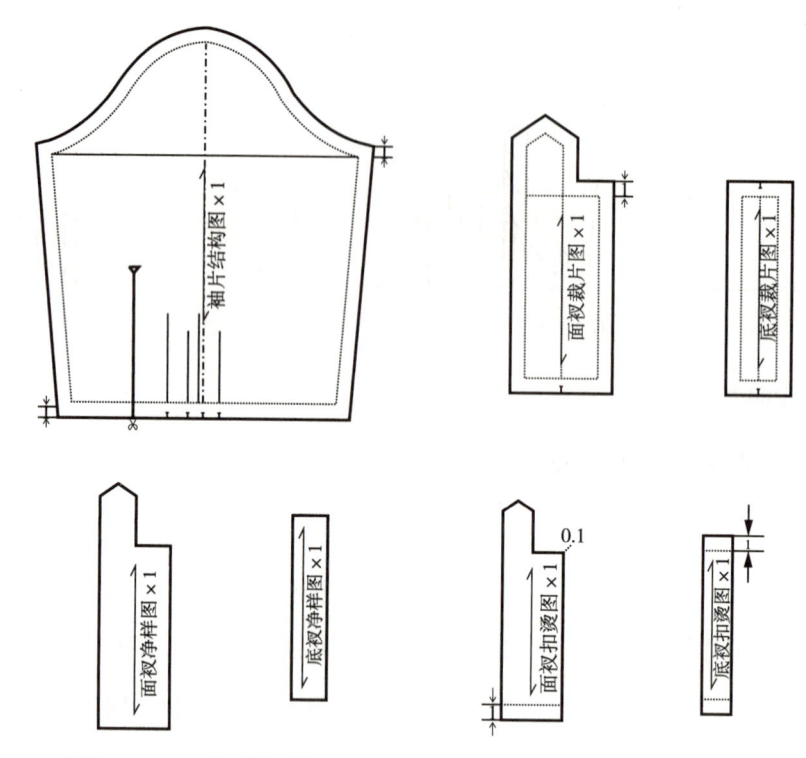

图 2-2-7 典型男衬衫袖衩裁剪样板放缝图（单位：cm）

七、举一反三·二（典型女衬衫袖衩结构设计）

（一）认识典型女衬衫袖衩

如图 2-2-8 所示，典型女衬衫袖衩可用于衬衫或工装等服装。绘制典型女衬衫袖衩款式图时，在制版纸上完成 32 cm×30 cm 的袖片结构图，并在袖后 1/4 处绘制一个大小袖衩。

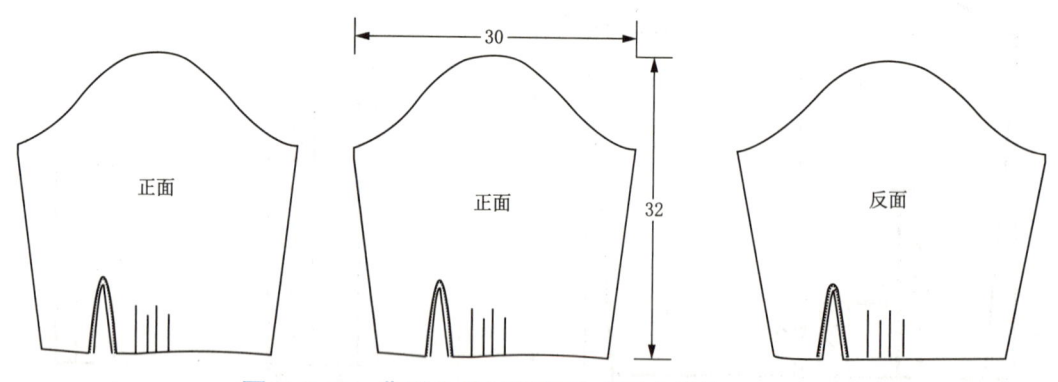

图 2-2-8 典型女衬衫袖衩款式图（单位：cm）

（二）成品规格

典型女衬衫袖衩规格尺寸见表 2-2-4。

表 2-2-4 典型女衬衫袖衩规格尺寸 cm

号型	160/84A			
部位	袖片长	袖片宽	袖衩包条长	袖衩包条宽
规格	32	30	16	2.2

（三）典型女衬衫袖衩的部件结构

典型女衬衫袖衩的部件结构包括袖片结构图1片、面衩结构图1片、底衩结构图1片、袖片裁片图2片、面衩裁片图1片、底衩裁片图1片、面衩净样图1片、底衩净样图1片、面衩扣烫图1片、底衩扣烫图1片、袖衩包条结构图1片、袖衩包条裁片图3片，如图2-2-9所示。

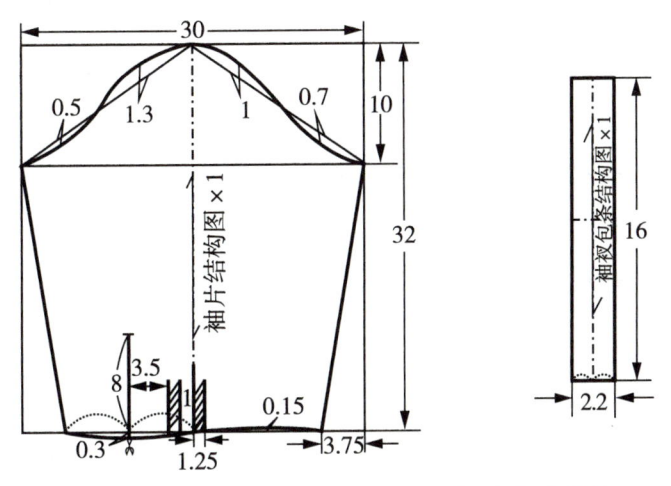

图 2-2-9 典型女衬衫袖衩的部件结构（部分）（单位：cm）

（四）裁剪样板放缝图

典型女衬衫袖衩裁剪样板放缝图如图2-2-10所示。

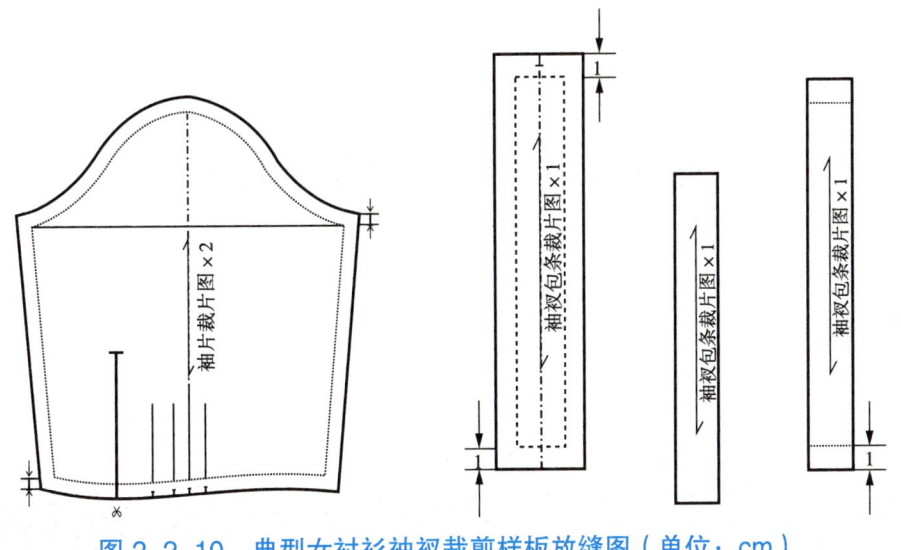

图 2-2-10 典型女衬衫袖衩裁剪样板放缝图（单位：cm）

八、巩固强化

（一）专业知识——应知

1. 单项选择题（每小题列出的四个备选项中，只有一个正确答案。错选或漏选均不得分）

（1）不属于开衩的外形分类的是（　　）。

A. 裙衩　　　　B. 直线型　　　　C. 曲线型　　　　D. 宝剑头

（2）高低衩多用于（　　）等服装。

A. 童装　　　　　　　　　　　　B. 男装

C. 女装　　　　　　　　　　　　D. 大衣、西装、裤装、裙装

（3）男衬衫袖衩和女衬衫袖衩都是在后袖的（　　）处绘制的。

A. 1/2　　　　B. 1/3　　　　C. 1/4　　　　D. 1/5

2. 判断题（正确的打"√"，错误的打"×"）

（1）男衬衫袖衩和女衬衫袖衩都是对开衩。（　　）

（2）宝剑头袖衩是男衬衫的标志之一，只适用于男衬衫。（　　）

（3）裙衩和宝剑头袖衩均由面衩和底衩两部分组成。（　　）

3. 简答题

（1）开衩的特点与作用是什么？

（2）开衩与人体结构的关系是什么？

（二）技能操作——应会

根据典型衣身开衩结构图的技术规格要求，绘制至少一款典型衣身开衩的款式变化结构图。

巩固强化参考答案

任务三　典型领结构设计

一、作品溯源

立领源自中华古文化，是汉服的精髓之一（其前身源于周朝深衣中的深交领）。如今，立领服装已经发展为以"中华立领"为标志的新品类，引领时尚潮流。立领服装在款式上与日常生活结合得较紧密，除了传统的紧扣型外，立领的开口更为大胆，甚至呈V形向下延伸。在裁剪上，立领服装融合了西方的立体裁剪工艺，加入掐腰、垫肩等设

计元素，巧妙地结合经典与个性，既具有民族特色，又不乏时代特征和现代气息（图 2-3-1）。

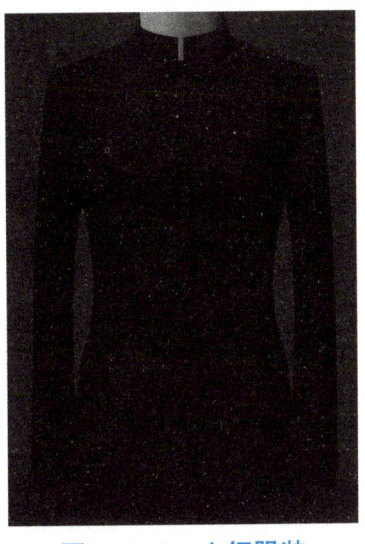

图 2-3-1　立领服装

二、设计理念

作为新时代的服装设计者，应该将民族传统服饰文化与时尚潮流紧密融合。通过对领结构的创新研究，让更多人了解中国服饰，传播和弘扬民族传统服饰文化。

三、设计目标

（1）让更多人了解立领的来源，通过对领结构的创新设计，使其融入更多服装类别，穿着中国的代表服饰，肩负民族的复兴使命；

（2）学以致用，触类旁通，将立领灵活运用于除领子外的其他服装部位。丰富服装式样和风格；

（3）传播和弘扬民族传统服饰文化。

四、作品设计

（一）认识典型男衬衫领

如图 2-3-2 所示，典型男衬衫领可用于中山装、衬衫或体恤等服装。在绘制典型男衬衫领款式图时，在制版纸上完成 30 cm × 25 cm 的方框，并在方框中线处绘制一个男衬衫领。

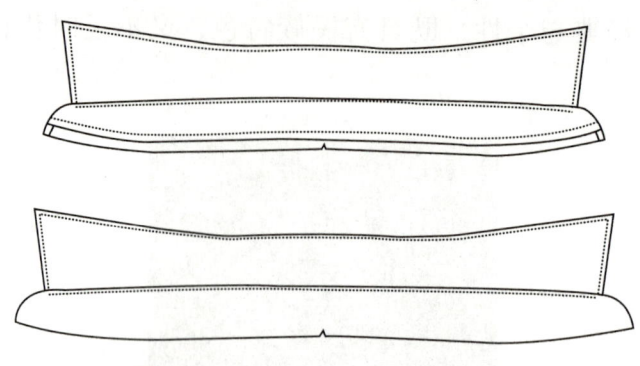

图 2-3-2　典型男衬衫领款式图

（二）成品规格

典型男衬衫领规格尺寸见表 2-3-1。

表 2-3-1　典型男衬衫领规格尺寸　　　　　　　　　　　　　　　　　　　　cm

号型	170/88A			
部位	领围	翻领宽	座领宽	门襟宽
规格	39	4	3.2	2

（三）典型男衬衫领的部件结构

典型男衬衫领的部件结构包括翻领、座领结构图各 1 片，翻领、座领展开图各 1 片，翻领、座领裁片图各 2 片，翻领衬料图 2 片，座领衬料图 1 片，翻领画样图 1 片，如图 2-3-3 所示。

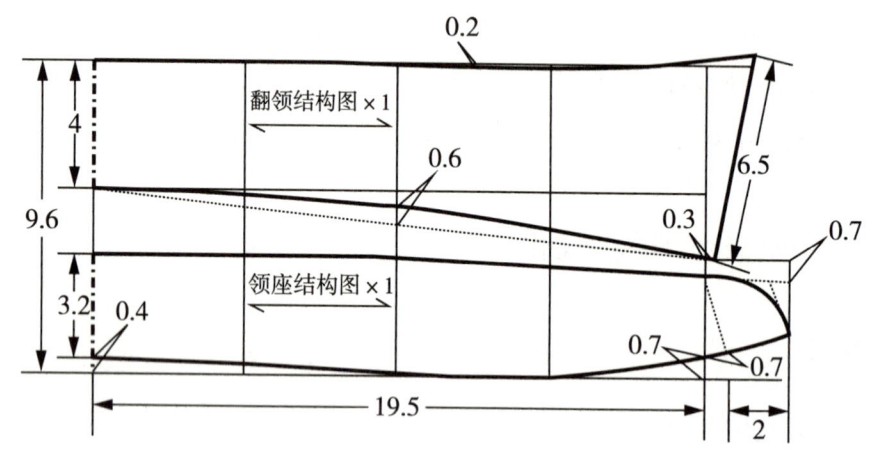

图 2-3-3　典型男衬衫领的部件结构（部分）（单位：cm）

（四）典型男衬衫领结构设计步骤

具体步骤如下。

第一步：男衬衫领框架制图。

用 $N/2$ 确定男衬衫领的长度，领座宽为 3.2 cm，翻领宽为 4 cm，门襟宽为 2 cm。

第二步：男衬衫领结构制图。

在绘制结构图时，将领座和翻领的中心线绘制为点划线，表示左右对称，不剪开；领角的宽度和斜度根据具体款式确定。

第三步：标记嵌线袋各部件的经纱向及裁片数量。

（五）裁剪样板放缝图

典型男衬衫领裁剪样板放缝图如图 2-3-4 所示。

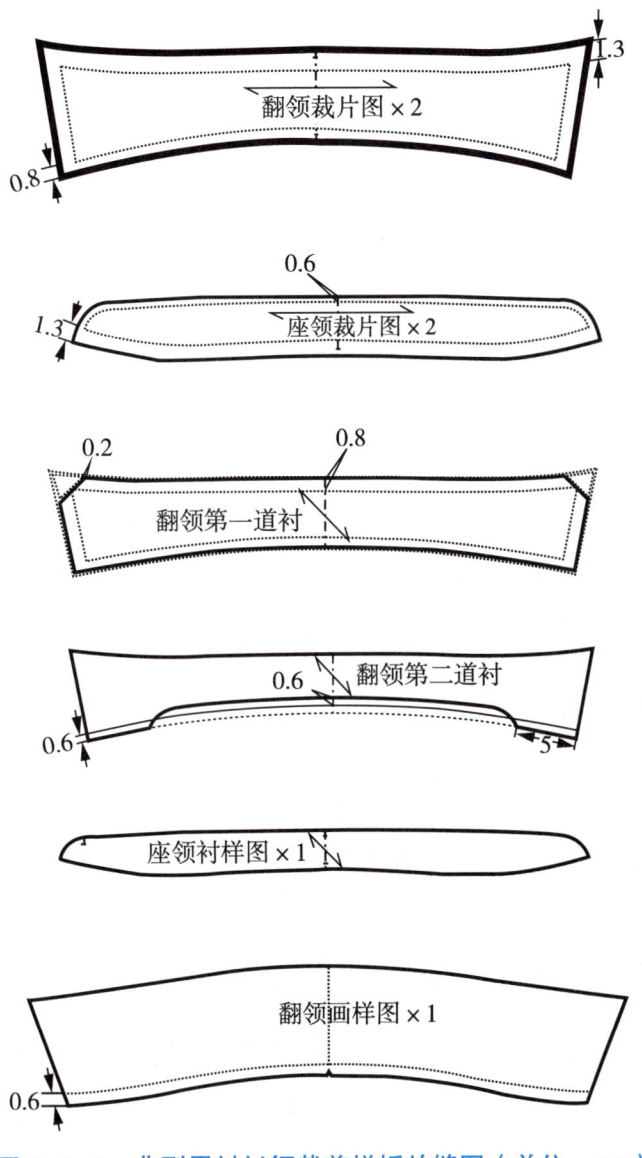

图 2-3-4　典型男衬衫领裁剪样板放缝图（单位：cm）

（六）技巧提示

1. 装领脚衣领的领底弧线呈外弧形

装领脚衣领的领底弧线呈外弧形与人体颈部的表面形状有关。人体的颈部上细下粗，呈圆台状，略向前倾，如果将人体颈部的表面放在平面上展开，则可见倒置的扇面形。因此，要使领脚与人体颈部形状一致，领脚的平面图形也应为倒置的扇面形，至少领底弧线应呈外弧形。由于装领脚衣领的领脚与翻领分开取料，所以它不受翻领的制约，按照人体的颈部形状制图，领底弧线呈外弧形。

2. 典型男衬衫领的翻领衬料样板

对于典型男衬衫领的翻领衬料样板，第一道衬为翻领裁剪样板，领尖自翻领工艺样板 0.2 cm 处 45° 去掉领角；第二道衬在翻领工艺样板的基础上，靠近两端领角处的领底放出 0.6 cm 缝份，其余领底则收进 0.6 cm。

五、作品评价

典型男衬衫领质量检验评价见表 2-3-2。

表 2-3-2　典型男衬衫领质量检验评价

学生姓名		班级		综合得分			
科目		小组		评价	自评得分	组评得分	师评得分
检验项目	序号	检验内容	评分标准	配分			
典型男衬衫领结构设计	1	翻领、座领结构图，翻领、座领展开图，翻领、座领裁片图，翻领、座领衬料图及翻领画样图齐全	翻领、座领结构图，翻领、座领展开图，翻领、座领裁片图，翻领、座领衬料图及翻领画样图缺少一个扣1分	15			
	2	结构图各部位标记准确	各部位标记有误扣1分，多标、漏标每处各扣2分	15			
	3	画线顺直、清晰、手势准确	画线不顺直每处扣1分，画线不清晰扣1分，画线手势不准确扣3分	15			
	4	丝缕标注准确	丝缕漏标每处扣2分，标注错误每处扣1分	15			
时间	5	在规定时间内完成	每超过10分钟扣2.5分	10			
工具	6	使用工具正确	未正确使用相应工具扣2.5分	10			
整洁	7	完成结构制图后，作品画面整洁	完成结构制图后，作品画面不整洁扣10分	10			
安全	8	安全	在制图中未按要求执行，出现安全事故扣10分	10			
企业质检评定等次		优质品（　　）良品（　　）合格品（　　）次品（　　）					
学生签字		组长签字		老师签字		师傅签字	

六、举一反三（典型女衬衫领结构设计）

（一）认识典型女衬衫领

如图 2-3-5 所示，典型女衬衫领可用于衬衫、夹克衫、牛仔服等服装。在绘制典型女衬衫领款式图时，在制版纸上完成 30 cm×25 cm 的布片结构图，并在布片中缝处绘制一个 16 cm 长的女衬衫领。

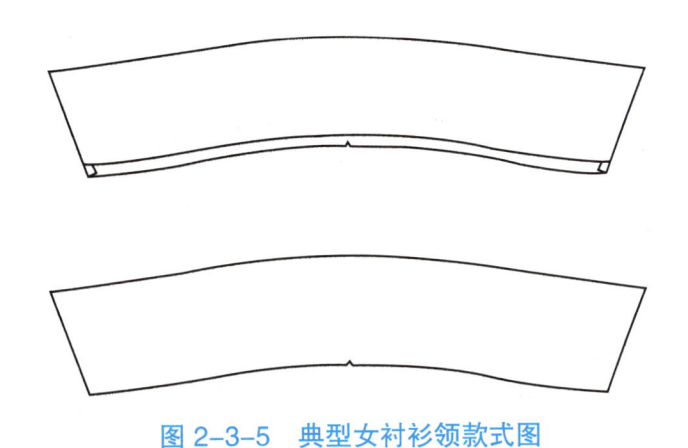

图 2-3-5 典型女衬衫领款式图

（二）成品规格

典型女衬衫领规格尺寸见表 2-3-3。

表 2-3-3 典型女衬衫领规格尺寸　　　　　　　　　　　　cm

号型	160/84A		
部位	领围	领中宽	领前段宽
规格	38.6	7	6.5

（三）典型女衬衫领的部件结构

典型女衬衫领的部件结构包括女衬衫领结构图 1 片（图 2-3-6），女衬衫领展开图 1 片，领面、领底裁片图各 1 片，领面、领底衬料裁片图各 1 片。

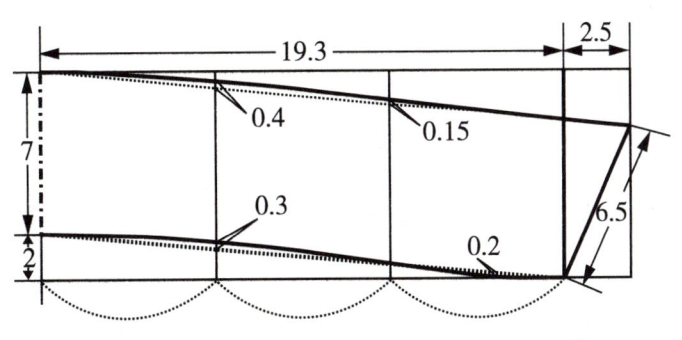

图 2-3-6 女衬衫领结构图（单位：cm）

（四）裁剪样板放缝图

典型女衬衫领裁剪样板放缝图如图 2-3-7 所示。

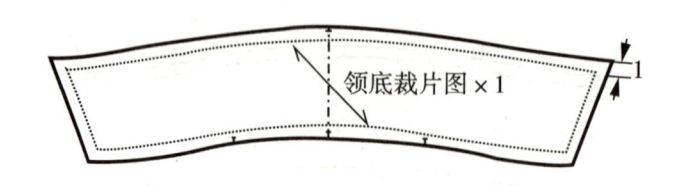

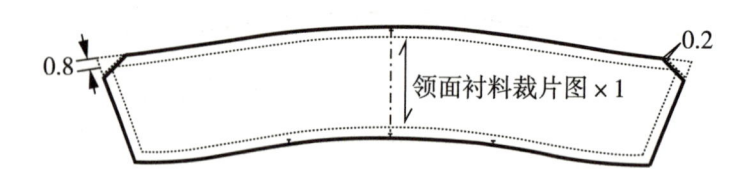

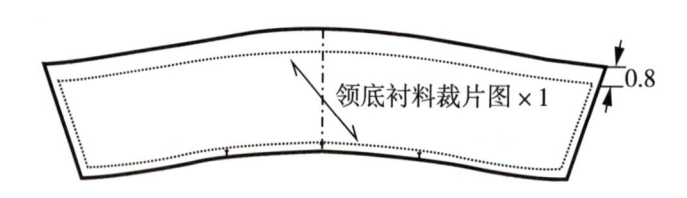

图 2-3-7　典型女衬衫领裁剪样板放缝图（单位：cm）

七、巩固强化

（一）专业知识——应知

1. 单项选择题（每小题列出的四个备选项中，只有一个正确答案。错选或漏选均不得分）

（1）对于男衬衫领，为了减小领尖厚度，在设计（　　）时，需要在翻领领尖 0.2 cm 处去掉领尖的量。

　　A. 翻领净样　　　　B. 翻领毛样　　　　C. 翻领第一道衬　　　D. 翻领第二道衬

（2）女衬衫一片领的领长为（　　）。

　　A. $N/2$（cm）　　B. $N/2+0.1$（cm）　　C. $N/2+0.2$（cm）　　D. $N/2+0.3$（cm）

（3）女衬衫的领驳平直线按（　　）作驳口线的平行线。

A. 0.8H　　　　　B. 0.8H　　　　　C. 0.9H　　　　　D. 0.9H

2. 判断题（正确的打"√"，错误的打"×"）

（1）男、女衬衫领均左右对称，在绘图时只需要绘制一半即可裁剪。（　　）

（2）中性服装风格受大众喜爱，男、女衬衫立、翻领的造型相同。（　　）

（3）装领脚衣领的领底弧线呈内弧形。（　　）

3. 简答题

（1）后领宽比前领宽略大的原因是什么？

（2）衣领依赖于前片领圈制图的合理性是什么？

（二）技能操作——应会

根据典型领结构图的技术规格要求，绘制至少一款领的款式变化结构图。

任务四　典型装腰型门里襟拉链结构设计

一、作品溯源

中国早期的服装，在衣襟处缝有几根小带，用以系结，这种小带叫作"衿"。《说文·系部》："衿，衣系也。"段玉裁注："联合衣襟之带也。今人用铜钮，非古也。"说的就是这种情况。为了不使衣服散开，人们又在腰部系上一根大带，这种大带叫作腰带（图2-4-1），它与今天人们所用来系束裤裙的带子名称虽相同，但作用并不一样。

图2-4-1　腰带

古人对腰带十分重视，无论身穿官服还是便服，都要在腰间束腰带。久而久之，腰带便成了服装中必不可少的饰物，尤其在日常礼仪中，更是缺它不可。兄弟之间见面说话，必须整衣束带，否则就觉得有失礼貌，君臣之间更是如此。据欧阳修《归田录》记载，宋太宗夜召陶谷。谷至，见帝而立，却不肯进去。宋太宗立即意识到这是因为自己没有束腰带，于是令人取来袍带，匆匆束之。陶谷见宋太宗束了腰带，这才进去。在当时看来，皇帝召见大臣而不束腰带是失礼的行为，因此不能行君臣之礼。

二、设计理念

因为古代服装多为宽松的直线结构裁剪，所以为了达到不失礼貌的目的，通过绳带和腰带满足最基本的束腰需求。当下服装多为弧线结构裁剪，为了更好地表现人体的线条美感，同时方便服装的穿脱，装腰型门里襟拉链应运而生，它是时代的必然产物（图 2-4-2）。

图 2-4-2　装腰型门里襟拉链

三、设计目标

（1）通过装腰型门里襟拉链的溯源，提醒自己时刻注重仪容仪表和言行举止。

（2）装腰型门里襟拉链使服装的穿脱更加方便，在进行结构设计时，还应考虑遮羞蔽体的因素，加强门襟、里襟设计。在制图过程中，培养发散思维、职业标准意识和良好的职业素养。

四、作品设计

（一）认识典型装腰型门里襟拉链

如图 2-4-3 所示，典型装腰型门里襟拉链可用于裤装或裙装等服装。在缝上部开门处装装腰型门里襟平口拉链，除腰面下口、衣片三面、门襟处有长 18.5 cm、宽 3.5 cm 的明线，其他正面无明线，三周卷边。

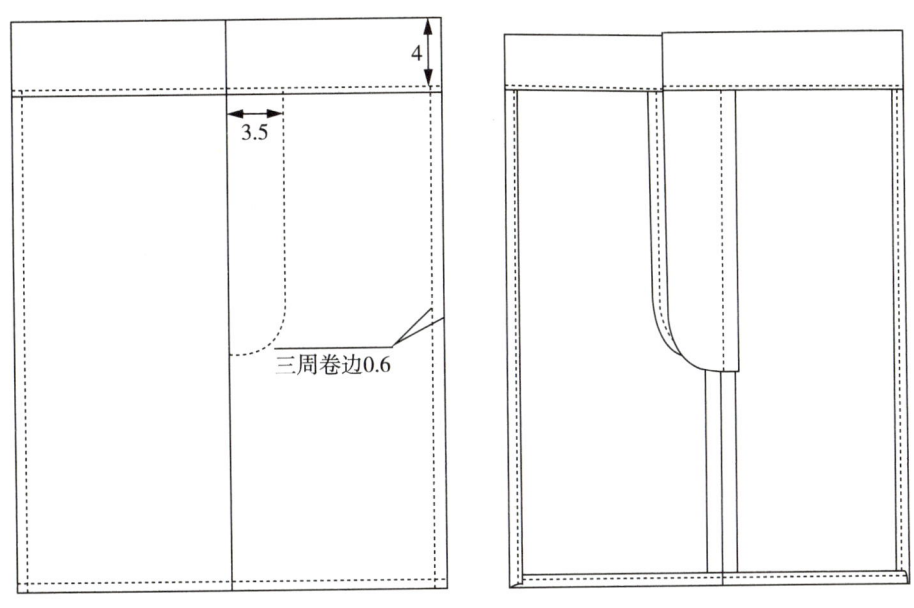

图 2-4-3 典型装腰型门里襟拉链款式图（单位：cm）

（二）成品规格

典型装腰型门里襟拉链领规格尺寸见表 2-4-1。

表 2-4-1 典型装腰型门里襟拉链规格尺寸　　　　　　　　　　　cm

号型	160/64A					
部位	布片长	布片宽	腰宽	拉链长	门襟	里襟
规格	35	22	4	20	18.5×3.5	19×3.5

（三）典型装腰型门里襟拉链的部件结构

典型装腰型门里襟拉链包括布片 2 片、门襟 1 片、里襟 2 片、腰片 2 片、平口拉链 1 根，其部件结构如图 2-4-4 所示。

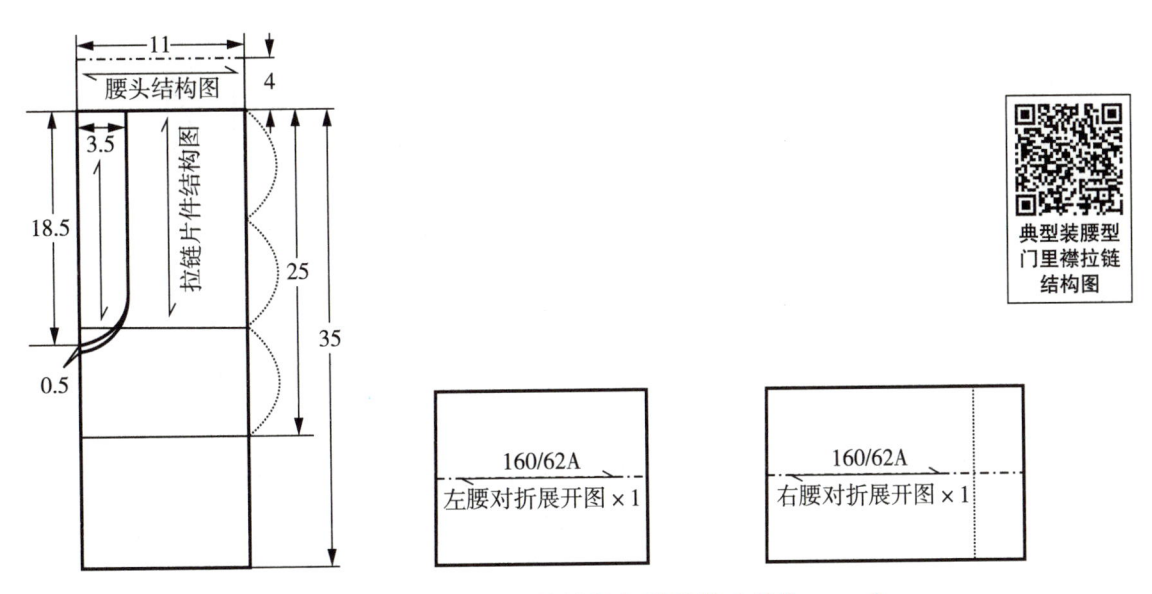

图 2-4-4 典型装腰型门里襟拉链的部件结构（单位：cm）

（四）典型装腰型门里襟拉链结构设计步骤

具体操作步骤如下。

1. 典型装腰型门里襟拉链框架制图顺序

确定布片大小，对门里襟进行定位。绘制长 35 cm×11 cm 的半边布片，再确定门里襟。

2. 典型装腰型门里襟拉链框架制图顺序

第一步：分别绘制左、右腰对折展开图。

第二步：标记装腰型门里襟拉链各部件的经纱向及裁片数量。

（五）裁剪样板放缝图

典型装腰型门里襟拉链裁剪样板放缝图如图 2-4-5 所示。

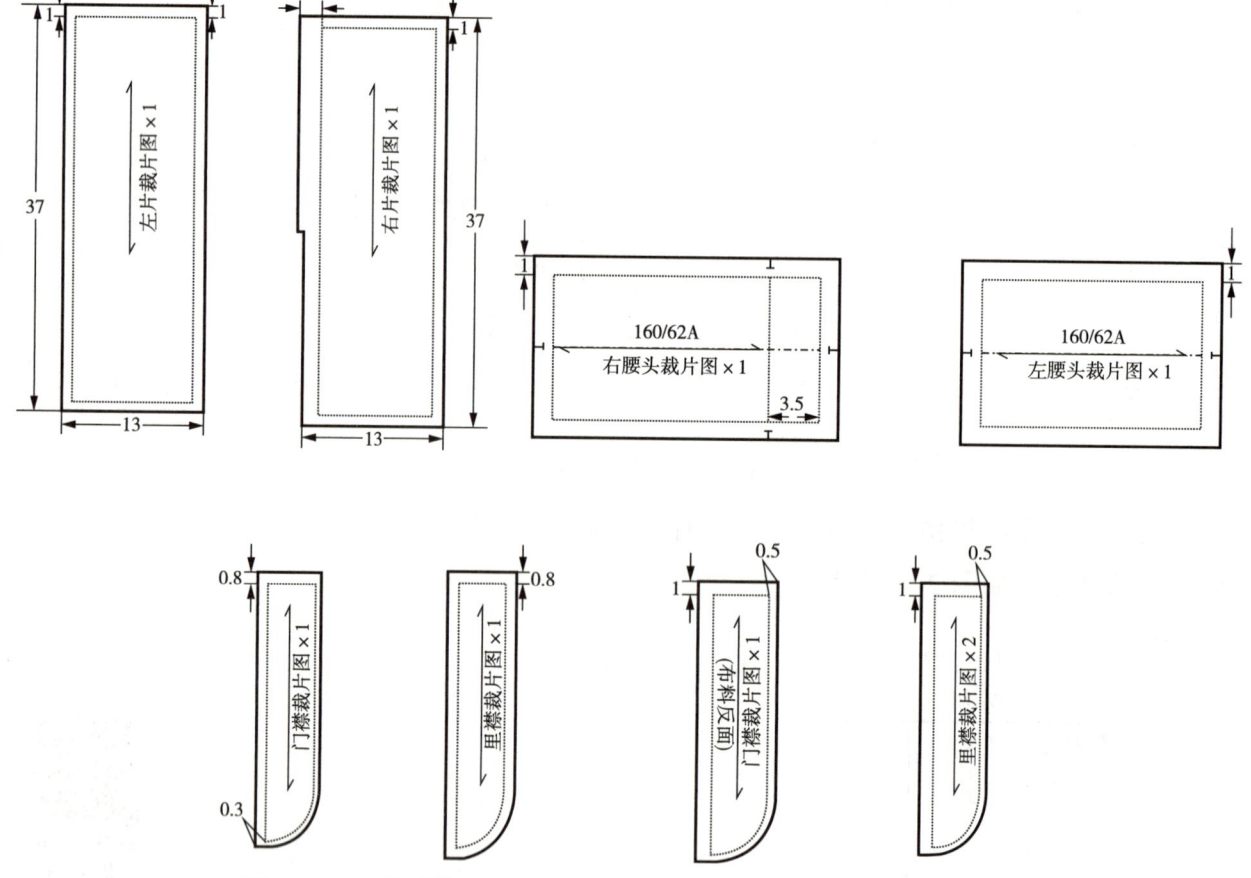

图 2-4-5　典型装腰型门里襟拉链裁剪样板放缝图（单位：cm）

（六）技巧提示

1. 腰头的省道合并

在进行典型装腰型门里襟拉链结构制图时，没有省道，但臀腰差产生的省量客观存在，在合并腰头部分的省量后，需要重新画顺腰头轮廓。

2. 门襟、里襟裁片的设计

在进行典型装腰型门里襟拉链结构制图时，门襟与里襟的宽度要一致，里襟比门襟略长一些（0.5 cm左右），门襟裁片为1片，里襟裁片为2片。

五、作品评价

典型装腰型门里襟拉链质量检验评价见表2-4-2。

表2-4-2 典型装腰型门里襟拉链质量检验评价

学生姓名		班级		综合得分			
科目		小组		评价	自评得分	组评得分	师评得分
检验项目	序号	检验内容	评分标准	配分			
装腰型门里襟拉链结构设计	1	布片，腰、门襟、里襟结构图齐全	布片，腰、门襟、里襟结构图少一个扣5分	15			
	2	各部位标记必须准确，不能多标、漏标、错标	部位标记不准确扣3分，多标、漏标、错标每处扣3分	15			
	3	画线顺直、清晰、手势准确	画线不顺直每处扣1分，画线不清晰扣3分，画线手势不准确扣3分	15			
	4	丝缕标注准确	丝缕漏标每处扣2分，注标错误每处扣3分	15			
时间	5	在规定时间内完成	每超过10分钟扣2.5分	10			
工具	6	使用工具正确	未正确使用相应工具扣5分	10			
整洁	7	完成结构制图后，作品画面整洁	完成结构制图后，作品画面不整洁扣10分	10			
安全	8	安全	在制图中未按要求执行，出现安全事故扣10分	10			
企业质检评定等次		优质品（　）良品（　）合格品（　）次品（　）					
学生签字		组长签字		老师签字		师傅签字	

六、举一反三（典型装腰结构设计）

（一）认识典型装腰

如图2-4-6所示，典型装腰可用于裙或裤装等服装。腰面、腰里连在一起，腰长为实际腰长加腰头（3 cm），宽为4 cm，腰面有明线。

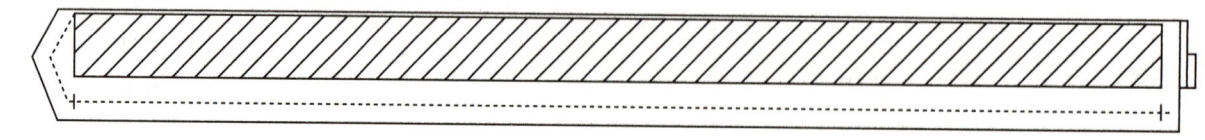

图2-4-6　典型装腰款式图

（二）成品规格

典型装腰规格尺寸见表2-4-3。

表2-4-3　典型装腰规格尺寸　　　　　　　　　　　　　　　　　　　　　　cm

号型	160/66A		
部位	腰长	腰宽	腰头
规格	35	4	3

（三）典型装腰的部件结构

典型装腰包括腰面、腰里各1片，衬料1片，其部件结构如图2-4-7所示。

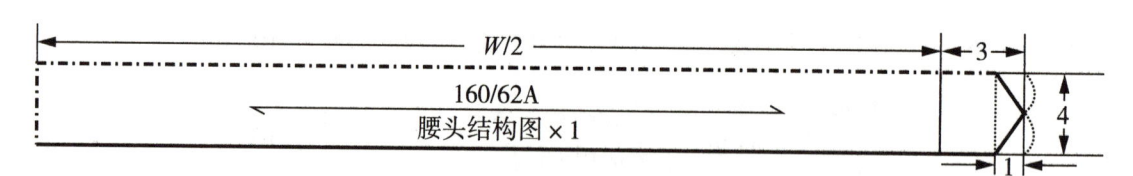

图2-4-7　典型装腰的部件结构（单位：cm）

（四）裁剪样板放缝图

典型装腰裁剪样板放缝图如图2-4-8所示。

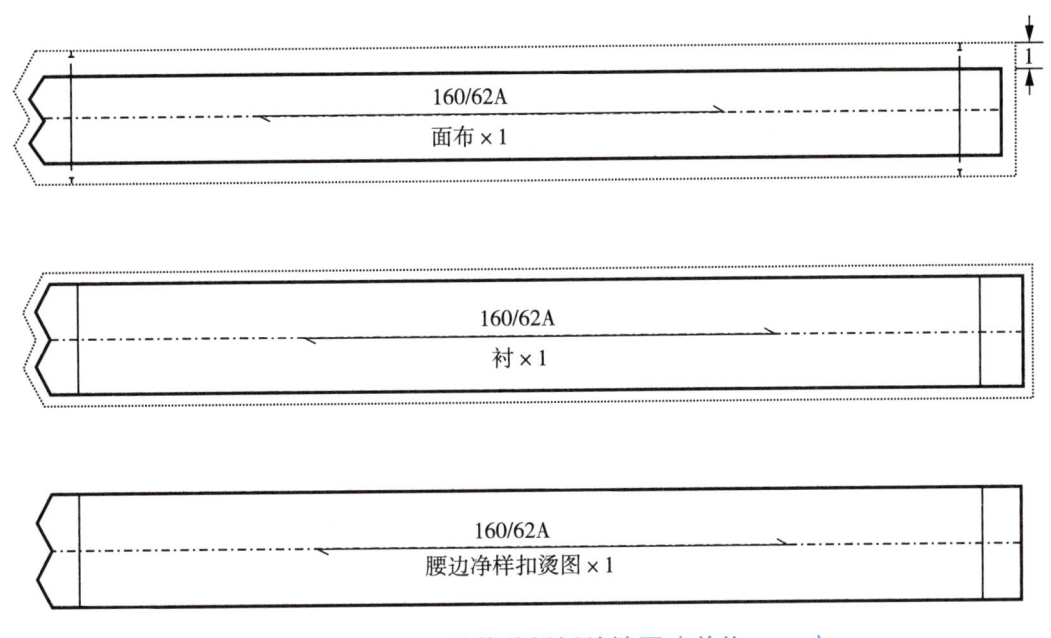

图 2-4-8 典型腰装裁剪样板放缝图（单位：cm）

七、巩固强化

（一）专业知识——应知

1. 单项选择题（每小题列出的四个备选项中，只有一个正确答案。错选或漏选均不得分）

（1）对于装腰型门里襟平口拉链，装拉链的对应裁片位置应多放出缝份（　　）。

A. 0.5 cm　　　　　　　　　　　　B. 1 cm

C. 1.5 cm　　　　　　　　　　　　D. 2 cm

（2）里襟裁片比门襟裁片长（　　）。

A. 0.1 cm　　　　　　　　　　　　B. 0.3 cm

C. 0.5 cm　　　　　　　　　　　　D. 0.8 cm

（3）对于男衬衫领，为了减小领尖厚度，在设计（　　）时，需要在翻领领尖 0.2 cm 处去掉领尖的量。

A. 翻领净样　　　　　　　　　　　B. 翻领毛样

C. 翻领第一道衬　　　　　　　　　D. 翻领第二道衬

2. 判断题（正确的打"√"，错误的打"×"）

（1）装腰型门里襟平口拉链的，左、右腰头对称。（　　）

（2）腰头面、里和腰头衬料均为连裁结构。（　　）

（3）装腰型门里襟平口拉链款式和装腰型门里襟隐性拉链款式，除拉链不同，其余各部件放缝量均相同。（　　）

3. 简答题

（1）简述装腰型门里襟拉链的特点和作用。

（2）试述装腰型门里襟拉链在服装中的应用。

（二）技能操作——应会

根据典型装腰型门里襟拉链结构图的技术规格要求，绘制一款典型装腰型门里襟拉链的款式变化结构图。

模块三　裙装结构设计

学习内容

任务一　直裙结构设计

任务二　斜裙结构设计

任务三　牛仔裙结构设计

学习目标

（1）能够按照裙装款式图和质量要求熟练进行裙装结构设计。

（2）能够进行裙装局部变化，触类旁通，为各种裙装结构制图提供帮助。

（3）感受服装设计作品所包含的地方习俗和文化历史，培养爱国主义情怀。

学习方法

学生结合任务视频、教师演示法、任务引领法等方式，以小组为学习单位，掌握常用工具、专用工具、计算机平面设计软件、服装 CAD 软件、裙装结构设计等基础知识，在有条件的情况下，建议通过在企业进行教学实习、顶岗实习等方式训练。

任务一　直裙结构设计

一、作品概述

丹丹同学在元宵节和爸爸到自贡参加灯会，路上爸爸向她介绍："在唐宋年间，自贡就有新年燃灯的习俗。'元宵节'也称'灯节'。这一风俗自汉代起形成，在明清时期各地灯会活动达到顶峰。自贡灯彩构思巧妙，制作精细，用料独特——瓷器餐具、玻璃瓶、蚕茧、细竹篾、扎染、丝绸等都可作为制作灯彩的原材料。灯彩的品种多样、题材丰富。"

丹丹在逛灯会时被"灯竿节""提灯会"等场面宏大、灯彩丰富的活动深深吸引，眼前五光十色的灯彩令人目不暇接，她看着硕大的红灯笼，突发奇想：能否根据灯笼的廓形设计一款半裙呢？能否将灯笼元素融入服装款式呢？

二、设计理念

根据裙装结构设计的相关书籍，了解直裙的各类部件。根据直裙结构设计的相关步骤，掌握其结构设计技巧，并根据不同款式进行款式变化结构图的绘制。从自贡传统灯彩中汲取设计灵感，以民俗活动为依托，善于发现地方风情中的文化美，提取其中的元素，将其融入服装结构设计，用服饰传承地域文化，彰显地域特色。

三、设计目标

直裙结构提取了灯笼的外部廓形，对灯笼的廓形进行变形设计，使之更适应现代人的穿着习惯。直裙两侧自然垂落的弧线与人体的臀部、大腿等结构贴合。传统民俗灯彩与现代服装款式的自然融合，将民俗灯彩推向了更高的艺术境界。在直裙结构设计过程中，培养发散思维、职业标准意识和良好的职业素养。

四、作品设计

（一）认识装腰头直裙

图 3-1-1 所示为装腰头直裙款式的结构造型。装腰头直裙的前、后裙片各设 4 个腰省，后中心线分割，上端装拉链，下摆开衩，侧缝自然垂落呈直线。

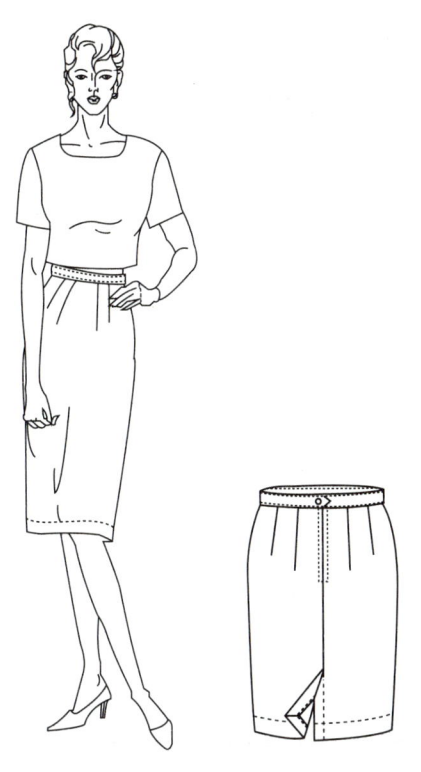

图 3-1-1　装腰头直裙款式的结构造型

装腰头直裙的长短根据设计要求确定，考虑到人体下肢活动的需要，开衩的位置高低有所不同。根据造型的需要，装腰头直裙下摆可以在侧缝处每片收进 1~2 cm。

（二）成品规格

装腰头直裙规格尺寸见表 3-1-1。

表 3-1-1　装腰头直裙规格尺寸　　　　　　　　　　　cm

号型	160/68A				
部位	裙长	腰围	臀围	臀长	腰头宽
规格	66	70	94	18	3

（三）装腰头直裙的部件结构

装腰头直裙的部件包括前裙片 1 片、左后裙片 1 片、右后裙片 1 片、腰头 1 片、里襟 1 片，其结构图如图 3-1-2 所示。

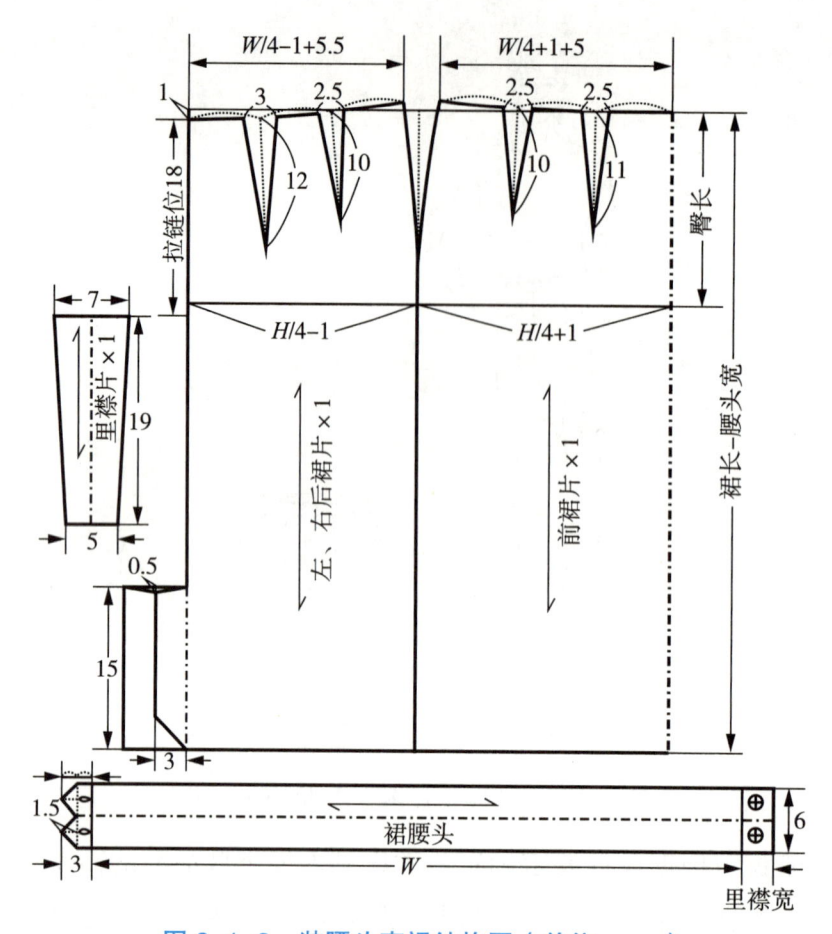

图 3-1-2　装腰头直裙结构图（单位：cm）

（四）装腰头直裙结构设计步骤

具体步骤如下。

1. 装腰头直裙框架制图顺序

第一步：根据裙长绘制前、后裙片的长度。

裙片长度 = 裙长 – 腰头宽，即 66-3=63（cm）。

第二步：根据腰围绘制前、后裙片腰围的长度。

前裙片腰围 =W/4+1+5（cm）。

前裙片腰围 =70/4+1+5（cm）。

后裙片腰围 =W/4-1+5.5（cm）。

后裙片腰围 =70/4-1+5.5（cm）。

第三步：从横向辅助线处向下移臀长长度，即 18 cm，确定臀围线位置。

2. 装腰头直裙结构制图顺序

第一步：前裙片臀围宽度为 H/4+1（cm），即 94/4+1=24.5（cm）。后裙片臀围宽度为 H/4 -1（cm），即 94/4 - 1=22.5（cm）。

第二步：后裙片从横向辅助线处下落 1 cm，再向下移 18 cm 确定后中缝装拉链的位置，并做好标记。

第三步：画好开衩位置、里襟片、腰头，标记好前、后裙片的收省量。

第四步：标记好直裙各部件的经纱向及裁片数量。

第五步：后裙片从横向辅助线处下落 1 cm，再向下移 18 cm 确定后中缝装拉链的位置，并做好标记。

（五）裁剪样板放缝图和排料图

装腰头直裙裁剪样板放缝图和排料图如图 3-1-3 所示。

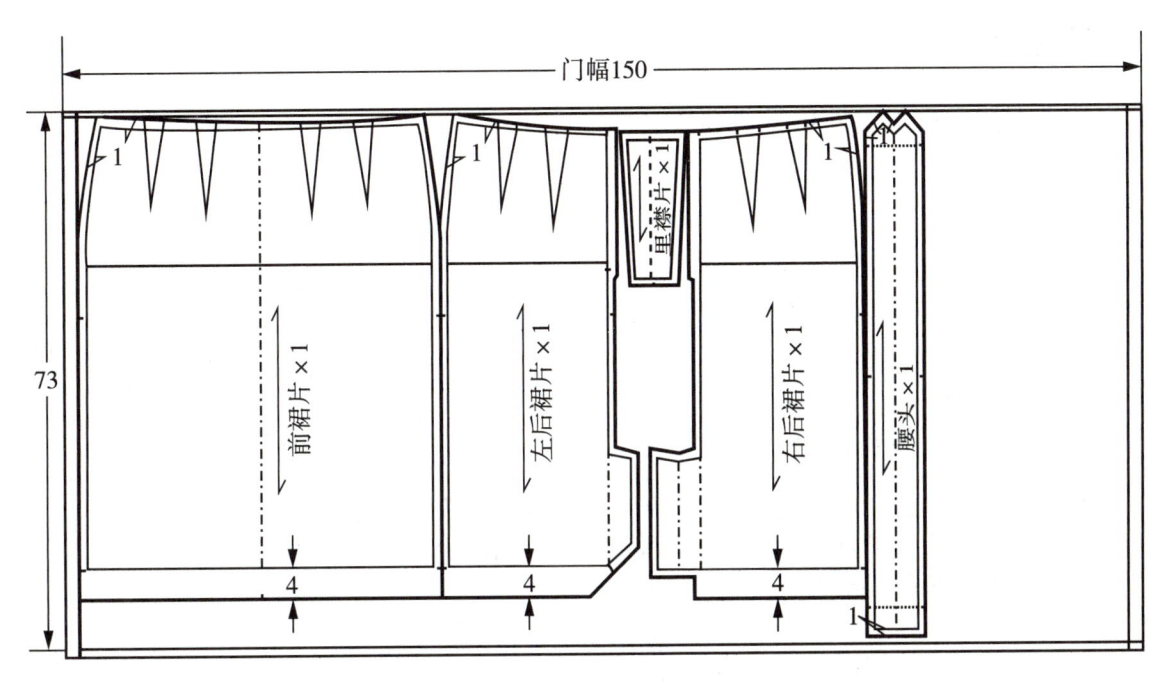

图 3-1-3　装腰头裁剪样板放缝图和排料图（单位：cm）

（六）技巧提示

1. 开衩的基本要求

在臀围线下 9 cm 处是大腿根部，开衩高度一般情况下小于此部位高度，但考虑到人体的活动又不能过低，因此，开衩一般在臀围线下 23 cm 左右处较恰当。开衩高低的定位一则应满足直裙的款式要求；二则应满足人体的活动需要，如果直裙左、右两侧下摆设置开衩，则可相应减小开衩的高度。

2. 裙腰口省数的分布要求

裙腰口省数的分布要适应体型的需要，在一般情况下，可采用前、后腰口各收 2~4 个省的形式。当臀腰差不超过 25 cm 时，可采用前、后腰口各收 2 个省的形式；当臀腰差超过 25 cm 时，可采用前、后腰口各收 4 个省的形式，因为当臀腰差增大时，前、后腰口各收 2 个省的形式不能适应体型的需要。

3. 臀围采用 1/4 分配法的原因

因为人体体型特征和下装的实用功能，要求侧缝直（斜）袋插手方便，故将侧缝前移，即前裙片为 1/4 臀围减 1 cm，后裙片为 1/4 臀围加 1 cm。裙装一般不设置侧缝直

（斜）袋，为了正面的美观，侧缝不应靠前而应靠后，因此在裙装结构制图中，臀围分配宜采用 1/4 分配法或前裙片臀围加 0.5~1 cm，后裙片臀围减 0.5~1 cm。

4. 裙侧缝处腰缝起翘的原因

人体臀腰差的存在使裙侧缝线在腰口处出现劈势，劈势的存在使腰缝起翘成为必然，即裙侧缝的劈势使前、后裙片拼接后，在腰缝处产生凹角。劈势越大，凹角越大，反之亦然。腰缝起翘的作用就在于能将凹角填补。

五、作品评价

装腰头直裙质量检验评价见表 3-1-2。

表 3-1-2　装腰头直裙质量检验评价

学生姓名		班级		综合得分	
科目		小组		评价	自评得分 / 组评得分 / 师评得分
检验任务	序号	检验内容	评分标准	配分	
装腰头直裙结构设计	1	前、后裙片，腰头，里襟结构图和裁剪图齐全	前、后裙片，腰头，里襟结构图和裁剪图缺少一片扣 6 分	18	
	2	结构图各部位标记准确	结构图各部位标记有误扣 2 分，多标、漏标、错标每处扣 2 分	15	
	3	画线顺直、清晰、手势准确	画线不顺直每处扣 1 分，画线不清晰扣 3 分，画线手势不准确扣 3 分	15	
	4	丝缕标注准确	丝缕漏标每处扣 2 分，标注错误每处扣 3 分	12	
时间	5	在规定时间内完成	每超过 10 分钟扣 2.5 分	10	
工具	6	使用工具正确	未正确使用相应工具扣 5 分	10	
整洁	7	完成结构制图后，作品画面整洁	完成结构制图后，作品画面不整洁扣 10 分	10	
安全	8	安全	在制图中未按要求执行，出现安全事故扣 10 分	10	
企业质检评定等次		优质品（　　）　良品（　　）　合格品（　　）　次品（　　）			
学生签字		组长签字		老师签字	师傅签字

六、举一反三（装腰头西装裙结构设计）

（一）认识装腰头西装裙

图 3-1-4 所示为装腰头西装裙款式的结构造型。装腰头西装裙可以搭配西装或女衬衫。装腰头西装裙在前裙片中线外设置阴裥，阴裥上部缉明线，前裙片收 2 个腰省，后裙片收 4 个腰省，右侧缝上端装隐形拉链。

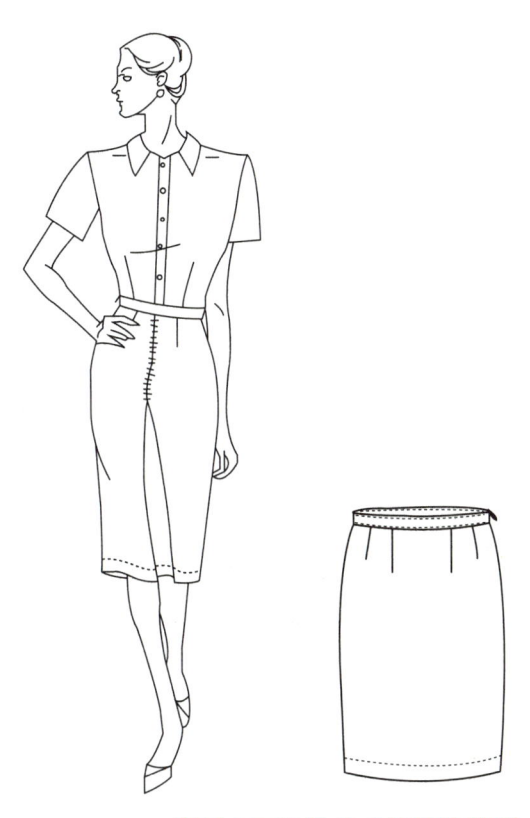

图 3-1-4 装腰头西装裙款式的结构造型

（二）成品规格

装腰头西装裙规格尺寸见表 3-1-3。

表 3-1-3 装腰头西装裙规格尺寸　　　　　　　　　　　cm

号型	160/68A				
部位	裙长	腰围	臀围	臀长	腰头宽
规格	60	68	94	18	3

（三）装腰头西装裙的部件结构

装腰头西装裙的部件包括前裙片 1 片、后裙片 1 片、腰头 1 片，其结构图如图 3-1-5 所示。

（四）西服裙结构设计

装腰头西装裙结构图如图 3-1-5 所示。

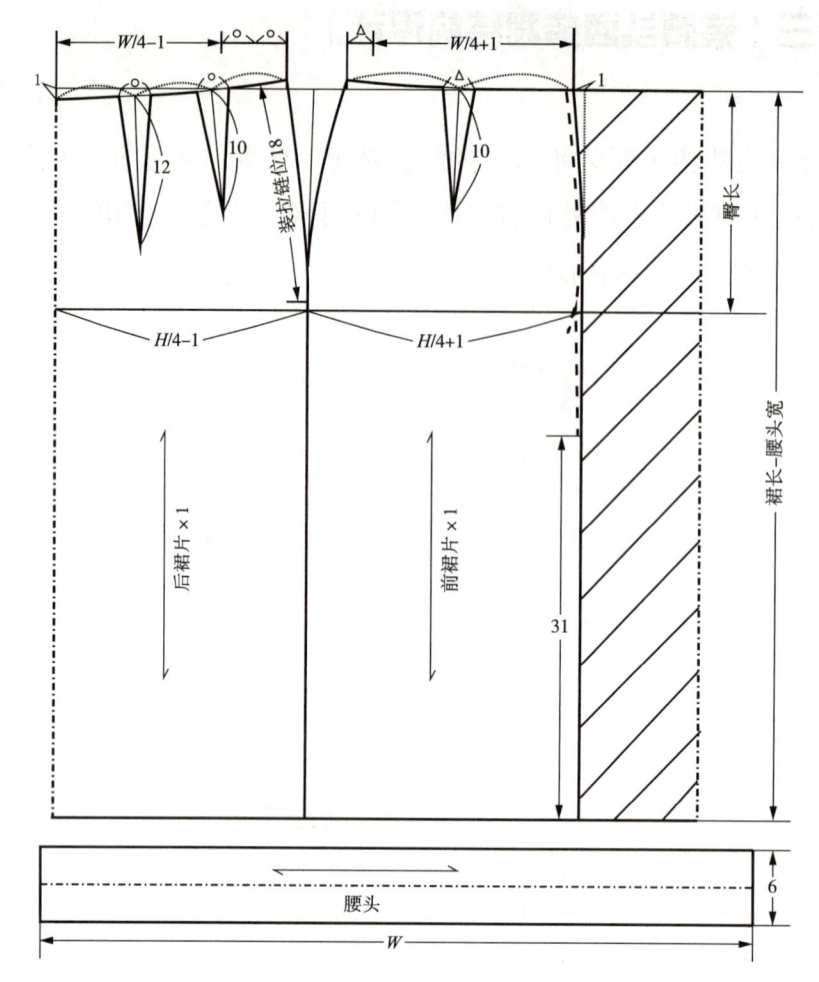

图 3-1-5　装腰头西装裙结构图（单位：cm）

（五）裁剪样板放缝图和排料图

装腰头西装裙裁剪样板放缝图和排料图如图 3-1-6 所示。

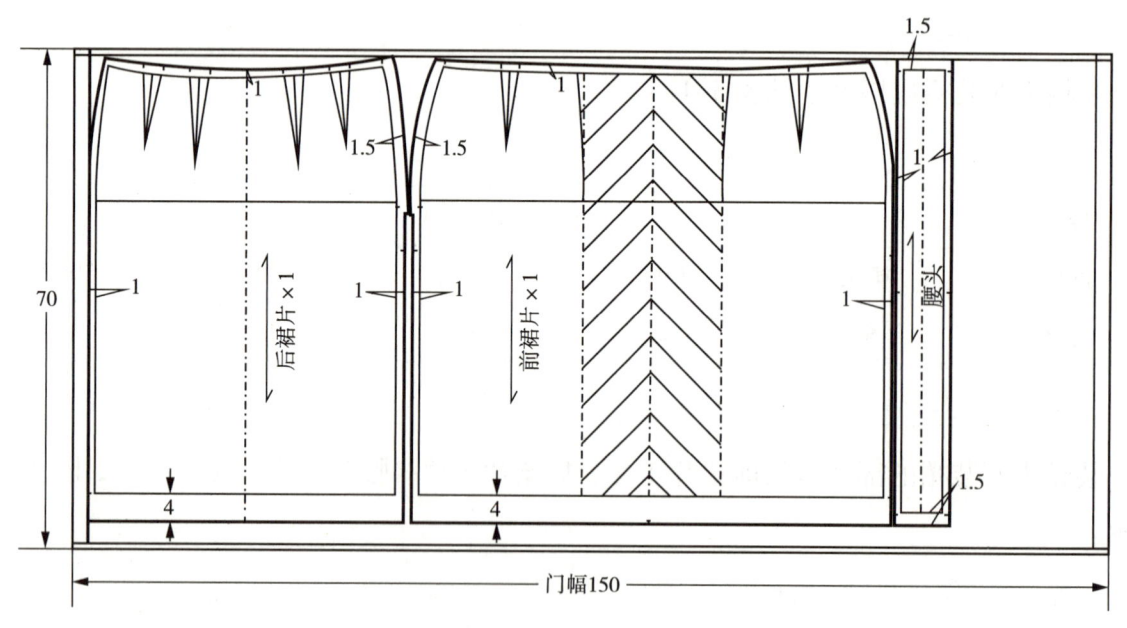

图 3-1-6　装腰头西装裙裁剪样板放缝图和排料图（单位：cm）

七、巩固强化

（一）专业知识——应知

1. 单项选择题（每小题列出的四个备选项中，只有一个正确答案。错选或漏选均不得分）

（1）直裙开衩的位置一般在臀围线下（   ）左右。

A. 15 cm　　　　B. 20 cm　　　　C. 23 cm　　　　D. 25 cm

（2）因为直裙的裙身偏于合体，故臀围的放松量应为（   ）。

A. 2~3 cm　　　B. 2.5~3.5 cm　　C. 3.5~4 cm　　D. 4~5 cm

（3）直裙臀围线的高度是（   ）。

A. 0.6 号 +1　　B. 0.8 号 +1　　C. 0.1 号 −1　　D. 0.1 号 +1

（4）直裙腰围的放松量以（   ）为宜。

A. 1~2 cm　　　B. 2~3 cm　　　　C. 3~4 cm　　　D. 4~5 cm

（5）对于直裙裙长的测量，偏短的一般在膝上（   ）左右。

A. 5 cm　　　　B. 10 cm　　　　C. 15 cm　　　　D. 20 cm

2. 判断题（正确的打"√"，错误的打"×"）

（1）直裙的腰口劈势一般应等于腰臀差。（   ）

（2）直裙的后裙摆应和前裙摆等量（不包括阴裥量）。（   ）

（3）直裙裙身平直。（   ）

（4）直裙不宜使用太薄的面料。（   ）

（5）西装裙的折裥可以是阴折裥，也可以是阳折裥。（   ）

3. 简答题

（1）简述直裙后中腰低落的原因。

（2）简述裙腰口省的数量分布、位置及长度。

（二）技能操作——应会

根据直裙结构图的技术规格要求，绘制至少一款直裙的款式变化结构图。

任务二　斜裙结构设计

一、作品概述

丽丽同学周末去博物馆参观时，被款式多样、刺绣精美的清代月华裙所吸引（图 3-2-1）。根据文字介绍，她了解到月华裙属于清代马面裙款式形制之一，它流行于清前

期的苏杭地区。清初文人叶梦珠在《阅世编》中形容月华裙："……数年以来，始用浅色画裙……每褶各用一色，色皆淡雅，前后正幅，轻描细绘，风动色如月华，飘扬绚烂，因以为名。"

图 3-2-1　清代月华裙

丽丽同学想对月华裙的款式形制进行改良设计，为妈妈设计一款既时髦又具有传统韵味的半裙。经过构思，她决定提取月华裙的款式结构，为妈妈设计一款能展现女性的柔美体态，并带有动感波浪的典型斜裙。

二、设计灵感

斜裙款式结构借鉴了清代月华裙（图 3-2-2），月华裙有一条裙腰头、两联布幅围裙，这两联大小不一的裙幅重叠形成"前马面"，再从前往后围系，身后交叠部分形成"后马面"。月华裙用料繁多，裙身两侧大多以褶裥或者多色拼接而成。斜裙的结构设计是将月华裙裙身的褶裥借鉴到斜裙的下摆处，下摆整体突出褶量。斜裙将传统结构简化，更适应现代人的日常穿着习惯，下摆褶量更易突显现代女性轻盈柔美的身形，搭配现代服饰，能更好地融合传统与时尚。

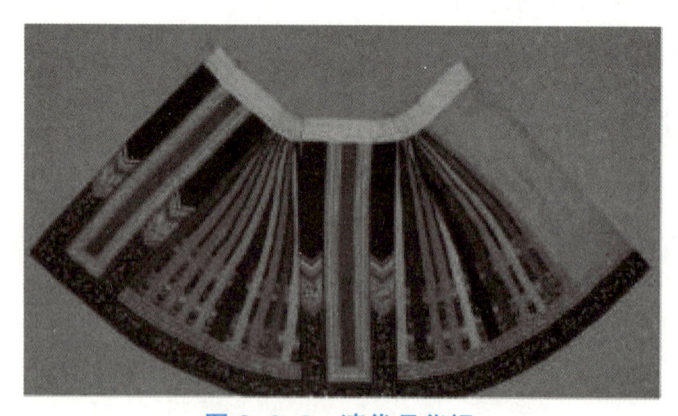

图 3-2-2　清代月华裙

三、设计目标

查阅服装结构设计的相关书籍，了解斜裙的部件构成。温习直裙结构制图方法，推演出典型斜裙结构制图步骤，运用斜裙结构制图技巧，根据需求进行款式变化结构图的绘制。

在设计过程中增强文化自信，自觉地从人民群众的生活中挖掘中国美，将之运用到服装结构设计中，传承和弘扬民族传统服饰文化。在斜裙结构设计过程中，提高程序化的思维能力、增强标准意识、培养良好的职业习惯。

四、作品设计

（一）认识装腰头斜裙

图 3-2-3 所示为装腰头斜裙款式的结构造型。其裙片有前、后共两片，每片展开角度为 90°，右侧缝上端装拉链，腰部以下呈自然波浪状。

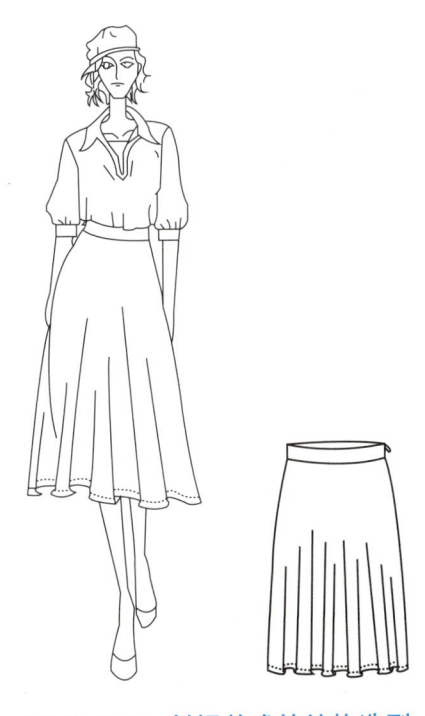

图 3-2-3　斜裙款式的结构造型

装腰头斜裙不需要测量臀围规格，下摆斜丝缕部位穿着时会因下垂而伸长，在裁剪时斜丝缕部位应剪短 1~2 cm，具体由面料的质地性能而定。

（二）成品规格

装腰头斜裙规格尺寸见表 3-2-1。

表 3-2-1　装腰头斜裙规格尺寸　　　　　　　　　　cm

号型	160/66A		
部位	裙长	腰围	腰头宽
规格	70	68	3

（三）装腰头斜裙的部件结构

装腰头斜裙的部件包括前、后裙片各1片，裙腰头1片，其结构图如图3-2-4所示。

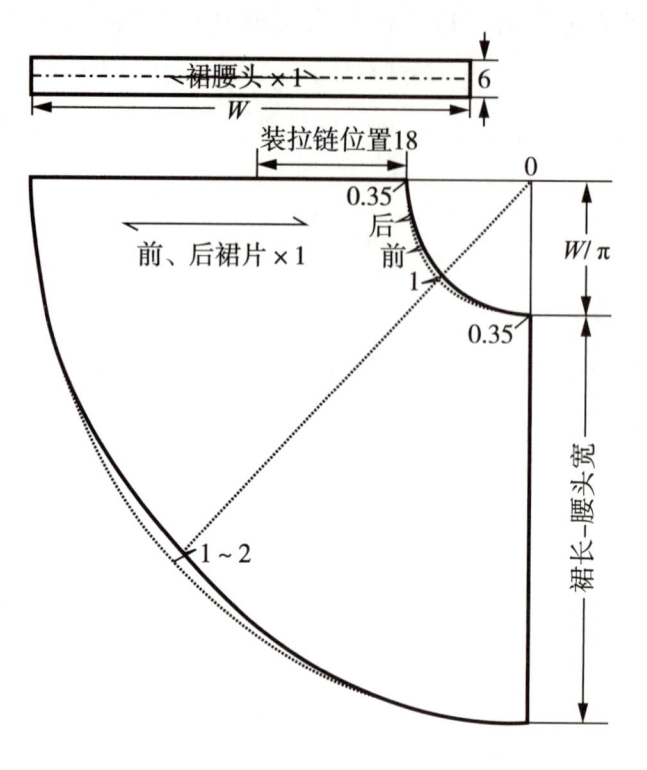

图3-2-4 装腰头斜裙结构图

（四）装腰头斜裙结构设计步骤

具体步骤如下。

1. 装腰头斜裙框架制图顺序

第一步：根据角度公式计算腰口弧线。

腰口弧线有两种计算方法，一种是角度公式计算法，另一种是圆弧公式计算法。在一般情况下，角度公式计算法较为常见。若每片裙片的夹角为45°，则四片裙片的夹角为180°；若每片裙片的夹角为90°，则两片裙片的夹角为180°。因此，制图时可采用求半径的方法计算腰口弧线。设腰口半径为R，则$R=W/\pi$。例如$W=66$ cm，则$R=W/\pi \approx 66/3.14 \approx 21$（cm），由此得出腰口半径为21 cm。由于圆弧公式计算法比角度公式计算法复杂，故不用此方法。

第二步：根据裙长绘制前、后裙片的长度。

裙片长度 = 裙长 – 腰头宽，即70-3=67（cm）。

2. 装腰头斜裙结构制图顺序

第一步：从右边腰口弧线处向下移18 cm，标记好右侧缝上端装拉链位置。

第二步：绘制下摆弧线，一般除去2 cm左右的定量，除去定量后将下摆修圆顺。

第三步：绘制腰头。腰头长度 = 腰围。

第四步：标记好各部件的经纱向及裁片数量。

第五步：根据腰围（68 cm）、腰头宽（3 cm）绘制腰头。

（五）裁剪样板放缝图和排料图

装腰头斜裙裁剪样板放缝图和排料图如图 3-2-5 所示。

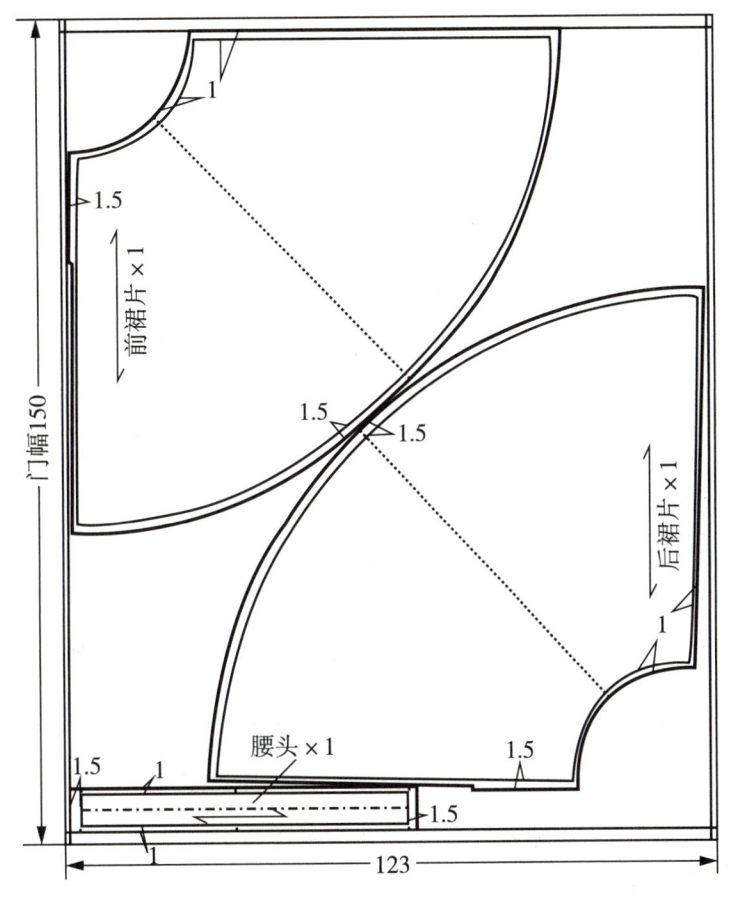

图 3-2-5 装腰头斜裙裁剪样板放缝图和排料图（单位：cm）

（六）技巧提示

1. 斜裙裙摆去除定量的原因

因为斜裙斜丝缕部位会造成前、后中缝伸长，致使裙摆不圆顺，在制图时，应将其伸长部分去除。另外，面料质地不同，伸长的长度也不一样，因此要酌情去除定量，一般需要去除 2 cm 左右。

2. 制图规格中的裙腰围与成品规格的裙腰围不一致的原因

由于斜裙腰口是斜丝缕，易伸展，且制作时因造型需要（波浪均匀适度）略伸开，所以在制图时应在侧缝处去除定量，定量的大小应视面料质地而定，还可采取将腰围规格减小的方法，以使成品的腰围符合设计的规格尺寸。

五、作品评价

装腰头斜裙质量检验评价见表3-2-2。

表 3-2-2　装腰头斜裙质量检验评价

学生姓名		班级		综合得分			
科目		小组		评价	自评得分	组评得分	师评得分
检验任务	序号	检验内容	评分标准	配分			
装腰头斜裙结构设计	1	裙片、腰头结构图、裁剪图齐全	裙片、腰头结构图、裁剪图缺少一片扣3分	18			
	2	结构图各部位标记准确	结构图各部位标记有误扣2分，多标、漏标、错标每处扣2分	15			
	3	画线顺直、清晰、手势准确	画线不顺直每处扣1分，画线不清晰扣3分，画线手势不准确扣3分	15			
	4	丝缕标注准确	丝缕漏标每处扣2分，标注错误每处扣3分	12			
时间	5	在规定时间内完成	每超过10分钟扣2.5分	10			
工具	6	使用工具正确	未正确使用相应工具扣5分	10			
整洁	7	完成结构制图后，作品画面整洁	完成结构制图后，作品画面不整洁扣10分	10			
安全	8	安全	在制图中未按要求执行，出现安全事故扣10分。	10			
企业质检评定等次		优质品（　　）良品（　　）合格品（　　）次品（　　）					
学生签字		组长签字		老师签字		师傅签字	

六、举一反三（塔裙结构设计）

（一）认识塔裙

图 3-2-6 所示为塔裙款式的结构造型。塔裙的裙腰为直腰型腰头，裙片是分为3个层次的横向裁片，右侧缝上端装拉链。

图 3-2-6　塔裙款式的结构造型

裙体以多层次的横向裁片抽褶相连，外形如塔状的裙子即塔裙，又称为节裙。根据"塔"的层面分布，塔裙可分为规则塔裙和不规则塔裙。对于不规则塔裙，可以根据需要变化各"塔"层的宽度，形成宽—窄—宽、窄—宽—窄、窄—宽—更宽等组合形式。

（二）成品规格

塔裙规格尺寸见表 3-2-3。

表 3-2-3　塔裙规格尺寸　　　　　　　　　　　　　　　　　　cm

号型	160/66A		
部位	裙长	腰围	腰头宽
规格	70	68	3

（三）塔裙的部件结构

塔裙的部件包括前、后裙片各 1 片（每片裙片都由小、中、大三个不同规格的裁片拼接而成），腰头 1 片，其结构图如图 3-2-7 所示。

（四）塔裙结构设计（图 3-2-7）

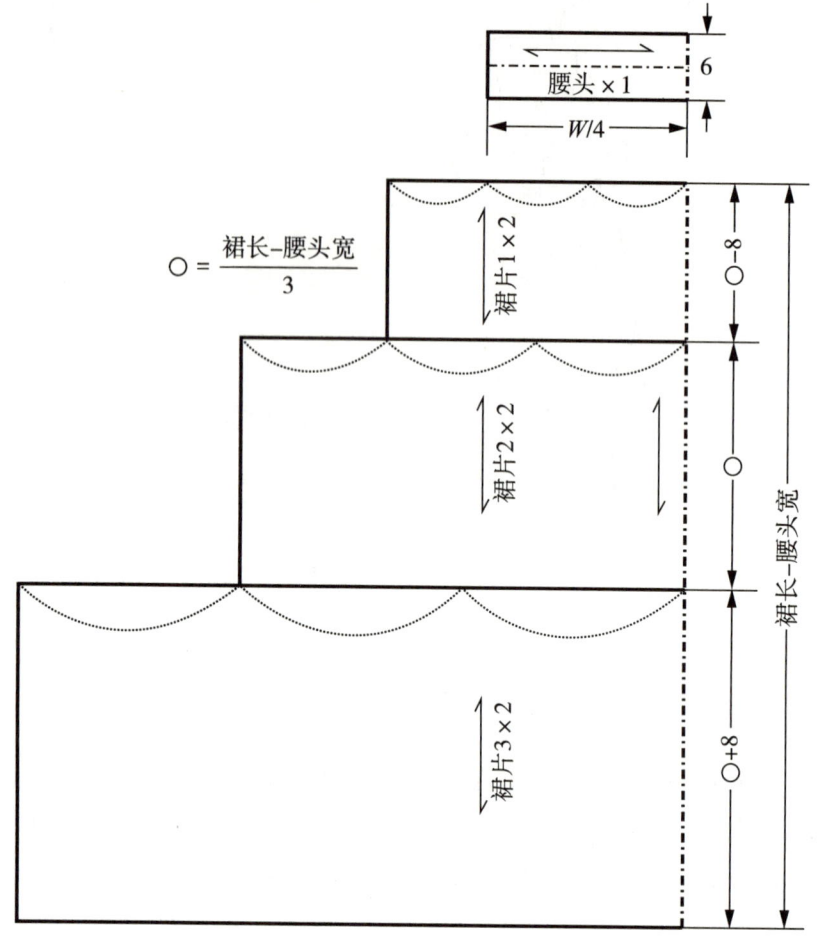

图 3-2-7　塔裙结构图（单位：cm）

（五）裁剪样板放缝图和排料图

塔裙裁剪样板放缝图和排料图如图 3-2-8 所示。

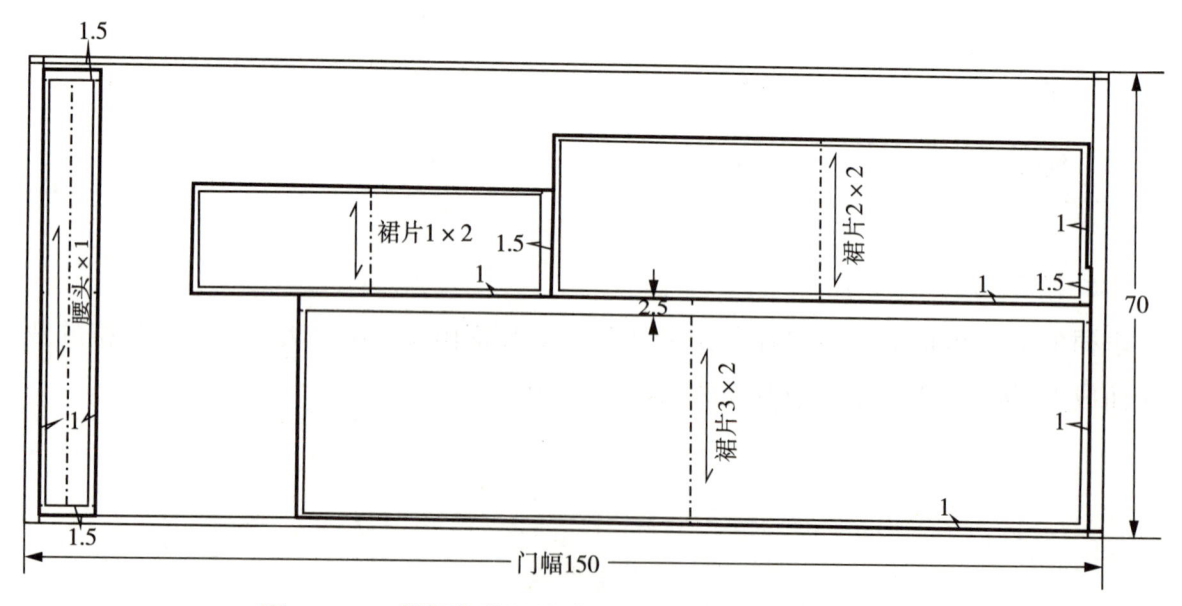

图 3-2-8　塔裙裁剪样板放缝图和排料图（单位：cm）

七、巩固强化

（一）专业知识——应知

1. 单项选择题（每小题列出的四个备选项中，只有一个正确答案。错选或漏选均不得分）

（1）斜裙的裙摆呈（　　）。

A. 直筒形　　　　B. 喇叭形　　　　C. 花瓣形　　　　D. 花苞形

（2）斜裙的纱向多采用（　　）。

A. 横丝缕　　　　B. 直丝缕　　　　C. 斜丝缕　　　　D. 任意纱向

（3）节裙的纱向多采用（　　）。

A. 横丝缕　　　　B. 直丝缕　　　　C. 斜丝缕　　　　D. 任意纱向

（4）斜裙的裙长为（　　）。

A. 裙长－腰宽　　B. 裙长＋腰宽　　C. 规格裙长　　　D. 不确定

（5）节裙的前腰围为（　　）。

A. $W/4-1$　　　B. $W/4+1$　　　C. $W/4$　　　　D. $W/4-0.5$

2. 判断题（正确的打"√"，错误的打"×"）

（1）斜裙像直裙一样，需要量取臀围。　　　　　　　　　　　　　　（　　）

（2）斜裙的各条边的垂度相等。　　　　　　　　　　　　　　　　　（　　）

（3）节裙的抽褶量应按面料的质地性能和所要表现的款式效果考虑。　（　　）

（4）斜裙的腰围计算公式为 $R=W/\pi$。　　　　　　　　　　　　　　（　　）

3. 简答题

（1）简述斜裙裙摆的处理方法。

（2）斜裙的特点是什么？它与直裙有什么不同？

（二）技能操作——应会

根据斜裙结构图的技术规格要求，绘制至少一款斜裙的款式变化结构图。

任务三　牛仔裙结构设计

一、作品概述

珍珍与同学们在周末跟随班主任老师参观非物质文化遗产——麻柳刺绣，在参观过程中珍珍被色彩鲜艳、组合精巧、针线详密的刺绣图案深深吸引（图3-3-1），通过讲解员讲解，她了解到麻柳刺绣流传于四川省广元市朝天区境内，它是麻柳、鱼洞、临溪、小安一带刺绣的总称。刺绣图案或记录耕种收割，或展现娱乐舞蹈，或描述花鸟虫鱼，或歌颂幸福生活，刺绣方法有架花、挑花、扎花、串花、游花等。麻柳刺绣通过对人物、山水、动物、花卉的夸张、概括、变形所形成的特殊装饰语言，表达对美好生活的追求，具有浓厚的川北风情和极高的艺术价值。

图 3-3-1　麻柳刺绣（1）

珍珍想根据麻柳刺绣的方法，用家里废旧的牛仔裤作材料，为自己设计一款牛仔裙，然后自己设计一些图案，再用绣线绣在牛仔裙上。她想通过实践体验麻柳刺绣的艺术美，也想为自己今后的设计打下基础。

二、设计理念

进行牛仔裙结构设计时应遵循绿色、环保的设计理念，在直裙、斜裙结构设计的基础上进行改良，以传统麻柳刺绣为依托（图3-3-2），将现代面料与传统手工技艺结合，感悟其中蕴含的惬意与美好。

图 3-3-2　麻柳刺绣（2）

三、设计目标

根据前面学过的直裙、斜裙结构设计知识，了解牛仔裙的部件，并掌握牛仔裙结构设计步骤，同时运用牛仔裙结构设计技巧，进行款式变化结构图的绘制。

从传统麻柳刺绣中寻找设计元素，确定所需的面料材质后，选择合适的图案题材与色彩，以传统刺绣文化为支撑，逐步形成自己的设计风格。在设计过程中体会中国文化的影响力。

四、作品设计

（一）认识牛仔裙

图 3-3-3 所示为牛仔裙款式的结构造型。其裙长较短，裙摆不大，后裙片腰部通过育克进行分割，臀部较合体，裙身辑双止口明线。

图 3-3-3 牛仔裙款式的结构造型

（二）成品规格

牛仔裙规格尺寸见表 3-3-1。

表 3-3-1 牛仔裙规格尺寸　　　　　　　　　　　　　　　cm

号型	160/68A				
部位	裙长	腰围	臀围	臀长	腰头宽
规格	45	70	96	18	3

（三）牛仔裙的部件结构

牛仔裙的部件包括前裙片 2 片，后裙片 2 片，育克 2 片，袋垫布 2 片，上、下袋布各 2 片，腰头 2 片，门襟 1 片，里襟 1 片，如图 3-3-4 所示。

图 3-3-4　牛仔裙的部件（单位：cm）

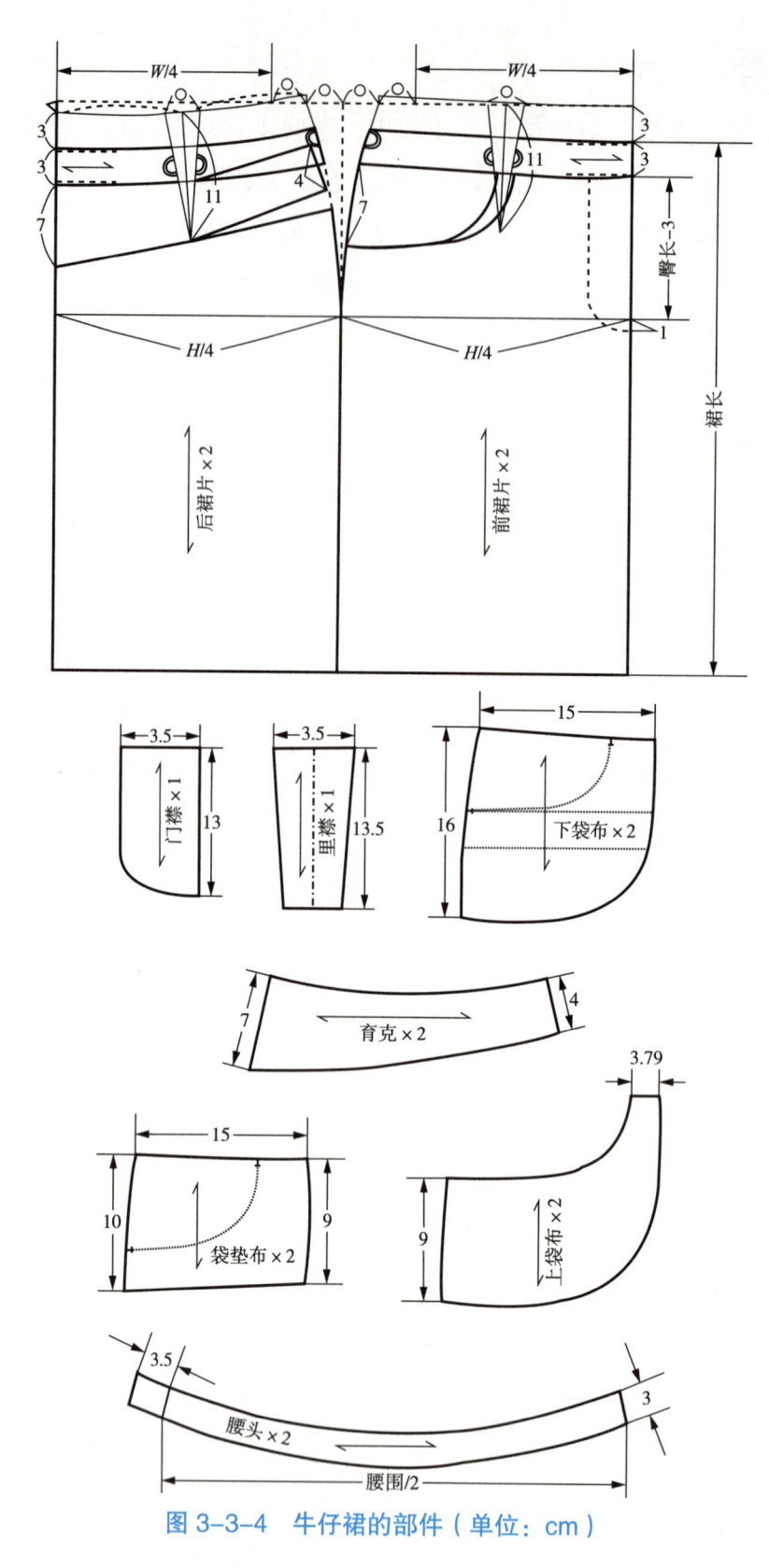

（四）牛仔裙结构设计步骤

具体步骤如下。

1. 牛仔裙框架制图顺序

第一步：根据裙长绘制前、后裙片的长度。

裙片长度＝裙长，即45 cm。

第二步：根据腰围绘制横向辅助线，然后绘制前、后裙片臀围，为H/4，即96/4=24（cm），臀围线位置为横向辅助线下移6 cm，再用臀长 -3 cm，即18-3=15（cm）。

2. 牛仔裙结构制图顺序

第一步：标记出省道位置及收省量，再用省道转移的方法画出育克。

第二步：画好门襟根、里襟根、袋垫布根、上袋布根、下袋布根、育克根、腰头根。

第三步：标记好牛仔裙各部件的经纱向及裁片数量。

第四步：运用合并省道的方法，将牛仔裙腰头进行省道合并后，重新画顺腰头。

（五）裁剪样板放缝图和排料图

牛仔裙裁剪样板放缝图和排料图如图3-3-5所示。

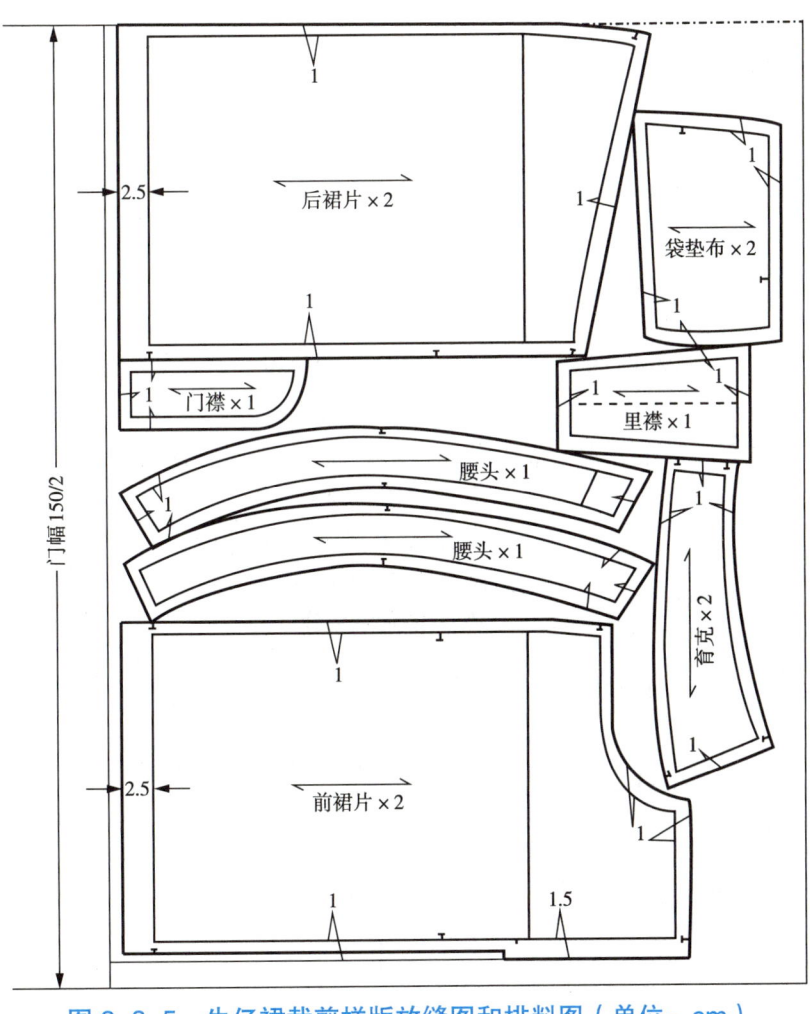

图3-3-5　牛仔裙裁剪样版放缝图和排料图（单位：cm）

（六）技巧提示

1. 裙腰口省道转移方法

裙腰口省道转移可采用折叠法——在裙腰口处折去省份后形成的图形即符合款式要求的结构图，还可采用比值移位法，两种方法的结果是完全一致的。

2. 裙抽褶量的确定

节裙的抽褶量应按面料的质地和所要表现的款式效果来考虑。一般抽褶量采用在断开处增加原尺寸的一定倍数，如 1/3 倍、2/3 倍、1 倍等。多节裙则各节相应类推。

3. 后中腰口低落的原因

后中腰口比前中腰口低落 1 cm 左右，其原因与女性体型有关。侧观女性体型，可见腹部前凸，而臀部略有下垂，致使后腰至臀部之间的斜坡显得平坦，并在上部略有凹进，腰际至臀底部呈 S 形，因此，腹部的隆起使前腰向斜上方移升，后腰下部的平坦使后腰下沉，从而使整个腰处于前高后低的非水平状态。后中腰比前中腰低落 1 cm，就能使腰部处于良好状态，至于低落的幅度应根据体型与合体程度进行调节。

五、作品评价

牛仔裙质量检验评价见表 3-3-2。

表 3-3-2　牛仔裙质量检验评价

学生姓名		班级		综合得分			
科目		小组		评价	自评得分	组评得分	师评得分
检验任务	序号	检验内容	评分标准	配分			
牛仔裙结构设计	1	裙片、门襟、里襟、育克、袋布、袋垫布、腰头结构图齐全	裙片、门襟、里襟、育克、袋布、袋垫布、腰头结构图缺少一片扣 2 分	15			
	2	画线顺直、清晰、手势准确	画线不顺直每处扣 1 分，画线不清晰扣 3 分，画线手势不准确扣 3 分	15			
	3	丝缕标注准确	丝缕漏标每处扣 2 分，标注错误每处扣 3 分	15			
	4	结构图各部位标记准确	结构图各部位标记有误扣 2 分，多标、漏标、错标每处扣 2 分	15			
时间	5	在规定时间内完成	每超过 10 分钟扣 2.5 分	10			
工具	6	使用工具正确	未正确使用相应工具扣 5 分	10			
整洁	7	完成结构制图后，作品画面整洁	完成结构制图后，作品画面不整洁扣 10 分	10			
安全	8	安全	在制图中未按要求执行，出现安全事故扣 10 分	10			
企业质检评定等次		优质品（　）良品（　）合格品（　）次品（　）					
学生签字		组长签字		老师签字		师傅签字	

六、举一反三（百褶裙结构设计）

（一）认识百褶裙

图 3-3-6 所示为百褶裙的款式结构造型。其裙腰无腰头，每个褶裥距为 2~5 cm，右侧缝上端装拉链。

图 3-3-6 百褶裙的款式结构造型

百褶裙也称为"百裥裙""密裥裙"等，其裙身由许多细密、垂直的皱褶构成。百褶裙穿着人群广泛，既是俏皮女生的专属，也适合追求时尚的白领女性。

（二）成品规格

百褶裙规格尺寸见表 3-3-3。

表 3-3-3 百褶裙规格尺寸　　　　　　　　　　　　　　　　　　cm

号型	160/68A			
部位	裙长	腰围	臀围	臀长
规格	45	70	96	18

（三）百褶裙的部件结构

百褶裙的部件包括前、后裙上片各 1 片，前、后裙下片各 1 片，前、后裙腰贴片各 1 片，其结构图如图 3-3-7 所示。

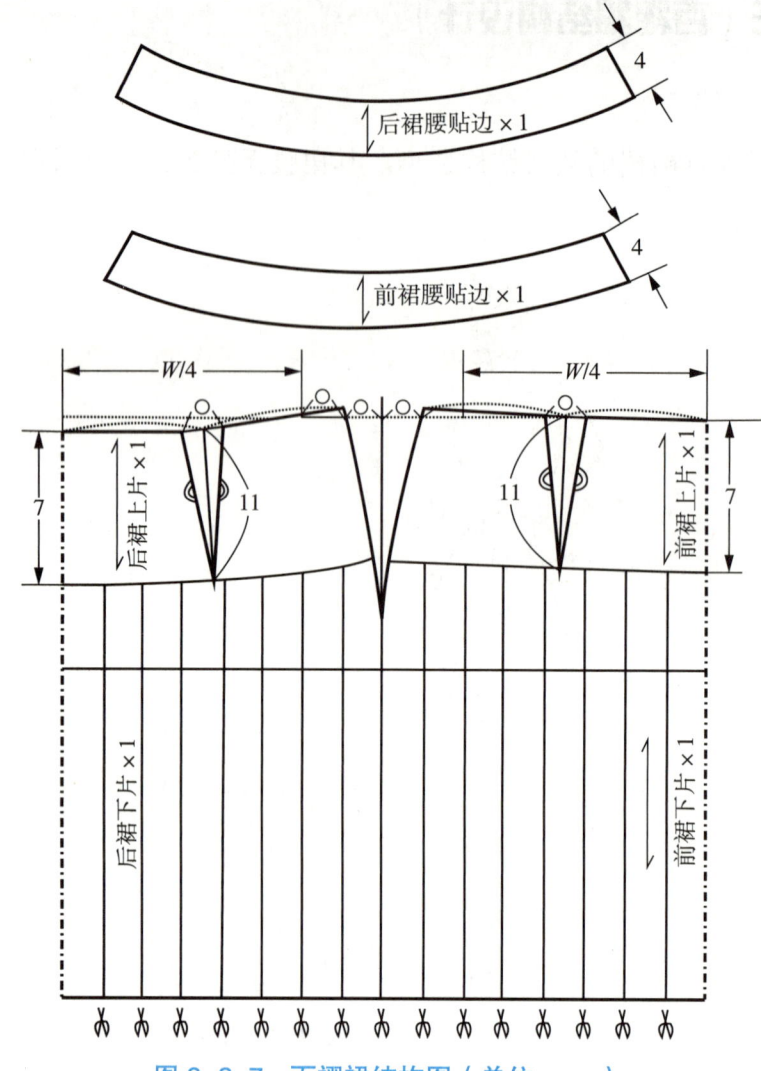

图 3-3-7 百褶裙结构图（单位：cm）

百褶裙裙下片展开图如图 3-3-8 所示。

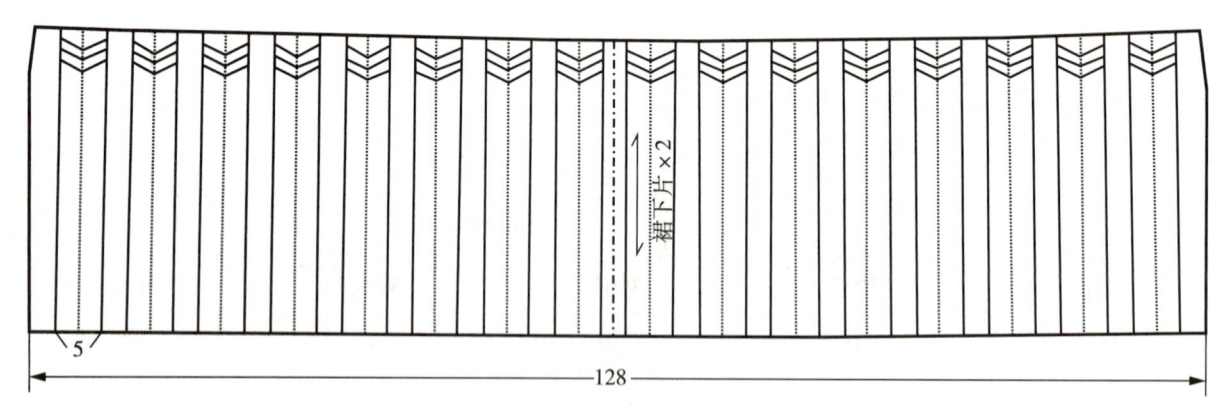

图 3-3-8 百褶裙裙下片展开图（单位：cm）

（四）裁剪样板放缝图和排料图

百褶裙裁剪样板放缝图和排料图如图 3-3-9 所示。

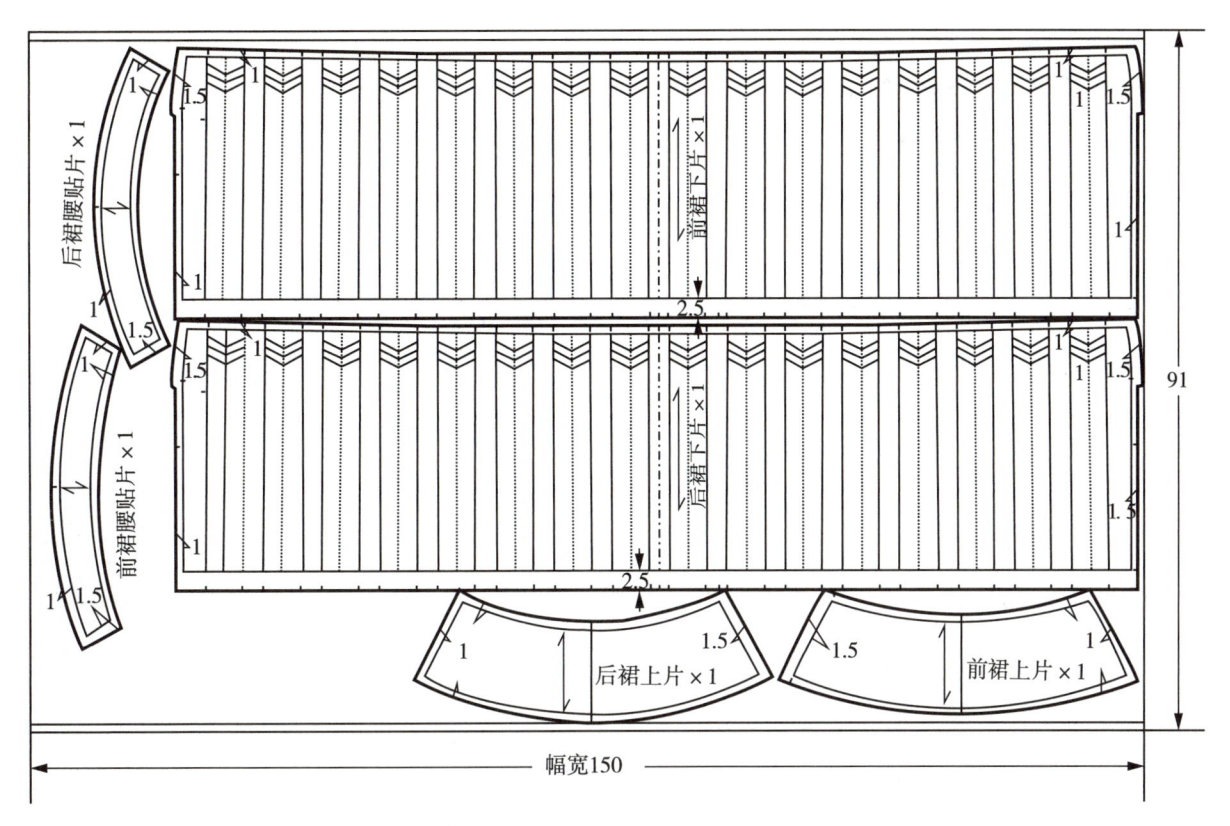

图 3-3-9　百褶裙裁剪样板放缝图和排料图（单位：cm）

七、巩固强化

（一）专业知识——应知

1. 单项选择题（每小题列出的四个备选项中，只有一个正确答案。错选或漏选均不得分）

（1）百褶裙属于（　　）。

A. 向一个方向折叠的顺裥裙　　　　B. 从两边向中间折叠的对裥裙

C. 大小不等的间隔裥裙　　　　　　D. 以上都对

（2）褶裥裙的运用形式不包括（　　）。

A. 顺裥裙　　　B. 暗裥裙　　　C. 间隔裥裙　　　D. 独片裙

（3）牛仔裙后袋位钻眼位置比实际位置缩进（　　）cm。

A. 0.2　　　B. 0.3　　　C. 0.4　　　D. 0.5

（4）百褶裙为（　　）等族妇女常穿的一种裙子。

A. 汉族　　　B. 彝、苗、侗族　　　C. 回族　　　D. 维吾尔族

（5）百褶裙的每个褶裥距为（　　）。

A. 1~4 cm　　　B. 2~5 cm　　　C. 3~6 cm　　　D. 4~8 cm

2. 判断题（正确的打"√"，错误的打"×"）

（1）百褶裙也叫作留仙裙。　　　　　　　　　　　　　　　　　　　　（　　）

（2）牛仔裙多为合体型，因此裙腰采用直腰式腰头。　　　　　　　　　（　　）

（3）为牛仔裙绘制育克时，需要进行省道转移和省道合并。　　　　　　（　　）

（4）牛仔裙的主要结构特点是分割较多。　　　　　　　　　　　　　　（　　）

（5）百褶裙从裙身到裙摆都有较多细密、垂直且均匀的褶皱设计。　　　（　　）

3. 简答题

（1）百褶裙的特点是什么？

（2）臀围采用1/4分配法的原因是什么？

（二）技能操作——应会

根据牛仔裙结构图的技术规格要求，绘制一款其他款式的牛仔裙结构图。

模块四

裤装结构设计

学习内容

任务一 女裤结构设计
任务二 男西裤结构设计
任务三 休闲裤结构设计

学习目标

（1）能够按裤装款式图和质量要求熟练进行裤装结构设计。
（2）能够进行裤装局部变化，触类旁通，为各种时装裤结构制图提供帮助。
（3）了解裤装结构设计背后的故事，体会服装作品的文化魅力。

学习方法

学生结合任务视频、教师演示法、任务引领法等方式，以小组为学习单位，掌握常用工具、专用工具、计算机平面设计软件、服装 CAD 软件、裤装结构设计等基础知识，在有条件的情况下，建议通过在企业进行教学实习、顶岗实习等方式训练。

任务一　女裤结构设计

一、作品概述

文文同学在学习先秦历史时，了解到先秦时期的人们已着裤装。文文课下在网上检索了相关资料后发现，先秦时期裤装的结构与现在裤装的结构相似，在感叹先秦人民智慧的同时，文文决定运用自己所学的专业知识设计一条女裤。

洋海古墓羊毛合裆裤为目前发现最早的合裆裤，该裤由2片裤片、1片裆片共计3片织片制成，没有裁剪痕迹，织片的形状已在织机上固定。

裤片从腰下6.5 cm处开始对称斜向下方40 cm处宽度变窄为48 cm，并保持这一宽度直至裤脚。在织片中间位置从腰部向下有21 cm长的开口。裤裆结构拉伸后最大宽度为35.5 cm，最大高度为58 cm。裆片为阶梯形裆片，这或许与当时的纺织水平相关。该裤为毛织物，毛线较粗，织布经纬密度较小，裆片被织成阶梯形，边缘为直纱方向，因此较牢固，不易变形。

二、设计理念

从先秦时期合裆裤（蓝色斜褐绦织花纹毛布裤）款式的结构造型出发（图4-1-1、图4-1-2），结合先秦文化以及现代人的穿着习惯，突出女裤款式简洁大方、穿着舒适的特点。

先秦下装具有丰富的历史底蕴和美学内涵，为现代服饰设计留存了一份宝贵的文化遗产。在学习现代服饰的同时与前人文化联系可以产生源源不断的灵感。

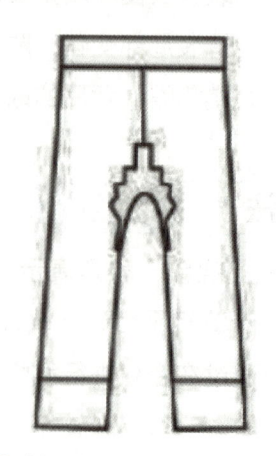

图4-1-1　蓝色斜褐绦织花纹毛布裤　　图4-1-2　蓝色斜褐绦织花纹毛布裤款式的结构造型

三、设计目标

根据裤装结构设计的相关书籍，了解女裤结构制图的技术要点和所需的部件。根据要求熟练绘制典型女裤结构图，并掌握它的绘制技巧并完成款式变化结构图的绘制。

先秦合裆裤反映了当时人们改变生存环境的创造力，体现了传统手工艺水平，具有研究先秦人民的生存活动以及服饰的文化价值和艺术价值。在女裤结构设计过程中，培养爱岗敬业的工匠精神，逐步养成善思考、勤动手的良好习惯。

四、作品设计

（一）认识女裤

图 4-1-3 所示女裤款式的结构造型。其采用装腰型直腰，前裤片腰口左、右各有 2 个反折裥，侧缝上端有直袋各 1 个，后裤片腰口左、右各收 2 个省，前门襟开口处装拉链。

图 4-1-3　女裤款式的结构造型

（二）成品规格

女裤规格尺寸见表 4-1-1。

表 4-1-1　女裤规格尺寸　　　　　　　　　　　　　　　　cm

号型	160/66A						
部位	裤长	腰围	臀围	臀长	脚口	上裆	腰宽
规格	100	68	98	18	22	28	3

（三）女裤的部件结构

女裤的部件包括前裤片 2 片、后裤片 2 片、腰片 2 片、门襟 1 片、里襟 2 片、袋垫布 2 片，其结构图如图 4-1-4 所示。

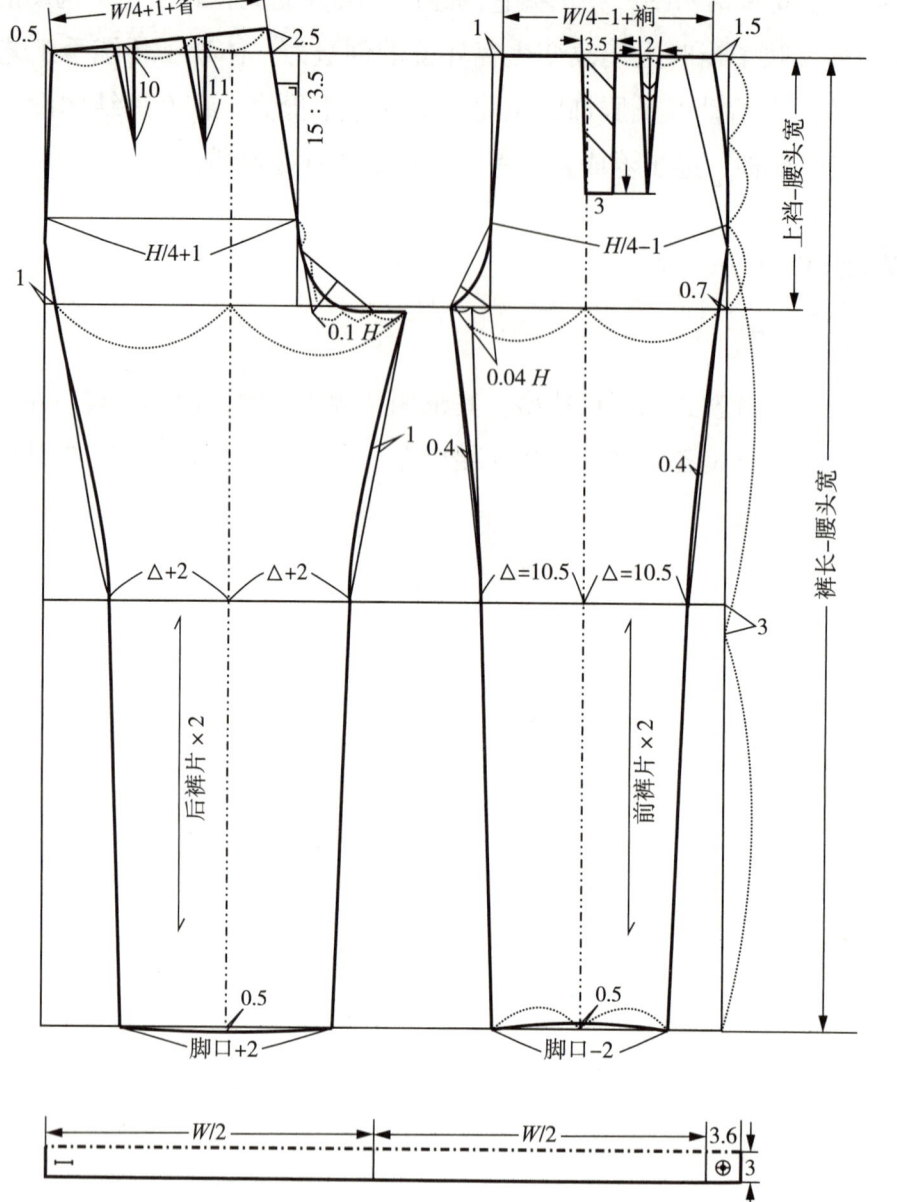

图 4-1-4 女裤结构图（单位：cm）

（四）女裤结构设计步骤

具体步骤如下。

（1）女裤前、后裤片，腰片结构图如图 4-1-4 所示。

①前裤片。

第一步：作出基本线/前侧缝直线、上平线（与基本线垂直相交）、下平线/裤长线（取裤长减腰头宽，与上平线平行）。

第二步：上裆高线/横裆线（由上平线量下，取上裆减腰头宽）。

第三步：臀高线/臀围线（取上裆高的 1/3，由上裆高线向上量取）。

第四步：中裆线（按臀围线至下平线的 1/2 向上抬高 4 cm 绘制，平行于上平线）。

第五步：前裆直线［在臀高线上，以前侧缝直线为起点，取（H/4-1）cm 宽度画线，平行于前侧缝直线]。

第六步：前裆宽线（在上裆高线上，以前裆直线为起点，向左量 0.04H，与前侧缝直线平行）。

第七步：前裆大（在上裆高线与侧缝直线相交处偏进 0.7 cm）。

第八步：前烫迹线（按前裆大的 1/2 作平行于侧缝直线的直线，在前裤片框架制图的基础上，绘制前裤片结构图）。

第九步：前裆内劈线（以前裆直线为起点，偏进 1 cm）。

第十步：前腰围大［取（W/4-1）(cm) + 褶（5.5 cm）］。

第十一步：前脚口大（量取脚口大 -2 cm，以前烫迹线为中点两侧平分）。

第十二步：前中裆大定位线（将前裆宽线两等分，取中点与脚口线相连）。

第十三步：前中裆大（以前烫迹线为中点两侧平分）。

第十四步：前侧缝弧线（由上平线与前腰围大交点至脚口大点连接画顺）。

第十五步：前下裆弧线（由前裆宽线与横裆线交点连接画顺）。

第十六步：前裆弧线。

第十七步：折褶。

a. 前折褶（反褶，褶大 3.5 cm，以前烫迹线为界，向门襟方向偏 0.7 cm）。

b. 后折褶（反褶，褶大 2 cm，在前裆大点与侧缝线的中点两侧平分，褶长均为上平线至臀围线 3/4 处的距离）。

第十八步：侧缝直袋位（上平线下 3 cm 为上袋口，袋口大为 15 cm）。

②后裤片。

第一步：作出基本线／前侧缝直线、上平线（与基本线垂直相交）、下平线／裤长线（取裤长减腰头宽，与上平线平行）。

第二步：上裆高线／横裆线（由上平线量下，取上裆减腰宽）。

第三步：臀高线／臀围线（取上裆高的 1/3，由上裆高线向上量取）。

第四步：中裆线（按臀围线至下平线的 1/2 向上抬高 4 cm 绘制，平行于上平线）。

第五步：后裆直线［在臀高线上，以后侧缝直线为起点，取（H/4+1）cm 宽度画线，平行于后侧缝直线］。

第六步：后裆缝斜线（在后裆直线上，以臀围线为起点，取比值为 15∶2.5，作后裆缝斜线）。

第七步：后裆宽线（在上裆高线上，以后裆缝斜线为起点，量取 0.1H）。

第八步：后烫迹线（在上裆高线上，取后侧缝直线至后裆宽线的 1/2，作平行于后侧缝直线的直线）。

第九步：后腰围大（按后侧缝直线偏出 1 cm 定位）。

第十步：后脚口大（按脚口大 +2 cm 定位，以后烫迹线为中点两侧平分）。

第十一步：后中裆大［取前中裆大的（1/2+2）cm 为后中裆大的 1/2］。

第十二步：后侧缝弧线（由上平线与后腰围大交点至脚口大点连接画顺）。

第十三步：后下裆缝弧线（由后裆宽线与横裆线交点至脚口大点连接画顺）。

第十四步：落裆线［按后下裆线长减前下裆长（均指中裆以上段）之差，作平行于横裆线的直线］。

第十五步：后腰缝线[①]。

a. 将直线 AB 两等分，得 P 点。

b. 使 AP 垂直于侧缝弧线。

c. 使 CP 垂直于后裆缝斜线。

d. 连接 AC，然后将 DP 两等分，过此中点，画顺 AC 弧线即后腰缝线。

第十六步：后裆缝弧线。

第十七步：后省（以后腰缝线三等分定位，省中线与腰缝直线垂直。若近侧缝边省稍小，则省长为 10~12 cm；若近后缝边省稍大，则省长为 11~13 cm）。

（2）女裤门襟、里襟结构图如图 4-1-5 所示。

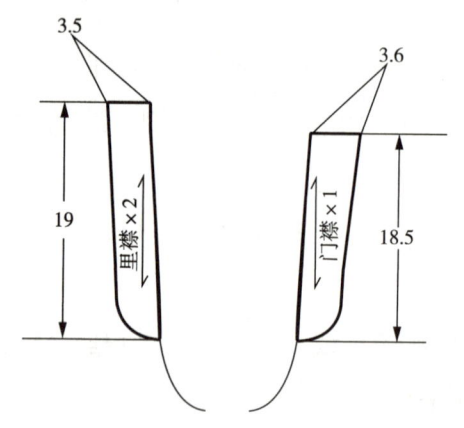

图 4-1-5　女裤门襟、里襟结构图（单位：cm）

（3）女裤裤绊结构图如图 4-1-6 所示。

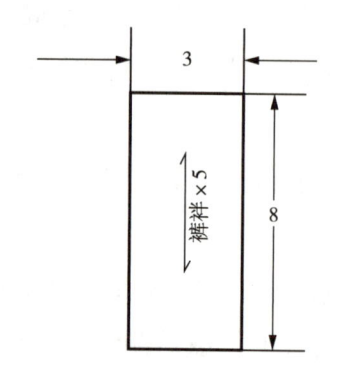

图 4-1-6　女裤裤绊结构图（单位：cm）

---

① 注：此处所述各点未标出，请读者思考其画法。

（4）女裤袋垫布结构图如图4-1-7所示。

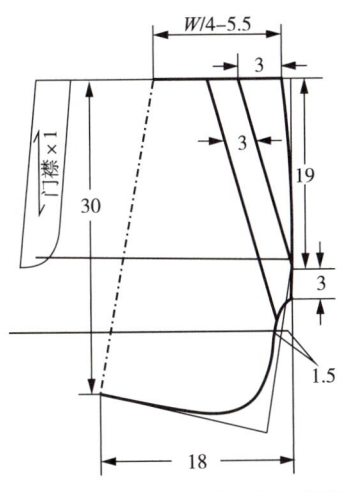

图4-1-7　女裤袋垫布结构图（单位：cm）

（五）裁剪样板放缝图和排料图

女裤裁剪样板放缝图和排料图如图4-1-8所示。

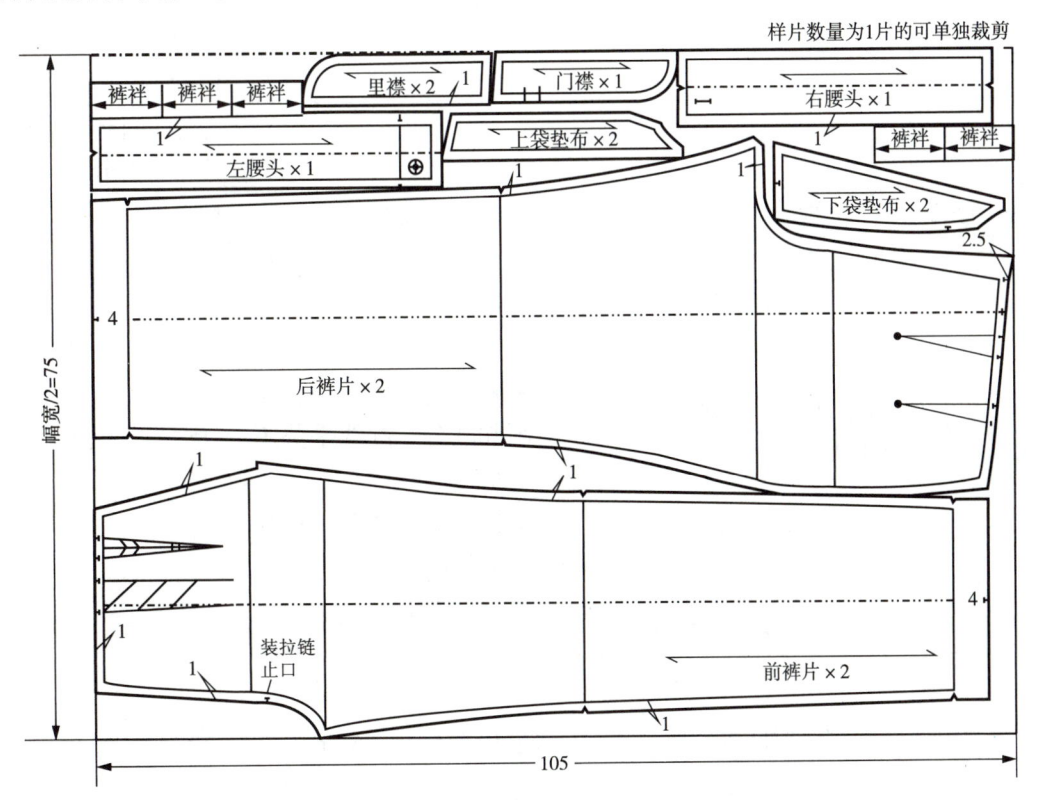

图4-1-8　女裤裁剪样板放缝图和排料图

（六）技巧提示

1.女裤后裆缝比前裆缝低落的原因

后下裆缝线的斜度大于前下裆缝线的斜度，造成后下裆缝线长于前下裆缝线，因此使后裆缝低落一定数值来调节前、后下裆缝线的长度，低落数值与前、后下裆缝线等长即可，但要考虑采取的工艺方法、面料质地等因素。

2. 女裤前裆缝在腰口处劈势量的控制

（1）前裆缝在腰口处劈势量与前裤片腰口折裥量大小有密切的关系。

（2）若前裤片腰口折裥量大，则劈势量相应趋小；若前裤片腰口折裥量小，则劈势量相应趋大。

（3）当前裤片腰口为双折裥时，劈势量一般控制为 0.5~1 cm。

（4）当前裤片腰口为无裥时，劈势量控制为 1.5 cm 左右。女裤一般劈势量大于男裤。

3. 女裤脚口线前凹后凸的原因

因为脚跟倾斜度小，而脚面有一定的倾斜度，所以脚口线呈前凸后凹状，形成前短后长的斜边。

五、作品评价

女裤质量检验评价见表 4-1-2。

表 4-1-2　女裤质量检验评价

学生姓名		班级		综合得分			
科目		小组		评价	自评得分	组评得分	师评得分
检验任务	序号	检验内容	评分标准	配分			
女裤结构设计	1	前、后裤片，腰片，门襟、里襟、袋垫布等结构图齐全	前、后裤片，腰片，门襟、里襟、袋垫布等结构图缺少一片扣2分	18			
	2	画线顺直、清晰、手势准确	画线不顺直每处扣1分，画线不清晰扣3分，画线手势不准确扣3分	15			
	3	丝缕标注准确	丝缕漏标每处扣2分，标注错误每处扣3分	15			
	4	结构图各部位标记准确	结构图各部位标记有误扣2分，多标、漏标、错标每处扣2分	12			
时间	5	在规定时间内完成	每超过10分钟扣2.5分	10			
工具	6	使用工具正确	未正确使用相应工具扣5分	10			
整洁	7	完成结构制图后，作品画面整洁	完成结构制图后，作品画面不整洁扣10分	10			
安全	8	安全	在制图中未按要求执行，出现安全事故扣10分	10			
企业质检评定等次		优质品（　　）良品（　　）合格品（　　）次品（　　）					
学生签字		组长签字		老师签字		师傅签字	

六、举一反三（牛仔裤结构设计）

（一）认识牛仔裤

图4-1-9所示为牛仔裤的款式结构造型，其采用装腰型直腰，前中上方装拉链，裤型为直筒裤，前裤片左、右各有一个月亮袋，前侧有分割线，后裤片有育克，左、右各有一个贴袋。

图4-1-9 牛仔裤的款式结构造型

（二）成品规格

牛仔裤规格尺寸见表4-1-3。

表4-1-3 牛仔裤规格尺寸　　　　　　　　　　　　　　　　　　　　　cm

号型	160/66A						
部位	裤长	腰围	臀围	脚口	上档	腰宽	中档
规格	103	68	94	26	27	5	27

（三）牛仔裤的部件结构

牛仔裤的部件包括前中裤片2片、前侧分割片2片、后裤片2片、育克2片、腰片4片、贴袋2片、袋垫布2片、侧缝分割片2片。

（四）牛仔裤结构设计步骤

具体步骤如下。

（1）牛仔裤前、后裤片结构图如图 4-1-10 所示。

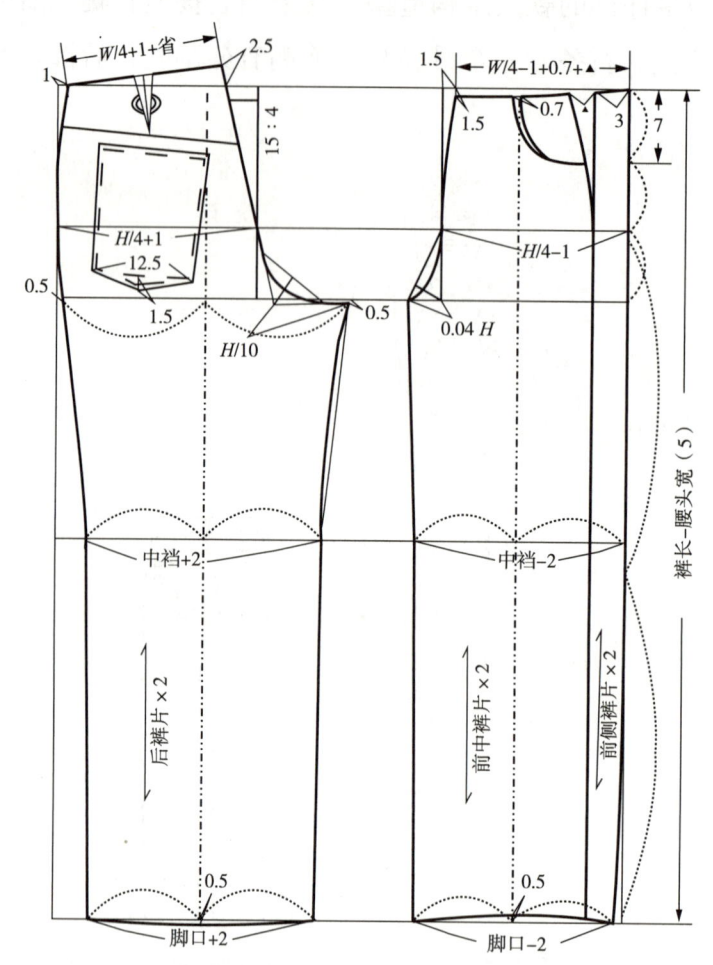

图 4-1-10　牛仔裤前、后裤片结构图（单位：cm）

（2）牛仔裤门襟、里襟结构图如图 4-1-11 所示。

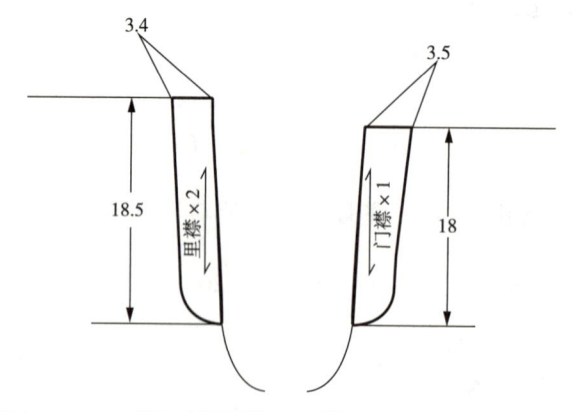

图 4-1-11　牛仔裤门襟、里襟结构图（单位：cm）

（3）牛仔裤育克结构图如图 4-1-12 所示。

（4）牛仔裤月亮袋结构图如图 4-1-13 所示。

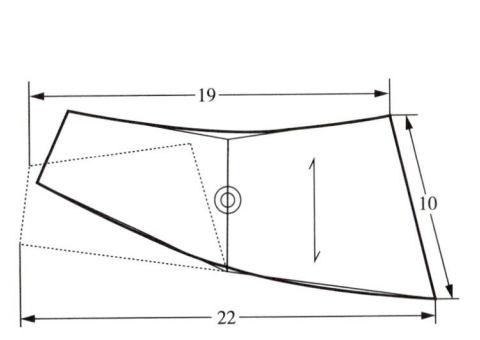

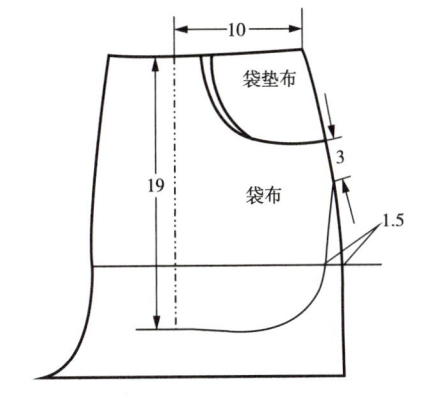

图 4-1-12　牛仔裤育克结构图（单位：cm）　　图 4-1-13　牛仔裤月亮袋结构图（单位：cm）

（五）裁剪样板放缝图和排料图

牛仔裤裁剪样板放缝图和排料图如图 4-1-14 所示。

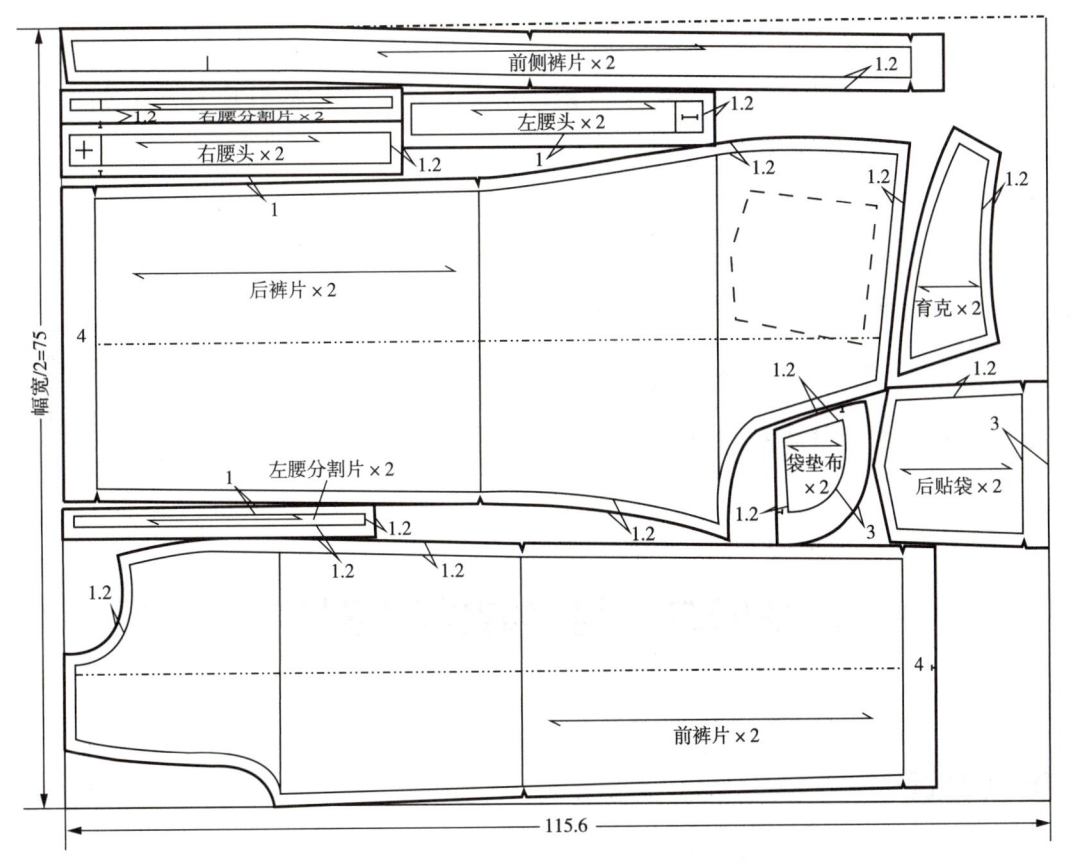

图 4-1-14　牛仔裤裁剪样板放缝图和排料图（单位：cm）

七、巩固强化

（一）专业知识——应知

1. 单项选择题（每小题列出的四个备选项中，只有一个正确答案。错选或漏选均不得分）

（1）小档宽的计算公式为（　　）。

A.（0.8/10）H　　B. $H/10$　　C.（0.4/10）H　　D.（0.3/10）H

（2）前腰围大的计算公式为（　　）。

A. $W/4-0.5+$ 裥　　B. $W/4-1+$ 裥　　C. $W/4+1+$ 裥　　D. $W+1+$ 裥

（3）前裤片的折裥均为反裥，前折裥大 3.5 cm，制图时以前烫迹线为界，向门襟方向偏（　　）为准。

A. 1 cm　　B. 0.5 cm　　C. 0.7 cm　　D. 0.3 cm

（4）在后裆直线上，以臀围线为起点，取比值为（　　）作后裆缝斜线。

A. 15∶3.5　　B. 10∶2　　C. 15∶2.5　　D. 15∶4.3

2. 判断题（正确的打"√"，错误的打"×"）

（1）女裤的基本结构是前裆宽小于后裆宽，这是由人体的结构和人体的运动规律所决定的。（　　）

（2）后裆缝斜度不随臀腰差变化。（　　）

（3）后裤片两个省或省量较大时，后裆缝斜度应酌情增加。（　　）

（4）后翘是使后裆缝拼接后后腰口顺直的先决条件，后裆缝斜度与后翘成正比。（　　）

3. 简答题

（1）如何控制前裆缝在腰口处的劈势量？

（2）简述女裤脚口线前凹后凸的原因。

（二）技能操作——应会

根据女裤结构图的技术规格要求，绘制至少一款女裤的款式变化结构图。

任务二　男西裤结构设计

一、作品概述

萍萍和同学们假期跟随学校老师到泸州分水研学，在研学过程中她被花型美观、色彩鲜艳的泸州油纸伞吸引（图4-2-1）。根据泸州油纸伞手艺人介绍，泸州油纸伞的制作始于明末清初，已有400多年的历史，现仍保留着古老传统的纯手工制作工艺。据《泸县志》记载："泸制纸伞，颇为有名。城厢业此者二十余家。崇义分水岭亦多此业，而以分水岭所制为佳。"

研学之前老师给同学们布置了一项任务，让他们根据研学过程中自己比较有兴趣的事物设计一款服装。萍萍看着泸州油纸伞整齐排列的骨架若有所思：能否借鉴泸州油纸伞骨架中简洁的线条为爸爸设计一条裤子呢？

二、设计理念

男西裤款式结构借鉴泸州油纸伞的骨架线条,泸州油纸伞骨架排列整齐,线条简约,在五级风中伞顶不变形(图4-2-2)。从泸州油纸伞的骨架中提取男西裤的廓形,使裤型整体挺括,任意穿着亦不变形。从泸州油纸伞中提取设计元素,使传统工艺具有多元化的发展潜能,有助于传统手工艺的可持续保护和产业振兴。

图 4-2-1　泸州油纸伞

图 4-2-2　泸州油纸伞的骨架线条

三、设计目标

根据裤装结构设计的相关书籍,了解男西裤结构图绘制程序和技术要求,熟练绘制男西裤结构图,并绘制男西裤的款式变化结构图。

泸州油纸伞保留了完整的传统手工制作技艺,其制作精湛,工艺考究,寓意吉祥。发展至今,其原有的价值属性发生了巨大变化,已从以实用性功能为主的日常生活用品逐渐转变为以艺术性功能为主的工艺品,其工艺美学价值得以凸显,文化内涵更加丰富。在男西裤结构设计过程中,逐步养成绘图有条理、做事认真细致的好习惯。

四、作品设计

(一)认识男西裤

图4-2-3所示为男西裤款式的结构造型。其采用直腰型装腰,裤片前、后各2片,前中位置装拉链,后裤片腰口左、右各收2个省,前裤片两侧各有一个斜插袋,后裤片左、右两侧各有一个双嵌线口袋,裤脚为平脚口。

(二)成品规格

男西裤规格尺寸见表4-2-1。

图 4-2-3　男西裤款式的结构造型

表 4-2-1　男西裤规格尺寸　　　　　　　　　　　　　　　cm

号型	160/74A					
部位	裤长	腰围	臀围	上档	脚口	腰宽
规格	103	76	100	29	22	4

（三）男西裤的部件结构

男西裤的部件包括前、后裤片各2片，左、右腰片各1片，门襟1片，里襟面1片，里襟里1片，斜插袋袋垫布上、下各2片，双嵌线口袋嵌条2片，双嵌线口袋袋垫布2片，裤袢5根。其结构图如图4-2-4所示。

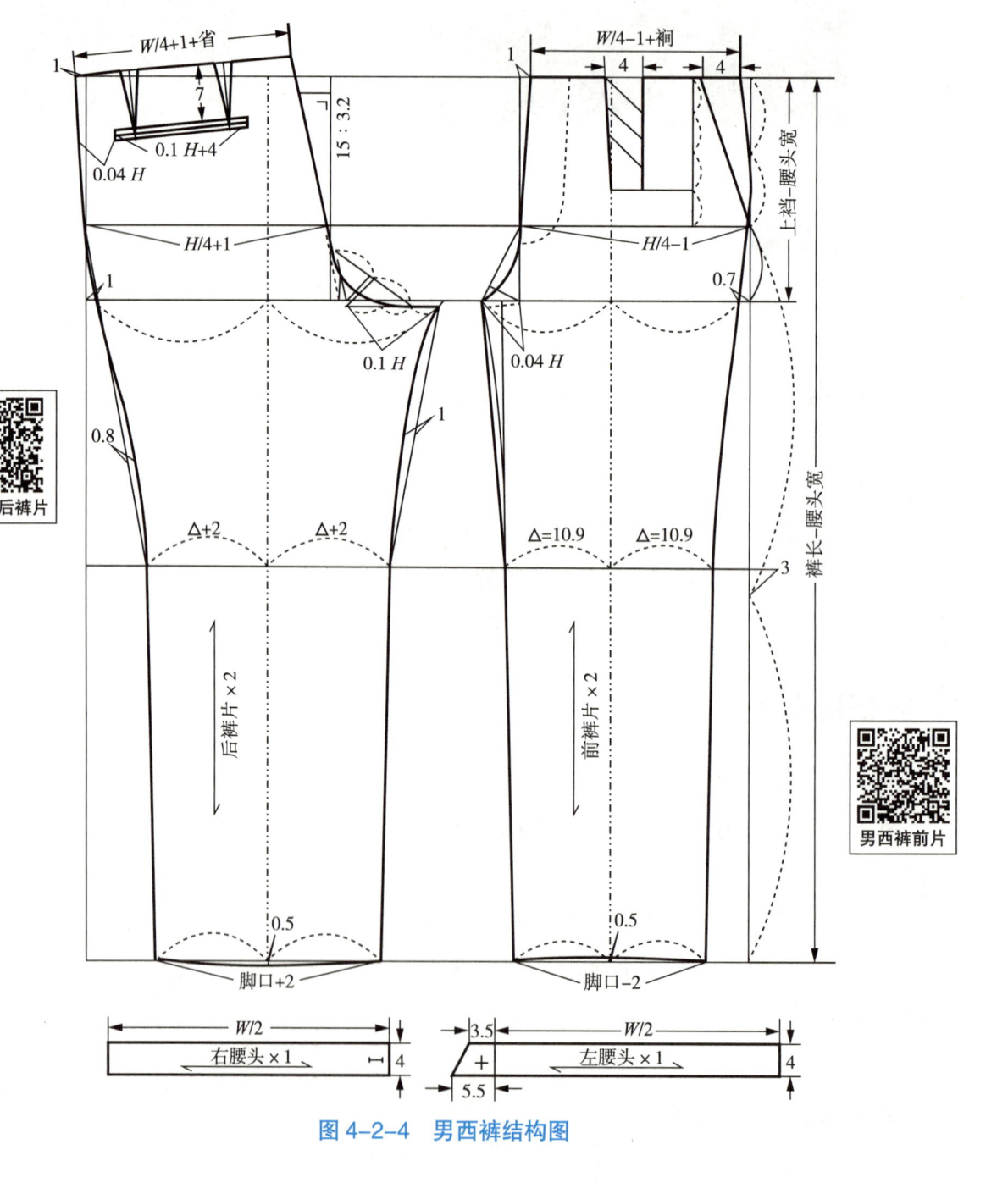

图 4-2-4　男西裤结构图

（四）男西裤结构设计步骤

具体步骤如下。

（1）男西裤裤片、腰片结构图如图 4-2-4 所示。

①前裤片。

第一步：作出基本线 / 前侧缝直线、上平线（与基本线垂直相交）、下平线 / 裤长线（取裤长减腰头宽，与上平线平行）。

第二步：上裆高线 / 横裆线（由上平线量下，取上裆减腰头宽）。

第三步：臀高线 / 臀围线（取上裆高的 1/3，由上裆高线向上量取）。

第四步：中裆线（按臀围线至下平线的 1/2 向上抬高 4 cm 绘制，平行于上平线）

第五步：前裆直线 [在臀高线上，以前侧缝直线为起点，取（H/4-1）cm 宽度画线，平行于前侧缝直线]。

第六步：前裆宽线（在上裆高线上，以前裆直线为起点，向左量 0.04H，与前侧缝直线平行）。

第七步：前裆大（在上裆高线与侧缝直线相交处偏进 0.7 cm）。

第八步：前烫迹线（按前裆大的 1/2 作平行于侧缝直线的直线，在前裤片框架制图的基础上，绘制前裤片结构图）。

第九步：前裆内劈线（以前裆直线为起点，偏进 1 cm）。

第十步：前腰围大 [取（W/4-1）cm+ 裥（5.5 cm）]。

第十一步：前脚口大（量取脚口大 -2 cm，以前烫迹线为中点两侧平分）。

第十二步：前中裆大定位线（将前裆宽线两等分，取中点与脚口线相连）。

第十三步：前中裆大（以前烫迹线为中点两侧平分）。

第十四步：前侧缝弧线（由上平线与前腰围大交点至脚口大点连接画顺）。

第十五步：前下裆弧线（由前裆宽线与横裆线交点连接画顺）。

第十六步：前裆弧线。

第十七步：折裥。

a. 前折裥（反裥，裥大为 3.5 cm，以前烫迹线为界，向门襟方向偏 0.7 cm）。

b. 后折裥（反裥，裥大为 2 cm，在前裥大点与侧缝线的中点两侧平分，裥长均为上平线至臀围线的 3/4）。

第十八步：侧缝直袋位（上平线下 3 cm 为上袋口，袋口大为 15 cm）。

②后裤片。

第一步：作出基本线 / 前侧缝直线、上平线（与基本线垂直相交）、下平线 / 裤长线（取裤长减腰头宽，与上平线平行）。

第二步：上裆高线 / 横裆线（由上平线量下，取上裆减腰头宽）。

第三步：臀高线 / 臀围线（取上裆高的 1/3，由上裆高线向上量取）。

第四步：中裆线（按臀围线至下平线的 1/2 向上抬高 4 cm 绘制，平行于上平线）。

第五步：后裆直线［在臀高线上，以后侧缝直线为起点，取（H/4+1）cm 宽度画线，平行于后侧缝直线］。

第六步：后裆缝斜线（在后裆直线上，以臀围线为起点，取比值为 15∶2.5，作后裆缝斜线）。

第七步：后裆宽线（在上裆高线上，以后裆缝斜线为起点，量取 0.1H）。

第八步：后烫迹线（在上裆高线上，取后侧缝直线至后裆宽线的 1/2，作平行于后侧缝直线的直线）。

第九步：后腰围大（按后侧缝直线偏出 1 cm 定位）。

第十步：后脚口大（按脚口大 +2 cm 定位，以后烫迹线为中点两侧平分）。

第十一步：后中裆大［取前中裆大的（1/2+2）cm 为后中裆大的 1/2］。

第十二步：后侧缝弧线（由上平线与后腰围大交点至脚口大点连接画顺）。

第十三步：后下裆缝弧线（由后裆宽线与横裆线交点至脚口大点连接画顺）。

第十四步：落裆线［按后下裆线长减前下裆长（均指中裆以上段）之差，作平行于横裆线的直线］。

第十五步：后腰缝线[①]。

a. 将直线 AB 两等分，得 P 点。

b. 使 AP 垂直于侧缝弧线。

c. 使 CP 垂直于后裆缝斜线。

d. 连接 AC，然后将 DP 两等分，过此中点，画顺 AC 弧线即后腰缝线。

第十六步：后裆缝弧线。

第十七步：后省（以后腰缝线三等分定位，省中线与腰缝直线垂直。若近侧缝边省稍小，则省长为 10~12 cm；若近后缝边省稍大，则省长为 11~13 cm）。

（2）男西裤门襟、里襟结构图如图 4-2-5 所示。

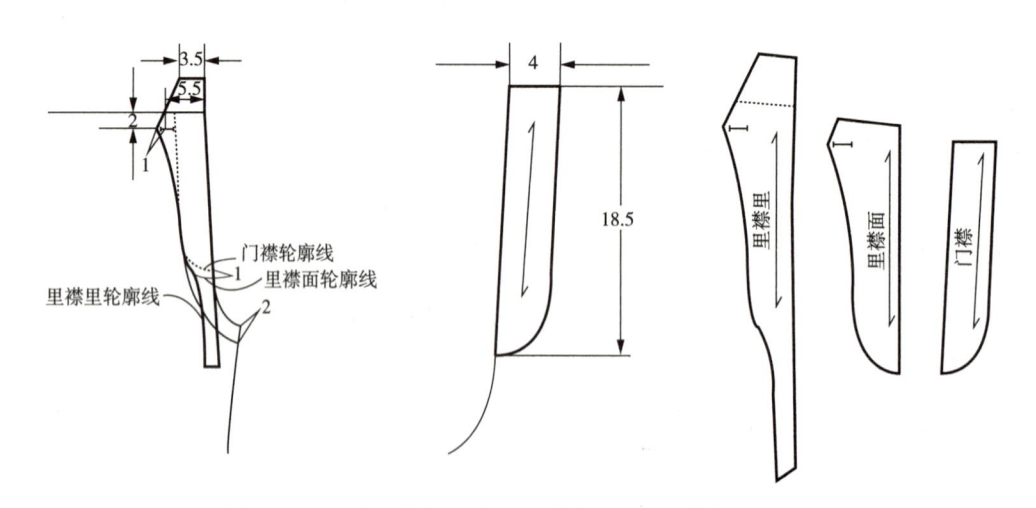

图 4-2-5　男西裤门襟、里襟结构图（单位：cm）

---

① 注：此处所述各点未标出。请读者思考其画法。

（3）男西裤裤袢结构图如图4-2-6所示。

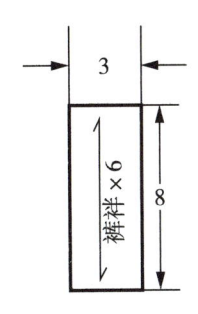

图4-2-6 男西裤裤袢结构图（单位：cm）

（4）男西裤斜插袋袋布、袋垫布结构图如图4-2-7所示。

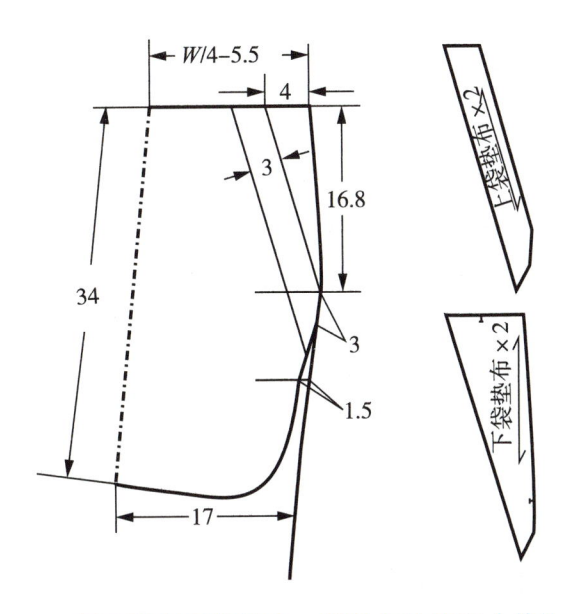

图4-2-7 男西裤斜插袋袋布、袋垫布结构图（单位：cm）

（5）男西裤双嵌线口袋袋垫布结构图如图4-2-8所示。

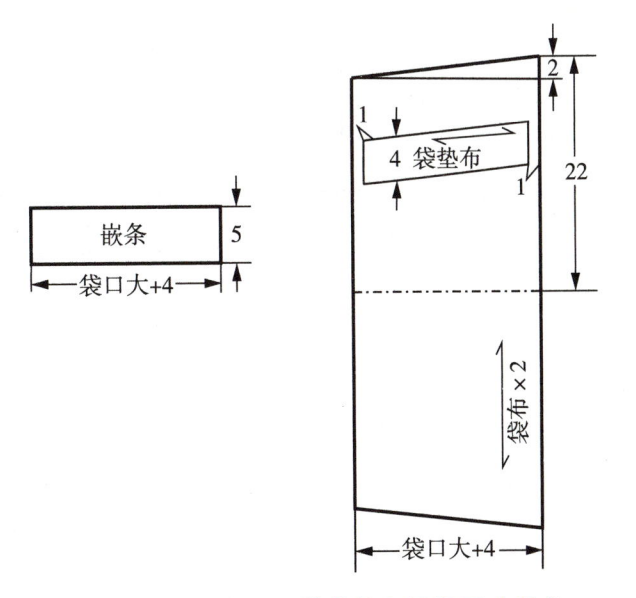

图4-2-8 男西裤双嵌线口袋袋垫布结构图（单位：cm）

（五）裁剪样板放缝图和排料图

男西裤裁剪样板放缝图和排料图如图 4-2-9 所示。

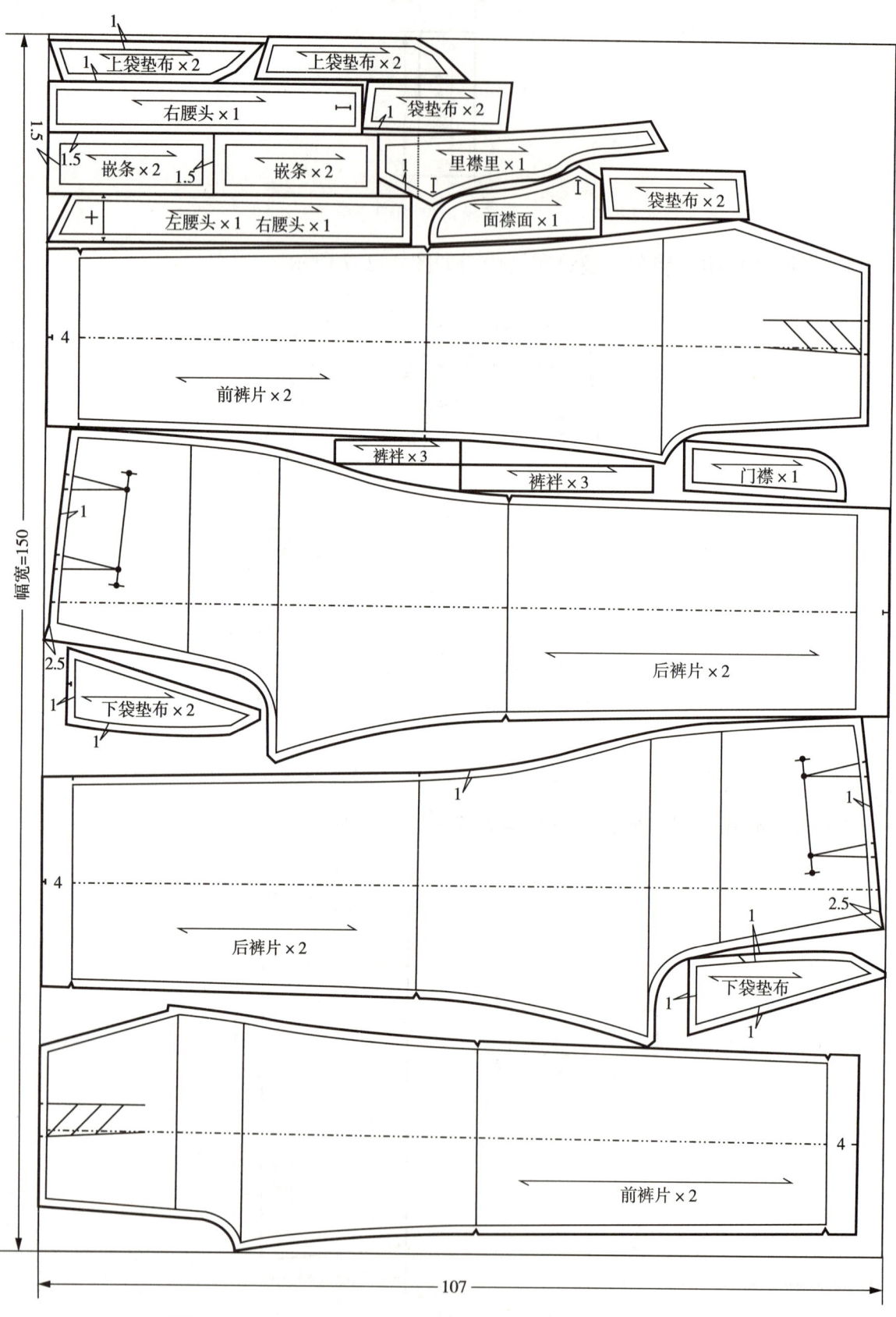

图 4-2-9　男西裤裁剪样板放缝图和排料图（单位：cm）

（六）技巧提示

1. 男、女裤结构制图的区别

1）款式的区别

（1）裤腰：一般男裤裤腰略宽于女裤裤腰（高腰与宽腰除外）。

（2）裥省：一般男裤前裤片设裥，而女裤前裤片可设省，也可设裥。

（3）开门：男裤为前开门，女裤有侧开门和前开门两种。

（4）后袋：男裤设后袋，女裤一般不设后袋。

2）男、女体型差别（指腰部以下）

"三小一平"，即男性臀腰差小于女性，因此男性两侧（腰至臀）弧度小于女性；女性的腰围、臀围、腿围一般小于男性；男性臀部与腹部较女性平。

3）体型差别反映在裤装结构制图上的区别

"三小一大"，即在裥、省的收量上，男裤小于女裤；在前、后侧缝的弧度上，男裤小于女裤；男裤前裆缝与前侧缝的劈势量小于女裤；男裤的控制部位规格大于女裤。

2. 男裤造型变化与中裆高度定位的关系

（1）男裤造型变化与中裆高度定位有密切的关系，确定中裆定位的方法是以臀高线至下平线的距离的中点为基本点，设基本点为零。

（2）当中裆高度处于基本点 0~2 cm 范围内时，男裤造型为宽松型。

（3）当中裆高度高于基本点 2~4 cm 范围内时，男裤造型为适身型。

（4）当中裆高度高于基本点 4~6 cm 范围内时，男裤造型为紧身型。

3. 确定男裤臀腰差与省/裥的关系

（1）无裥式：适应臀腰差偏小的体型，一般臀腰差在 20 cm 以下。

（2）单裥单省式：适应臀腰差适中的体型，一般臀腰差为 20~25 cm。

（3）双裥双省式：前裤片收双裥，后裤片收双省，适应臀腰差偏大的体型，一般臀腰差在 25 cm 以上。

其他如双裥单省式等，根据具体的臀腰差合理地处理。此外，款式因素也是决定男裤裥/省量的条件之一。

五、作品评价表

男西裤质量检验评价见表 4-2-2。

表 4-2-2 男西裤质量检验评价

学生姓名		班级		综合得分			
科目		小组		评价	自评得分	组评得分	师评得分
检验任务	序号	检验内容	评分标准	配分			
男西裤结构设计	1	裤片、裤腰结构图、裁剪图齐全	裤片、裤腰结构图、裁剪图缺少一片扣3分	18			
	2	结构图各部位标记准确	结构图各部位标记有误扣2分，多标、漏标、错标每处扣2分	15			
	3	画线顺直、清晰、手势准确	画线不顺直每处扣1分，画线不清晰扣3分，画线手势不准确扣3分	15			
	4	丝绺标注准确	丝绺漏标每处扣2分，标注错误每处扣3分	12			
时间	5	在规定时间内完成	每超过10分钟扣2.5分	10			
工具	6	使用工具正确	未正确使用相应工具扣5分	10			
整洁	7	完成结构制图后，作品画面整洁	完成结构制图后，作品画面不整洁扣10分	10			
安全	8	安全	在制图中未按要求执行，出现安全事故扣10分	10			
企业质检评定等次		优质品（ ）良品（ ）合格品（ ）次品（ ）					
学生签字		组长签字		老师签字		师傅签字	

六、举一反三（男时尚短裤结构设计）

（一）认识男时尚短裤

图 4-2-10 所示为男时尚短裤的款式结构造型。其采用直腰型装腰，裤腰造型较低，裤型为适体型直筒短裤，前裤片不设省或裥，后裤片左、右各设1个省，前裤片左、右各设1个斜插袋，后裤片左、右各设一个单嵌线口袋。

此款短裤为近年来非常流行的适体型男时尚短裤,其款式时尚且便于活动,适合在多种场合穿着,深受 20~40 岁男青年的喜爱。

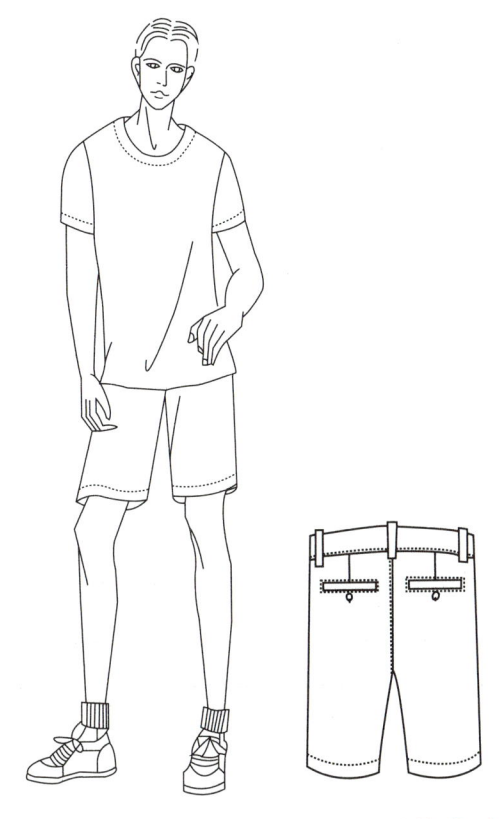

图 4-2-10 男时尚短裤的款式结构造型

(二)成品规格

男时尚短裤规格尺寸见表 4-2-3。

表 4-2-3 男时尚短裤规格尺寸   cm

号型	160/74A					
部位	裤长	腰围	臀围	上裆	脚口	腰宽
规格	52.5	81	100	26.5	26	3.5

(三)男时尚短裤的部件结构

男时尚短裤的部件包括前、后裤片各 2 片,腰片 2 片,门襟 1 片,里襟 2 片,斜插袋上、下袋垫布各 2 片,嵌条 2 片,嵌条垫布 2 片。其结构图如图 4-2-11 所示。

(四)男时尚短裤结构设计步骤

具体步骤如下。

(1)男时尚短裤裤片、腰片结构图如图 4-2-11 所示。

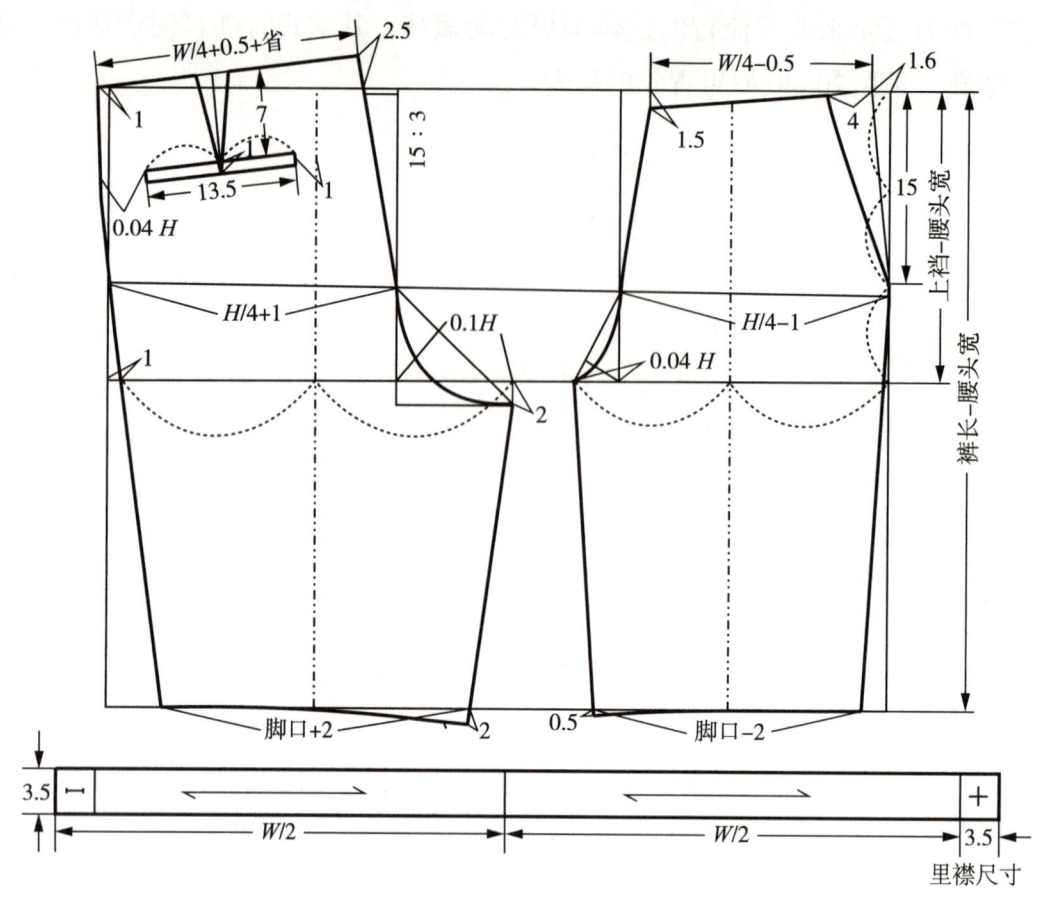

图 4-2-11　男时尚短裤结构图（单位：cm）

（2）男时尚短裤门襟、里襟结构图如图 4-2-12 所示。

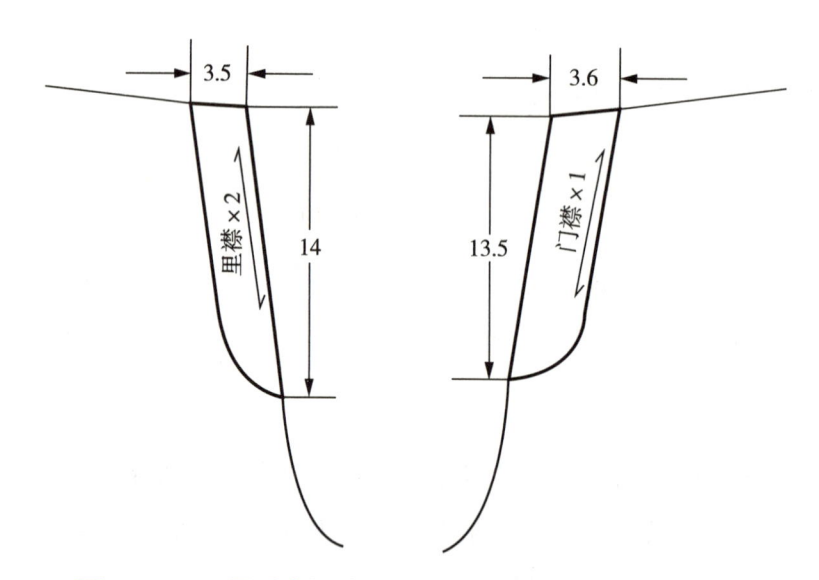

图 4-2-12　男时尚短裤门襟、里襟结构图（单位：cm）

（3）男时尚短裤斜插袋袋布、袋垫布结构图如图 4-2-13 所示。
（4）男时尚短裤斜单嵌线口袋袋布、袋垫布结构图如图 4-2-14 所示。

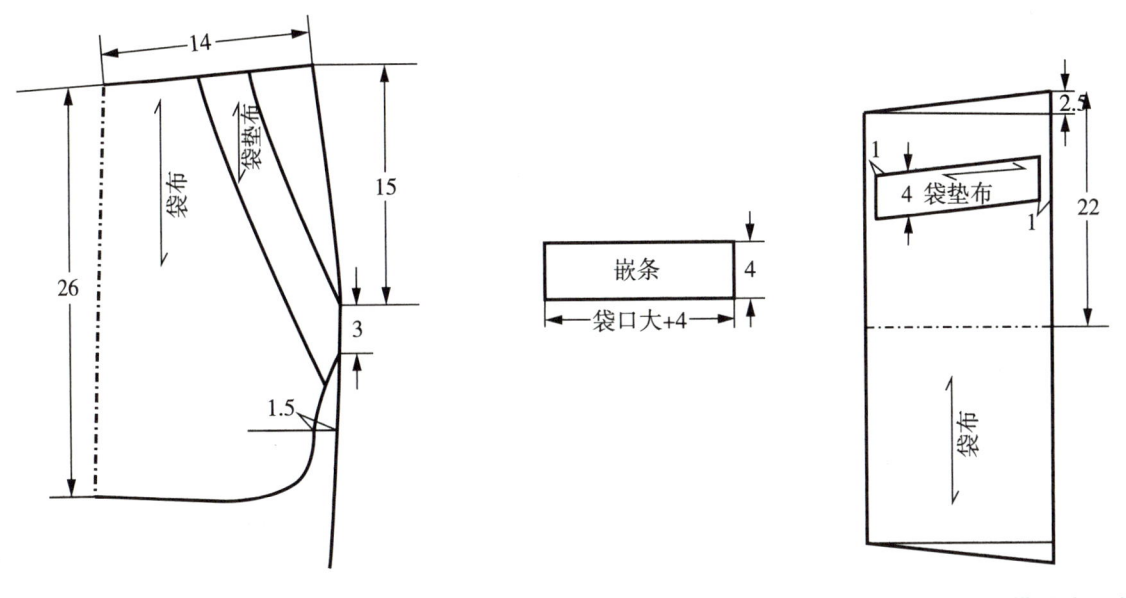

图 4-2-13　男时尚短裤斜插袋袋布、袋垫布结构图（单位：cm）　　图 4-2-14　男时尚短裤单嵌线口袋袋布、袋垫布结构图（单位：cm）

（五）裁剪样板放缝图和排料图

男时尚短裤裁剪样板放缝图和排料图如图 4-2-15 所示。

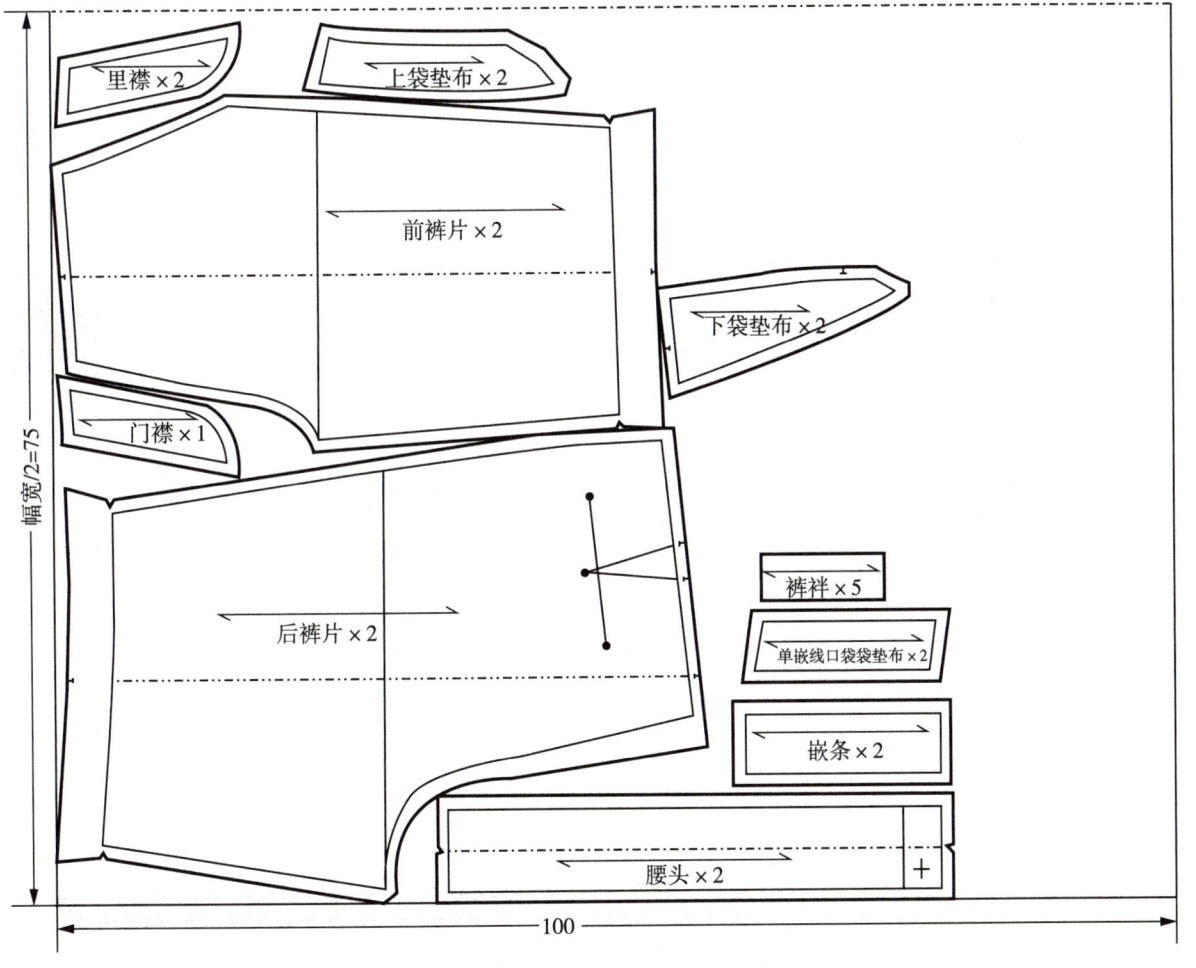

图 4-2-15　男时尚短裤裁剪样板放缝图和排料图（单位：cm）

七、巩固强化

（一）专业知识——应知

1. 单项选择题（每小题列出的四个备选项中，只有一个正确答案。错选或漏选均不得分）

（1）男西裤大裆宽的计算公式为（　　）。

A.（0.8/10）H　　B. H/10　　C.（0.9/10）H　　D.（0.5/10）H

（2）男西裤前臀围大的计算公式为（　　）。

A. H/4−0.5　　B. H/4−1　　C. H/4+1　　D. H+1

（3）男西裤裤腰里长与腰面相同，宽为腰面宽+（　　）。

A. 1 cm　　B. 1.5 cm　　C. 2 cm　　D. 2.5 cm

（4）男西裤表袋口大一般为（　　）。

A. 6.5 cm　　B. 7 cm　　C. 7.5 cm　　D. 8 cm

2. 判断题（正确的打"√"，错误的打"×"）

（1）西裤上裆的长度不随款式的变化而变化。（　　）

（2）男、女西裤前、后裤片的裥和省的大小都是一样的。（　　）

（3）西裤前裤片在横裆线上，从小裆宽点到侧缝线是以烫迹线为中点两侧平分的，而后裤片在横裆线上从大裆宽点到侧缝线，则不是以烫迹线为中点两侧平分的。（　　）

（4）西裤前裤片在横裆线以下部分，是以烫迹线为对称轴，两侧完全对称的；西裤后裤片在横裆线下也是以烫迹线为对称轴的。（　　）

3. 简答题

（1）简述男、女裤结构制图的区别。

（2）简述适身型西裤与紧身型西裤在腰围分配上有何不同。

（二）技能操作——应会

根据男西裤结构图的技术规格要求，绘制至少一款男西裤的款式变化结构图。

任务三　休闲裤结构设计

一、作品概述

萱萱同学在假期跟随家人到新疆旅游，在新疆博物馆，她注意到一件下装，通过讲解员的讲解她知道这是北魏时期的裤装——合蠡纹锦袴（图4-3-1）。萱萱不禁感叹：原来中国在北魏时期就已经有如此精美的裤装了。

北魏时孝文帝推行汉化服饰，服装向宽大典雅的形态发展，裤装最初多用于军队，后来因其便利性而广泛用于民间，成为普通百姓的常服和便服，男女均可穿着。

萱萱觉得这种形制的裤装很像现代的休闲裤，于是想结合该裤装制作一条休闲裤。

二、设计灵感

休闲裤款式结构借鉴合蠡纹锦袴复原品的款式特征（图 4-3-2），在满足功能性要求的同时，融入中国古代民族服装的风格特征，体现地域特点。

图 4-3-1 合蠡纹锦袴

图 4-3-2 合蠡纹锦袴复原品

三、设计目标

根据裤装结构设计的相关书籍，了解休闲裤的基本款式，理解休闲裤结构图的绘制要求，掌握休闲裤结构设计要点和需要的部件，掌握休闲裤结构制图技巧并完成变化款宽松裤结构图的绘制。

深入了解充满地域特征的服饰有助于了解与深入研究中国服饰文化，也有助于在实操过程中培养思维迁移能力，逐步养成善于思考的好习惯。

四、作品设计

（一）认识休闲裤

图 4-3-3 所示为休闲裤的款式结构造型。其裤腰为低腰弧形腰，左、右前裤片各有 2 个贴袋，后裤片的 2 个贴袋有袋盖，侧缝上左、右各有 1 个立体袋，前门襟开口处装拉链。

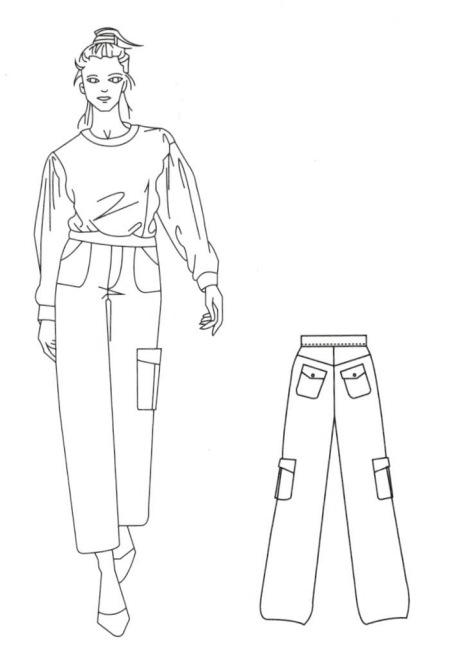

图 4-3-3 休闲裤的款式结构造型

（二）成品规格

休闲裤规格尺寸见表 4-3-1。

表 4-3-1 休闲裤规格尺寸
cm

号型	160/66A					
部位	裤长	腰围	臀围	脚口	上裆	腰宽
规格	95	72	96	18	23	3.5

（三）休闲裤的部件结构

休闲裤的部件包括前裤片 2 片，后裤片 2 片，左、右腰片各 2 片，育克 2 片，门襟 1 片，里襟 2 片，前贴袋袋布 2 片，后贴袋袋布 2 片及袋盖 4 片，侧缝立体袋袋布 2 片及袋盖 4 片。

（四）休闲裤结构设计步骤

具体步骤如下。

（1）休闲裤前、后裤片结构图如图 4-3-4 所示。

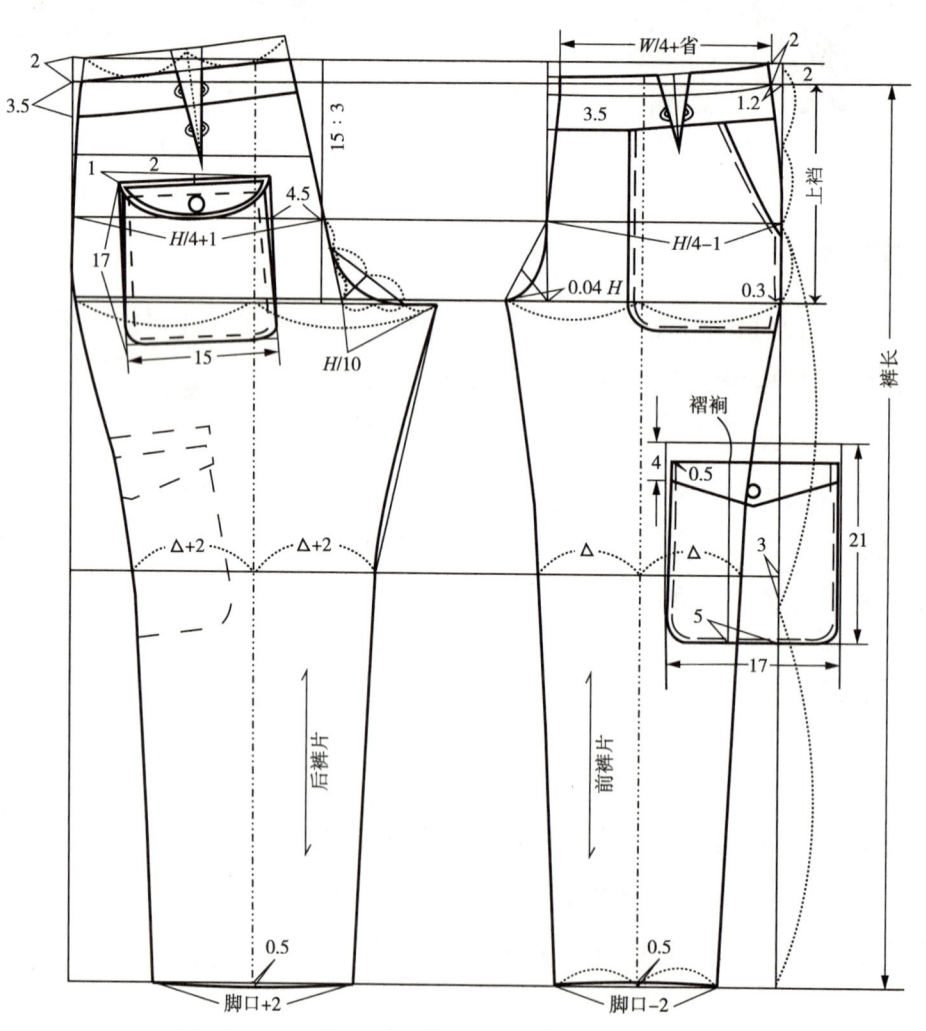

图 4-3-4 休闲裤前、后裤片结构图（单位：cm）

（2）休闲裤门襟、里襟结构图如图4-3-5所示。

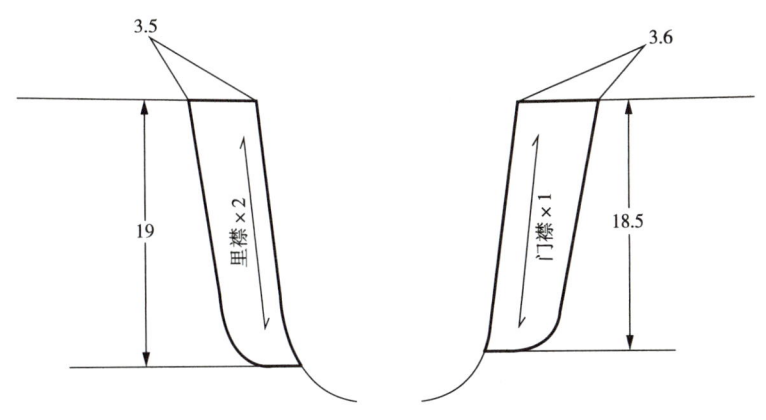

图4-3-5 休闲裤门襟、里襟结构图（单位：cm）

（3）休闲裤裤腰、育克合并结构图如图4-3-6所示。

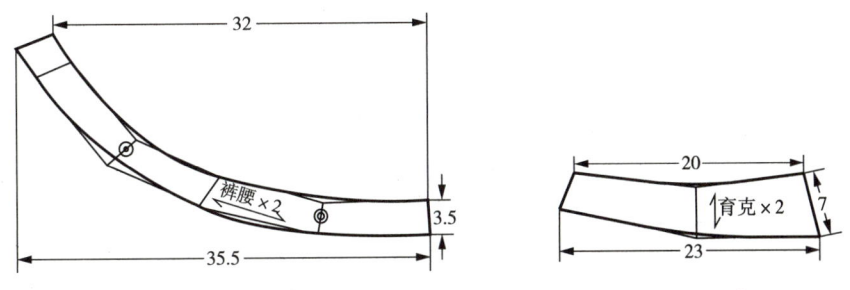

图4-3-6 休闲裤裤腰、育克合并结构图（单位：cm）

（五）裁剪样板放缝图和排料图

休闲裤裁剪样板放缝图和排料图如图4-3-7所示。

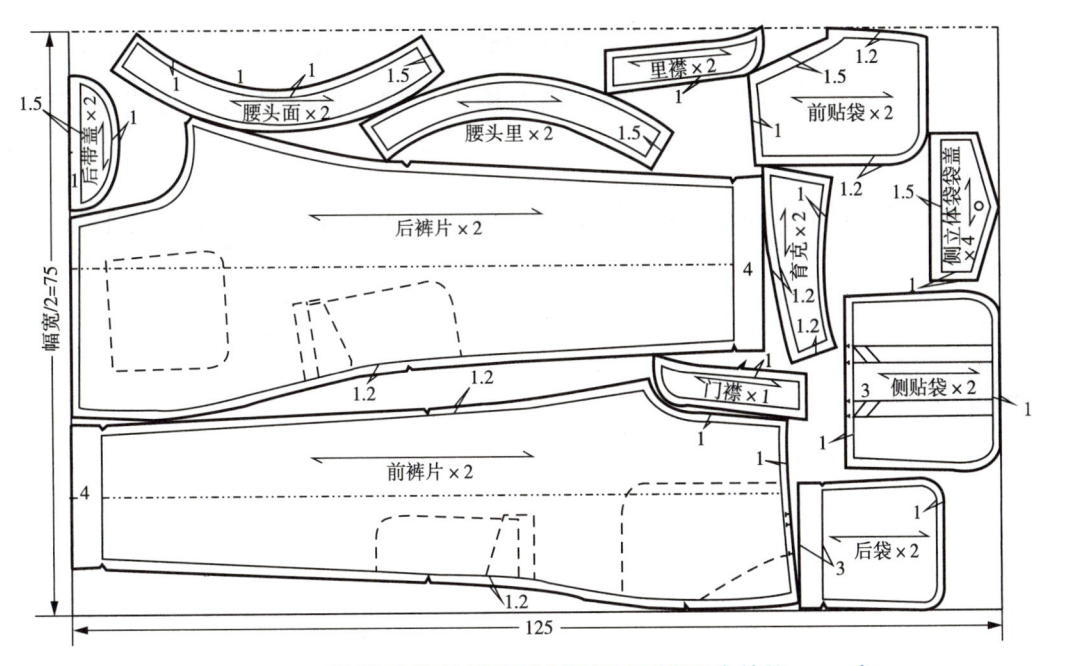

图4-3-7 休闲裤裁剪样板放缝图和排料图（单位：cm）

(六)技巧提示

1. 后裆缝斜度与后翘的关系

(1)后裆缝斜度的确定采用取两直角边比值的方法,根据臀腰差的大小,结合省的多少、省量的大小及裤的造型特点确定。如出现不同情况,则按以上原理酌情调节。

(2)后翘是指后腰缝线在后裆缝上的抬高量。后翘是与后裆缝斜度并存的,如果没有后翘,则后裆缝拼接后会产生凹角,因此,后翘是使后裆缝拼接后后腰口顺直的先决条件,后裆缝斜度与后翘成正比。

(3)后裆缝斜度是指后裆缝上端处的偏进量。后裆缝斜度大小与臀腰差的大小、后裤片省的多少、省量的大小、裤的造型特点(紧身、适身、宽松)等因素有关。

(4)臀腰差越大,后裆缝斜度越大,反之则越小。后裤片仅有1个省或省量较小时,后裆缝斜度应酌情增大;后裤片有2个省或省量较大(包括收裥)时,后裆缝斜度应酌情减小。

2. 西长裤的后裆缝低落数值小于西短裤的原因

(1)在一般情况下,西长裤后裆缝低落数值基本上在1 cm范围内波动,西短裤后裆缝低落则在1.5~3 cm范围内波动。

(2)在西短裤的后连脚口上取一条横向线,可以看到,横向线与后下裆缝线的夹角大于90°,这是由于后下裆缝有一定的斜度,而前下裆缝斜度较小,所以前脚口线上横向线与前下裆缝的夹角接近90°。

(3)当前、后下裆缝缝合后,下裆缝处的脚口会出现凹角。现将后裤脚口上的横向线处理成弧形,使其与后下裆缝的夹角保持90°,就能使前、后脚口横向线顺直连接,但修正后的后下裆缝长于前下裆缝,因此需要增大后裆缝低落数值,使其在1.5~3 cm范围内波动。

(4)总而言之,后裆缝低落数值与后下裆缝斜度成正比,而后下裆缝斜度与裤长和脚口大小有关。

五、作品评价

休闲裤质量检验评价见表4-3-2。

表 4-3-2 休闲裤质量检验评价

学生姓名		班级		综合得分			
科目		小组		评价	自评得分	组评得分	师评得分
检验任务	序号	检验内容	评分标准	配分			
休闲裤结构设计	1	前、后裤片，腰片，门襟，里襟，袋布，袋垫布等结构图齐全	前、后裤片，腰片，门襟，里襟，袋布，袋垫布等结构图缺少一片扣2分	18			
	2	画线顺直、清晰、手势准确	画线不顺直每处扣1分，画线不清晰扣3分，画线手势不准确扣3分	15			
	3	丝缕标注准确	丝缕漏标每处扣2分，标注错误每处扣3分	15			
	4	结构图各部位标记准确	结构图各部位标记有误扣2分，多标、漏标、错标每处扣2分	12			
时间	5	在规定时间内完成	每超过10分钟扣2.5分	10			
工具	6	使用工具正确	未正确使用相应工具扣5分	10			
整洁	7	完成结构制图后，作品画面整洁	完成结构制图后，作品画面不整洁扣10分	10			
安全	8	安全	在制图中未按要求执行，出现安全事故扣10分	10			
企业质检评定等次		优质品（　）良品（　）合格品（　）次品（　）					
学生签字		组长签字		老师签字		师傅签字	

六、举一反三（宽松裤结构设计）

（一）认识宽松裤

图 4-3-8 所示为宽松裤款式的结构造型。其采用装腰型直腰，前裤片腰口左、右各设 5 个裥，裥上端缉线 1.5~2 cm，前袋的袋型为侧缝直袋，后裤片腰口左、右各收省 2 个，右侧缝上端装隐形拉链。

（二）成品规格

宽松裤规格尺寸见表 4-3-3。

图 4-3-8 宽松裤款式的结构造型

表 4-3-3 宽松裤规格尺寸　　　　　　　　　　　　cm

号型	160/66A					
部位	裤长	腰围	臀围	脚口	上裆	腰宽
规格	98	68	96	18.5	30	4

(三)宽松裤的部件结构

宽松裤的部件包括前裤片2片、后裤片2片、育克2片、腰片1片、袋垫布2片。

(四)宽松裤结构设计步骤

具体步骤如下。

(1)宽松裤前、后裤片,腰片结构图如图4-3-9所示。

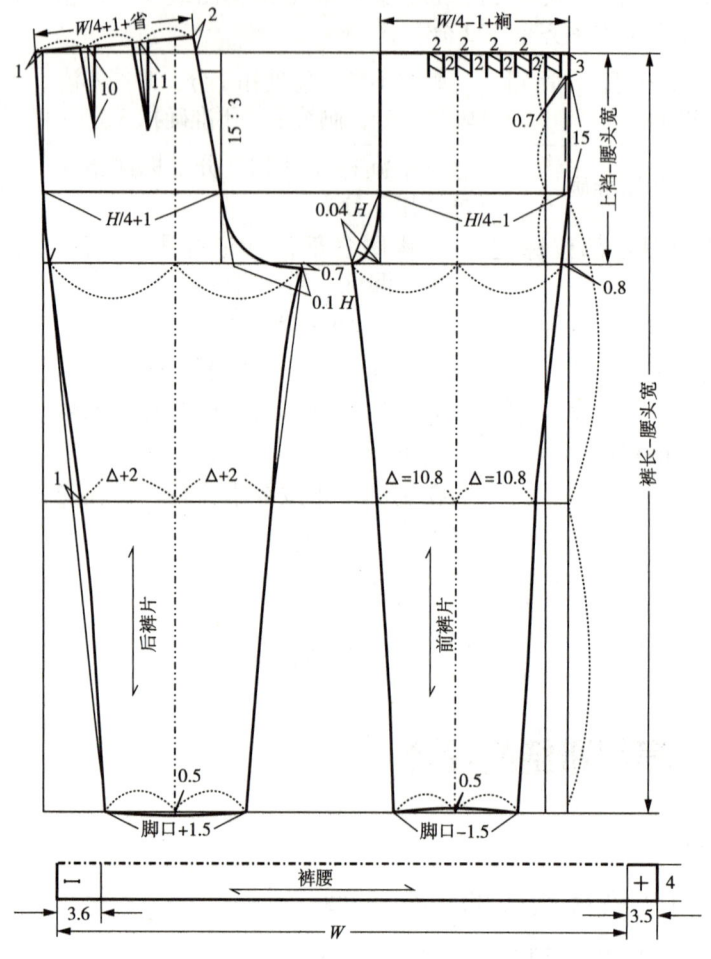

图 4-3-9 宽松裤前、后裤片,腰片结构图(单位:cm)

(2)宽松裤门襟、里襟结构图如图4-3-10所示。

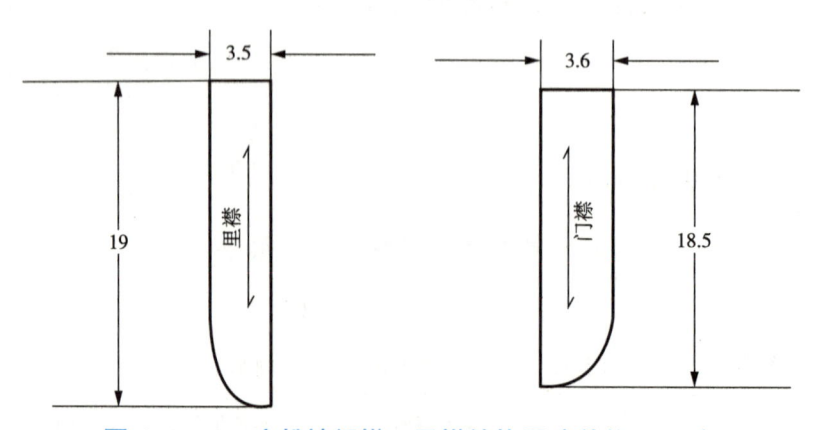

图 4-3-10 宽松裤门襟、里襟结构图(单位:cm)

（3）宽松裤侧缝直袋结构图如图4-3-11所示。

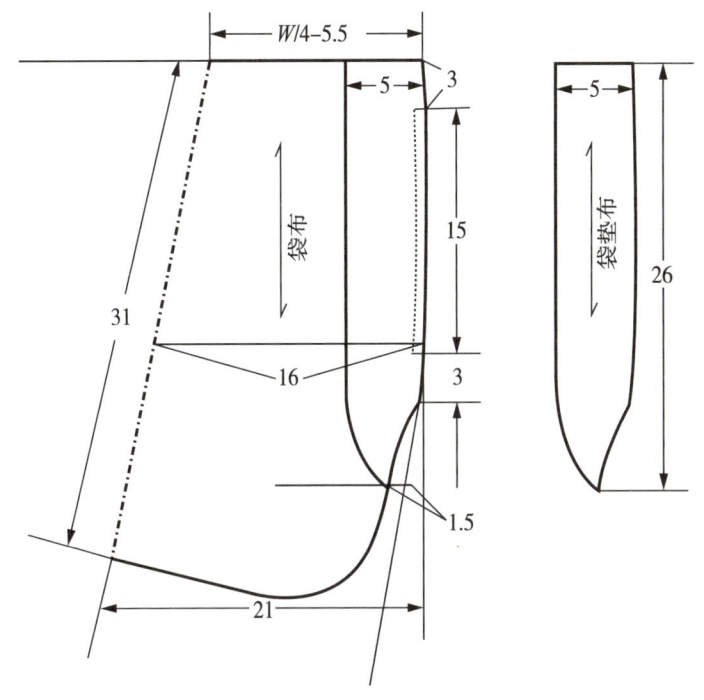

图4-3-11　宽松裤侧缝直袋结构图（单位：cm）

（五）裁剪样板放缝图和排料图

宽松裤裁剪样板放缝图和排料图如图4-3-12所示。

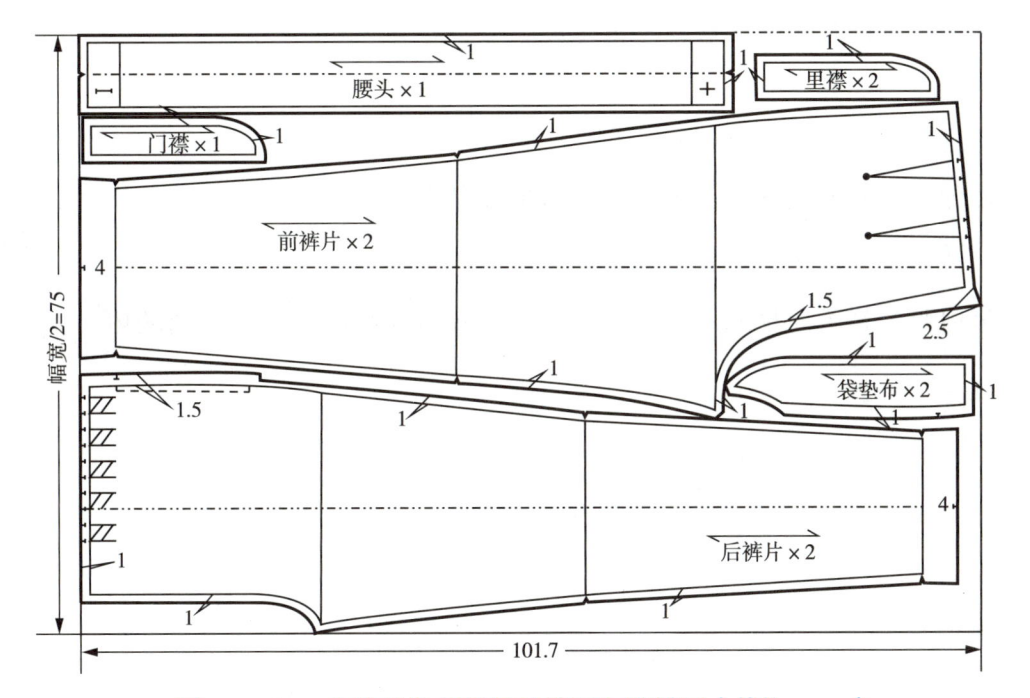

图4-3-12　宽松裤裁剪样板放缝图和排料图（单位：cm）

七、巩固强化

（一）专业知识——应知

1. 单项选择题（每小题列出的四个备选项中，只有一个正确答案。错选或漏选均不得分）

（1）裤烫迹线平行于（　　）。

  A. 前裆直线　　　　B. 前后腰线　　　　C. 侧缝线　　　　D. 下裆线

（2）宽松裤前脚口大为（　　）cm。

  A. 脚口大 −2　　　B. 脚口大 +2　　　C. 脚口大 −1.5　　D. 脚口大 +1.5

（3）休闲裤前腰围大为（　　）。

  A. $W/4-$ 省　　　B. $W/4+$ 省　　　C. $W/4-0.5+$ 省　　D. $W/4+0.5+$ 省

（4）休闲裤小裆宽为（　　）。

  A. $H/10$　　　　B. $H/9.5$　　　　C. $(0.8/10)H$　　　D. $(0.95/10)H$

2. 判断题（正确的打"√"，错误的打"×"）

（1）女裤和休闲裤的后裆缝斜度是一样的。　　　　　　　　　　　　　　（　　）

（2）女西裤和休闲裤的小裆宽是一样的。　　　　　　　　　　　　　　　（　　）

（3）起翘是使后裆缝拼接后腰口顺直的先决条件，后裆缝斜度越大，起翘越高。

                         （　　）

（4）休闲裤前裤片省量比后裤片省量大。　　　　　　　　　　　　　　　（　　）

3. 简答题

（1）简述后裆缝斜度与后翘的关系。

（2）为什么说袋型是决定前折裥数量的不可忽视的因素？

（二）技能操作——应会

根据休闲裤结构图的技术规格要求，绘制一款休闲裤的款式变化结构图。

模块五

衬衫、连衣裙结构设计

学习内容

任务一 女衬衫结构设计
任务二 男衬衫结构设计
任务三 连衣裙结构设计

学习目标

（1）能够按衬衫、连衣裙款式图和质量要求熟练进行衬衫、连衣裙结构设计。
（2）提高动手操作的能力，打好基础，并能够进行衬衫、连衣裙的局部变化。
（3）能够灵活应变，触类旁通，为各种时尚衬衫、连衣裙结构制图提供帮助。
（4）了解作品设计所蕴含的历史文化，感知优秀的中华传统文化，培养作为服装设计师的敏感性。

学习方法

学生结合任务视频、教师演示法、任务引领法等方式，以小组为学习单位，掌握常用工具，专用工具，计算机平面设计软件，服装 CAD 软件，衬衫、连衣裙结构设计等基础知识，在有条件的情况下，建议通过在企业进行教学实习、顶岗实习等方式训练。

任务一 女衬衫结构设计

一、作品概述

方方在假期跟随妈妈到博物馆欣赏明清时期的瓷器。在欣赏过程中，方方听见讲解员说："明清时期，德化窑白瓷极富地方特色（图 5-1-1），以'象牙白'声名远播，不仅深受国内人们的喜爱，还畅销海外，被誉为'中国白'"。方方看着德化窑白釉瓷八角形四足杯（图 5-1-2），突发灵感，她想根据德化窑白釉瓷八角形四足杯的外形，从中提取设计元素，为妈妈设计一款合身、简洁大方，能衬托女性优雅气质的女衬衫。

图 5-1-1 明代德化窑白釉瓷贴花杯

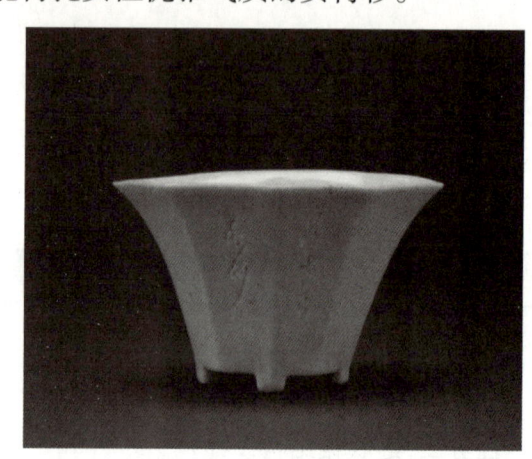

图 5-1-2 明代德化窑白釉瓷八角形四足杯

二、设计灵感

根据女衬衫结构设计的相关书籍，了解女衬衫的部件，掌握女衬衫结构制图的程序和技术要求，能够熟练绘制女衬衫结构图，并绘制女衬衫的款式变化结构图。

明清德化白瓷工艺既继承了宋元以来的成就，也开创了新的风格与局面，表现出庄重恬静的独特魅力。

三、设计目标

在探索瓷器与现代服装相结合的艺术价值的同时，培养合作、协调的能力和爱岗敬业的工匠精神，逐步养成善思考、勤动手的良好习惯。

四、作品设计

（一）认识女衬衫

图 5-1-3 所示为女衬衫款式的结构造型。其领型为连翻领，前中开襟处为单排扣，

左开襟处钉纽6粒,前、后衣片腰节处略吸腰,腋下摆缝处收侧胸省,袖型为一片式长袖,袖口收细褶、装袖头,袖头上钉纽1粒。

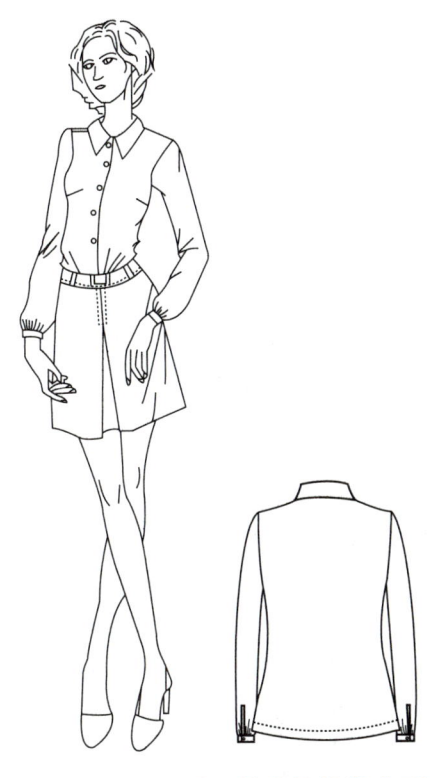

图 5-1-3 女衬衫款式的结构造型

(二)成品规格

女衬衫规格尺寸见表 5-1-1。

表 5-1-1 女衬衫规格尺寸　　　　　　　　　　　　　　cm

号型	160/84A						
部位	衣长	胸围	肩宽	领围	前腰长	袖长	AH
规格	64	96	40	38	38	53	43

(三)女衬衫的部件结构

女衬衫的部件包括前衣片2片,后衣片1片,袖片2片,领面、领里各1片,袖头2片,袖衩条2片。

(四)女衬衫结构设计步骤

具体步骤如下。

(1)女衬衫前、后衣片结构图如图 5-1-4 所示。

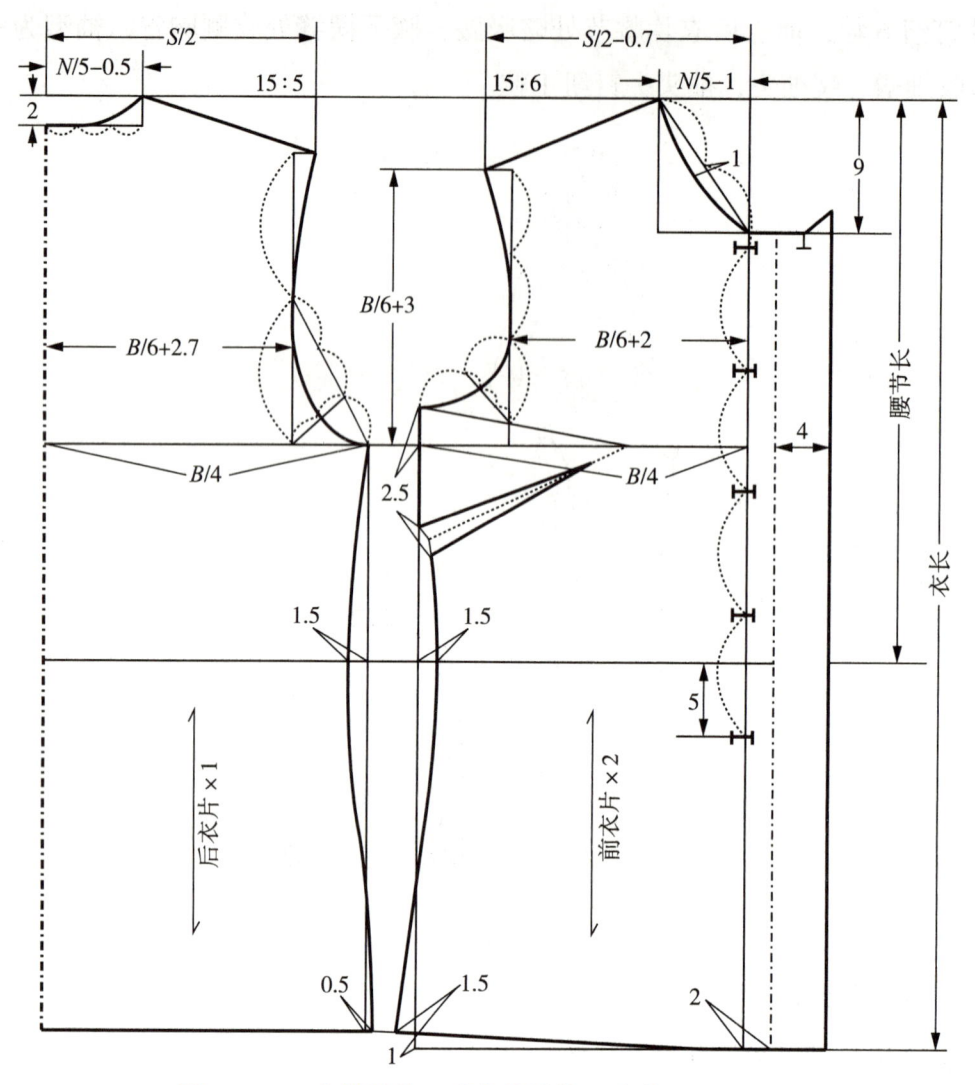

图 5-1-4 女衬衫前、后衣片结构图（单位：cm）

第一步：前中线（叠门线）——首先画出的基础直线。

第二步：上平线——垂直于前中线。

第三步：下平线——按衣长规格计算并平行于上平线。

第四步：腰节线——按腰节长规格或 1/4 号计算。

第五步：止口线——由叠门线向右画，作叠门线的平行线。

第六步：侧缝直线（前胸围大）——取 $B/4$ cm，由叠门线向左画，作叠门线的平行线。

第七步：前领深线——取 9 cm，由上平线量下，作其平行线。

第八步：前领宽线——取（$N/5-1$）cm，由叠门线向左画，作叠门线的平行线。

第九步：肩斜线——前肩宽取（$S/2-0.7$）cm 由叠门线向左画，然后下落 $B/20$ cm 定点。

第十步：袖窿深线（胸围线）——取（$B/10+9$）cm，由前肩端点量下，作上平线的平行线。

第十一步：胸宽线——取（$1.5B/10+3$）cm，由叠门线向左画，作叠门线的平行线。

第十二步：后中线——垂直于上平线，相交于衣长线。

第十三步：侧缝直线（后胸围大）——取 $B/4$ cm，作后中线的平行线。

第十四步：后领深线——取 2 cm，由上平线量下，作上平线的平行线。

第十五步：后领宽线——取（$N/5-0.5$）cm，由后中线量进，作后中线的平行线。

第十六步：肩斜线——后肩宽由后中线向右画，然后下落（$B/20-1$）cm 定点。

第十七步：背宽线——取（$1.5B/10+4$）cm，由后中线向右画，作后中线的平行线。

第十八步：前领圈弧线。

第十九步：袖窿弧线。

第二十步：侧缝弧线——腰节线上，侧缝点偏进 1.5 cm，下平线上，侧缝点上抬 1 cm，偏出 1.5 cm，连接各点，画顺弧线。

第二十一步：底边弧线——过侧缝下点画顺至底边，画顺弧线。

第二十二步：纽位——上纽在叠门线上，前领深线下 1.5~2 cm 处，下纽同上，腰节线下 5 cm 处，作平分处理。

第二十三步：腋下省。

第二十四步：后领圈弧线。

第二十五步：袖窿弧线。

第二十六步：侧缝弧线——腰节线上，侧缝点偏进 1.5 cm，下平线上，侧缝点偏出 1 cm，连接各点，画顺弧线。

第二十七步：底边弧线——过侧缝下点画顺至底边，画顺弧线。

（2）女衬衫袖片、袖头、袖衩条结构图如图 5-1-5 所示。

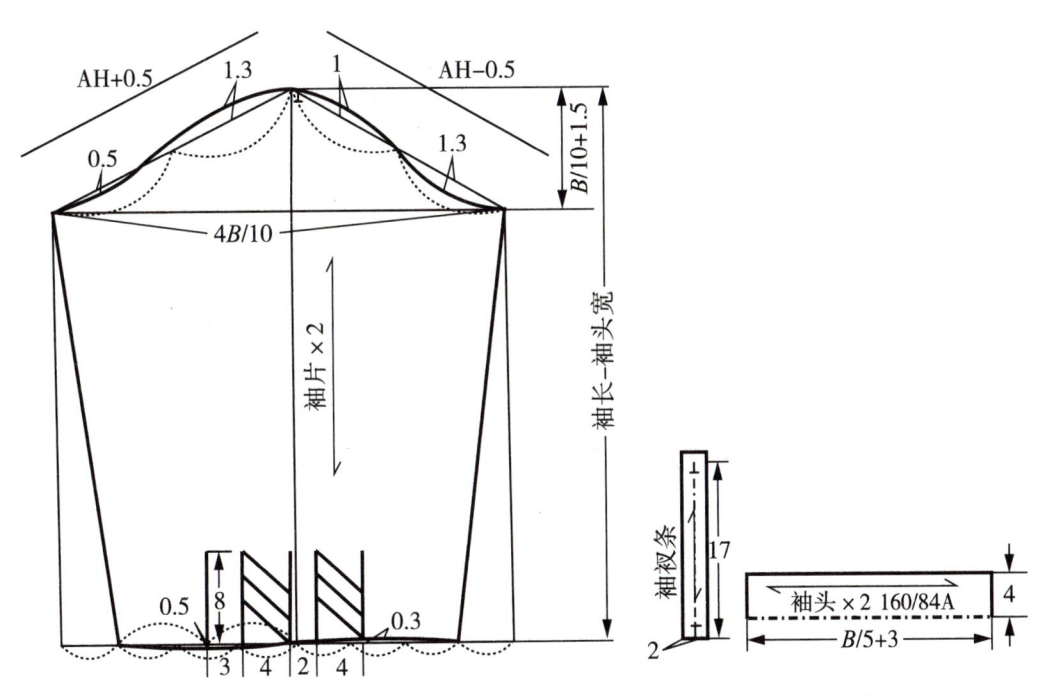

图 5-1-5　女衬衫袖片、袖头、袖衩条结构图（单位：cm）

（3）女衬衫领片结构图如图5-1-6所示。

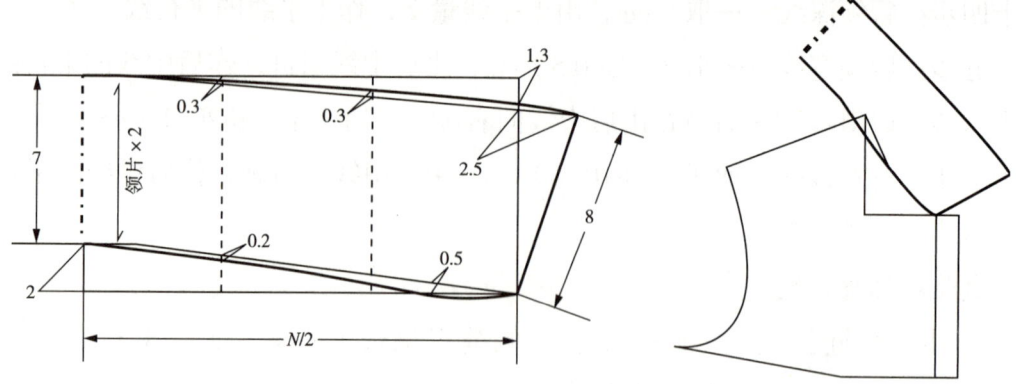

图 5-1-6　女衬衫领片结构图（单位：cm）

（五）裁剪样板放缝图和排料图

女衬衫裁剪样板放缝图和排料图如图5-1-7所示。

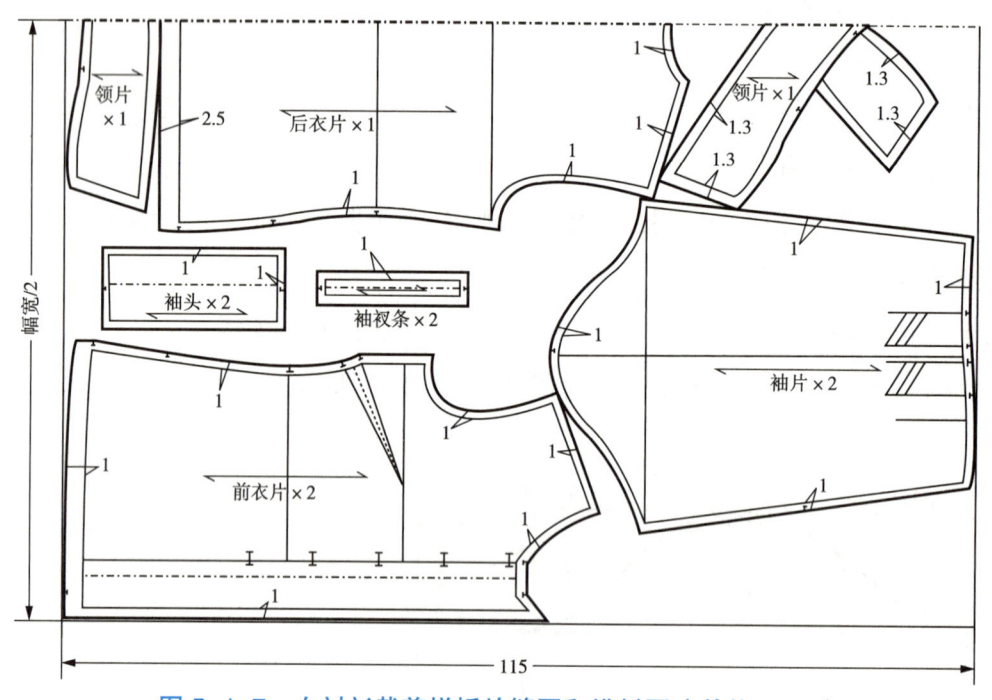

图 5-1-7　女衬衫裁剪样板放缝图和排料图（单位：cm）

（六）技巧提示

1. 后小肩线略长于前小肩线的原因

后小肩线略长于前小肩线的原因是通过后小肩的略收缩，满足人体肩胛骨隆起及前肩部平挺的需要。后小肩线略长于前小肩线的控制数值与人体的体型、面料的性能及肩缝的设置有关，一般控制为0.5~1 cm。

2. 衣领依赖于前衣片领圈制图的合理性

衣领依赖于前衣片领圈制图的合理性有以下四点。

（1）衣领的造型一目了然。

（2）领底线凹势的确定有依据。

（3）领底线前端的曲线和领圈吻合。

（4）领底线与前领圈的转折点位置清楚。

3. 前领宽比后领宽略小的原因

由于人体颈部的形状是斜截面近似桃形，前领口处平，而后领口有弓凸面弧形，使衣领前窄后宽，所以前领宽比后领宽略小。

4. 确定上装门、里襟叠门大的原因

（1）当上装门襟、里襟叠合时，纽扣的中心应落在叠门线上。

（2）上装门襟、里襟大小与纽扣的直径有关，纽扣的直径越大，叠门也就越大。

（3）考虑到前中心线上所受到的拉力，门襟、里襟叠门的最小值应为 1.5 cm。

（4）叠门大的计算公式可表示如下：前中心线上的叠门大 ≥ 1.5 cm；前中心线上的叠门大 = 纽扣直径 +（0~0.5）cm。

五、作品评价

女衬衫质量检验评价见表 5-1-2。

表 5-1-2 女衬衫质量检验评价

学生姓名		班级		综合得分			
科目		小组		评价	自评得分	组评得分	师评得分
检验任务	序号	检验内容	评分标准	配分			
女衬衫结构设计	1	衣片、袖、领、袖头、袖衩结构图、裁剪图齐全	衣片、袖、领、袖头、袖衩结构图、裁剪图缺少一片扣 2 分	18			
	2	画线顺直、清晰、手势准确	画线不顺直每处扣 1 分，画线不清晰扣 3 分，画线手势不准确扣 3 分	15			
	3	丝绺标注准确	丝绺漏标每处扣 2 分，标注错误每处扣 3 分	15			
	4	结构图各部位标记准确	结构图各部位标记有误扣 2 分，多标、漏标、错标每处各扣 2 分	12			
时间	5	在规定时间内完成	每超过 10 分钟扣 2.5 分	10			
工具	6	使用工具正确	未正确使用相应工具扣 5 分	10			
整洁	7	完成结构制图后，作品画面整洁	完成结构制图后，作品画面不整洁扣 10 分	10			
安全	8	安全	在制图中未按要求执行，出现安全事故扣 10 分	10			
企业质检评定等次		优质品（　　） 良品（　　） 合格品（　　） 次品（　　）					
学生签字		组长签字		老师签字		师傅签字	

六、举一反三（铜盆领衬衫结构设计）

（一）认识铜盆领衬衫

图 5-1-8 所示为铜盆领衬衫的款式结构造型。铜盆领又称为彼得·潘领。彼得·潘是一个永远也不会长大的男孩。他总是穿着小翻领衬衫，领型略扁且单薄，有时候尖角被演绎成圆角，一直在童装中流行。自 20 世纪 60 年代开始，这种领型开始用于女装。从图 5-1-8 所示的铜盆领衬衫外形看，它是女性穿衣搭配的常款，尽显可爱风格。

图 5-1-8 铜盆领衬衫的款式结构造型

铜盆领衬衫采用小圆角铜盆领，前中开襟、单排扣，左开襟处钉纽 5 粒，前衣片有横、竖分割线，后衣片有 2 个胸腰省，前、后衣片腰节处略吸腰，圆燕尾下摆，袖型为一片式短泡泡袖。

（二）成品规格

铜盆领衬衫规格尺寸见表 5-1-3。

表 5-1-3 铜盆领衬衫规格尺寸　　　　　　　　　　　　　　　　cm

号型	160/84A					
部位	衣长	胸围	腰围	领围	背长	袖长
规格	56	92	72	38	38	24

（三）铜盆领衬衫的部件结构

铜盆领衬衫的部件包括前衣片 2 片，前肩复式 2 片，后衣片 2 片，后肩复式 1 片，袖片 2 片，领面、领里片各 1 片。

（四）铜盆领衬衫结构设计步骤

具体步骤如下。

（1）铜盆领衬衫前、后衣片结构图如图5-1-9所示。

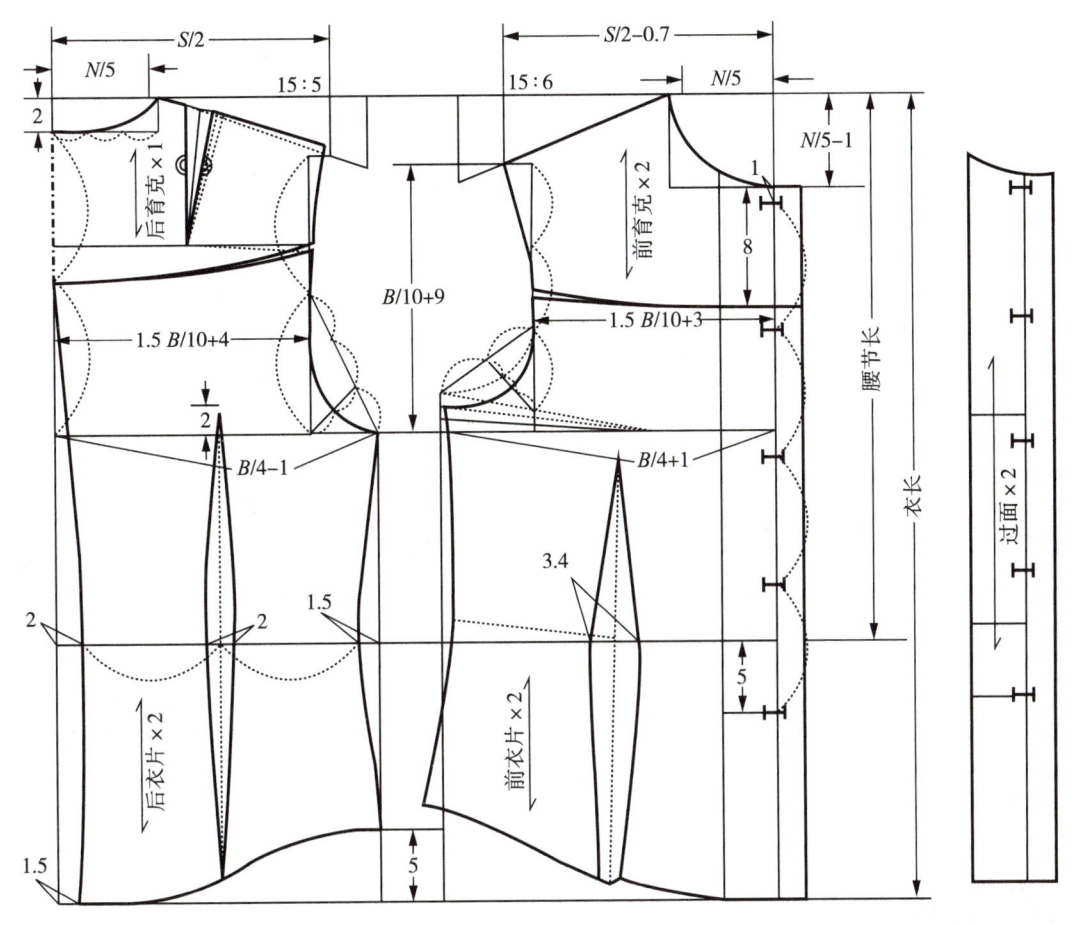

图5-1-9　铜盆领衬衫前、后衣片结构图（单位：cm）

（2）铜盆领衬衫袖片、领片结构图如图5-1-10所示。

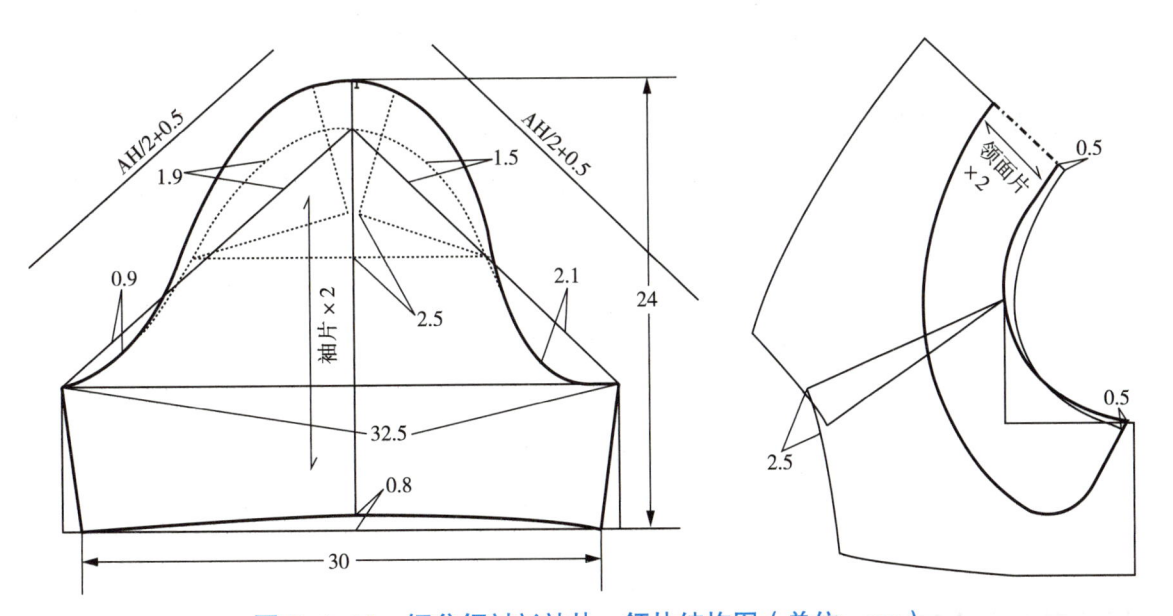

图5-1-10　铜盆领衬衫袖片、领片结构图（单位：cm）

（五）裁剪样板放缝图和排料图

铜盆领衬衫裁剪样板放缝图和排料图如图 5-1-11 所示。

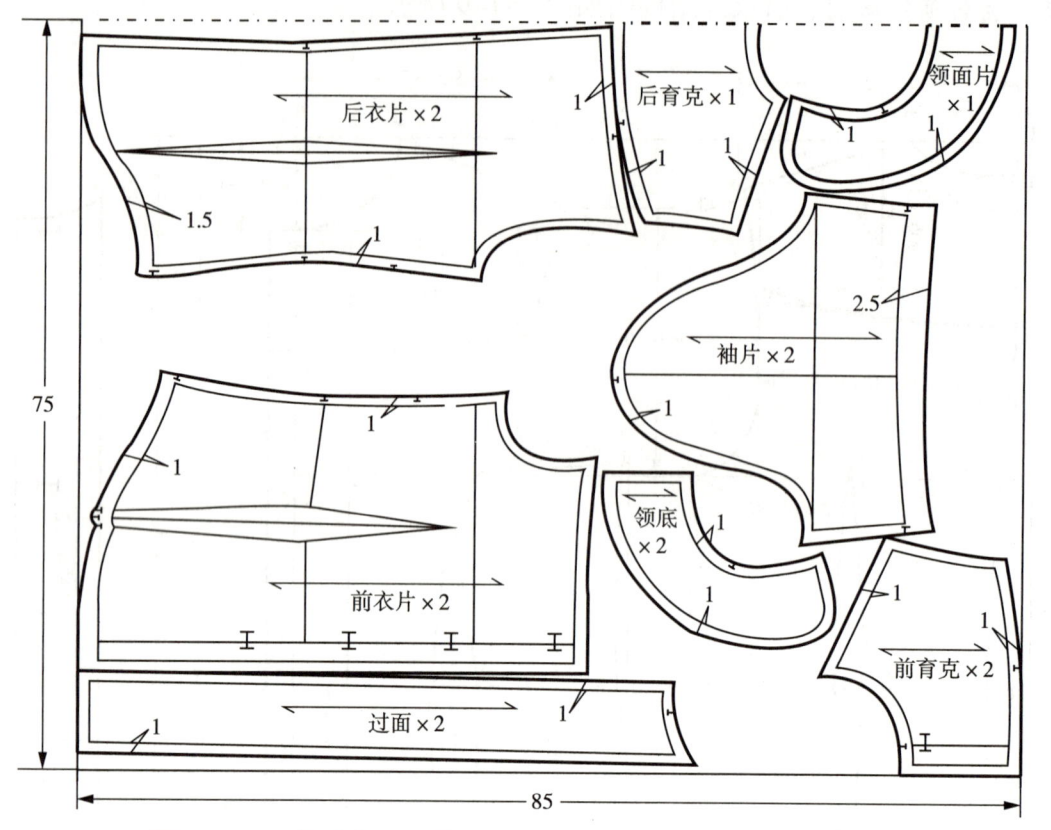

图 5-1-11　铜盆领衬衫裁剪样板放缝图和排料图（单位：cm）

七、巩固强化

（一）专业知识——应知

1. 单项选择题（每小题列出的四个备选项中，只有一个正确答案。错选或漏选均不得分）

（1）在女衬衫结构制图中，前胸宽为（　　）cm。

A. $1.5B/10+3$　　　B. $1.5B/10+2$　　　C. $2B/10+3$　　　D. $2B/10+2$

（2）在女衬衫袖片结构制图中，袖山高为（　　）cm。

A. $1.5B/10+3$　　　B. $1.5B/10+2$　　　C. $2B/10+3$　　　D. $2B/10+2$

（3）在女衬衫袖片结构制图中，前袖山斜线为（　　）cm。

A. $AH-0.5$　　　B. $AH/2-0.5$　　　C. $AH+0.5$　　　D. $AH/2+0.5$

（4）在女衬衫结构制图中，后片肩斜线下落为（　　）cm。

A. $B/20-2$　　　B. $B/20+1$　　　C. $B/20+2$　　　D. $B/20-1$

2. 判断题（正确的打"√"，错误的打"×"）

（1）袖斜线是袖肥宽与袖山高所确定的矩形上的一条对角线。　　　　　　　　（　　）

（2）袖斜线不能调节袖肥宽与袖山高的大小。（   ）

（3）服装的门里襟大小与纽扣的直径有关，纽扣的直径越大，叠门越小。（   ）

（4）在女衬衫结构制图中，前胸宽与后背宽相等。（   ）

3. 简答题

（1）简述后小肩线略长于前小肩线的原因。

（2）简述后领宽比前领宽略大的原因。

（二）技能操作——应会

根据女衬衫结构图的技术规格要求，绘制一款女衬衫的款式变化结构图。

任务二　男衬衫结构设计

一、作品概述

老师让同学们根据自己的爱好，了解一道美食的制作工艺，并结合自己所学的专业，以这道美食为依托，为自己设计一件服装。平平同学从小就喜欢剑门豆腐（图5-2-1），经过实地拜访，对剑门豆腐进行了相应的了解。他想根据剑门豆腐的形态，以其方正、软滑的特点为自己设计一款穿着大方、稳重，面料柔软、细腻的男衬衫。

图 5-2-1　剑门豆腐

二、设计灵感

男衬衫的款式结构以剑门豆腐为灵感，取其颜色雪白、柔软细腻、方正有型的特点，使男衬衫兼具简约、有型、柔软的特点，着重突出典雅、大方、稳重的男士形象。

三、设计目标

根据男衬衫结构设计的相关书籍，了解男衬衫的部件，掌握典型男衬衫结构制图程序和技术要求，能够熟练绘制典型男衬衫结构图，并绘制款式变化结构图。在男衬衫结构图绘制过程中，培养合作、协调的能力，逐步养成善于观察、勤于动手的良好习惯。

四、作品设计

（一）认识男衬衫

图 5-2-2 所示为男衬衫款式的结构造型。其特点是平整挺直，既可以作为内衣与西装搭配穿着，也可以在夏季作为外衣穿着，是各年龄层次男性的日常服装之一。

图 5-2-2　男衬衫款式的结构造型

男衬衫领型为小角翻立领，前中开襟、单排扣（6粒），左前贴1个胸袋，装后过肩，平下摆，侧缝为直腰型，装袖，袖头处左、右各收2个裥，装圆袖头，袖头钉纽1粒。

（二）成品规格

男衬衫规格尺寸见表 5-2-1。

表 5-2-1　男衬衫规格尺寸　　　　　　　　　　　　　　　　　cm

号型	170/88A					
部位	衣长	胸围	肩宽	领围	袖长	AH
规格	72	110	46	39	58.5	52

（三）男衬衫的部件结构

男衬衫的部件包括前衣片2片，后衣片1片，袖片2片，过肩2片，领座、翻领各2片，贴袋1片，左外门襟1片，袖头4片，大、小袖衩各2片。

（四）男衬衫结构设计步骤

具体步骤如下。

（1）男衬衫前、后衣片结构图如图 5-2-3 所示。

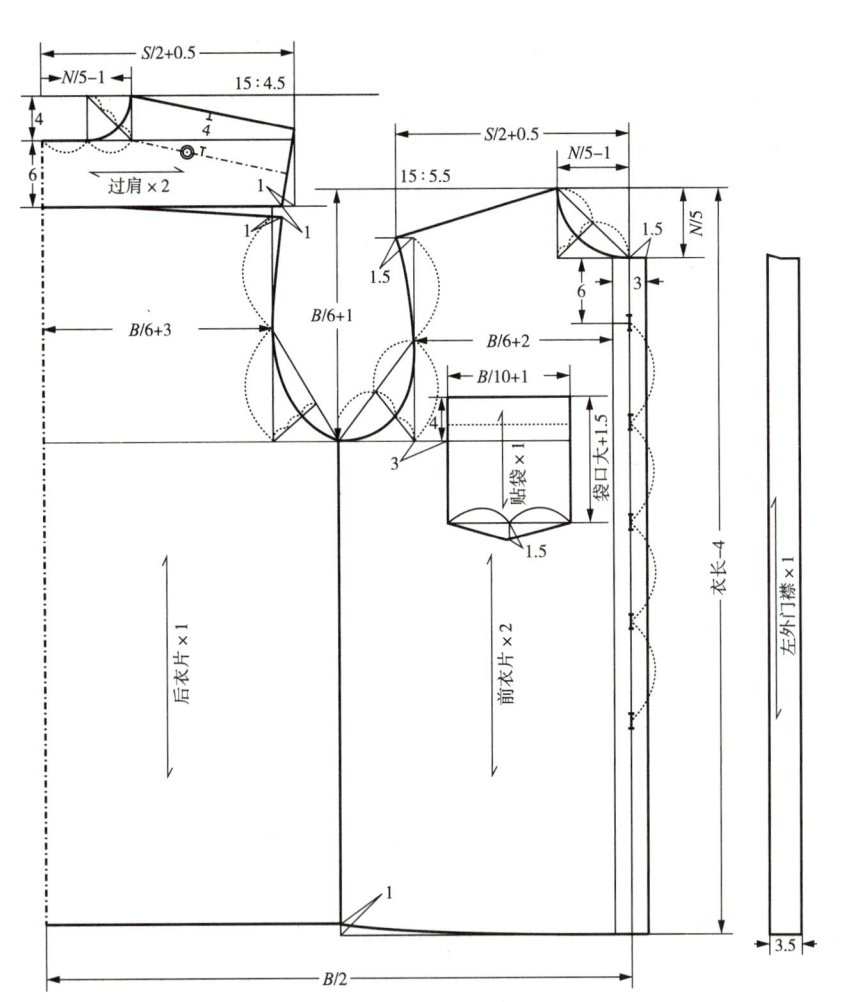

图 5-2-3　男衬衫前、后衣片结构图（单位：cm）

第一步：前中线（叠门线）——首先画出的基础直线。

第二步：上平线——垂直于前中线。

第三步：下平线——按衣长规格计算并平行于上平线。

第四步：腰节线——按腰节长规格或 1/4 号计算。

第五步：止口线——由叠门线向右画，作叠门线的平行线。

第六步：侧缝直线（前胸围大）——取 $B/4$ cm，由叠门线向左画，作叠门线的平行线。

第七步：前领深线——取 $N/5$ cm，由上平线量下，作其平行线。

第八步：前领宽线——取（$N/5-1$）cm，由叠门线向左画，作叠门线的平行线。

第九步：肩斜线——前肩宽取（$S/2+0.5$）cm，由叠门线向左画，然后下落（$B/20-1$）cm 定点。

第十步：袖窿深线（胸围线）——取（$B/10+9$）cm，由前肩端点量下，作上平线的平行线。

第十一步：胸宽线——取 1.5 cm，由前肩端点向右画，作叠门线的平行线。

第十二步：后中线——垂直于上平线，相交于衣长线。

第十三步：侧缝直线（后胸围大）——取 $B/4$ cm，作后中线的平行线。

第十四步：后上平线——由前上平线下落一定的数值再上升 10 cm，作平行线。

第十五步：后领深线——取 4 cm，由上平线量下，作上平线的平行线。

第十六步：后领宽线——取（N/5-1）cm，由后中线量进，作后中线的平行线。

第十七步：肩斜线——后肩宽取（S/2+0.5）cm，由后中线向右画，然后下落（B/20-2.5）cm 定点。

第十八步：前领圈弧线。

第十九步：袖窿弧线。

第二十步：侧缝弧线。

第二十一步：底边弧线——上抬 1 cm 定点，画顺至底边，画顺弧线。

第二十二步：胸袋——距离胸宽线右 3 cm，上抬 4 cm 定点，袋宽为（B/10+1.5）cm，袋长为袋口大 +1.5 cm。

第二十三步：后领圈弧线。

第二十四步：袖窿弧线。

第二十五步：后育克——后领深点向下 6 cm，作上平线的平行线，与袖窿弧线相交于一点，袖窿弧线交点向下 1 cm 作新点，画顺至育克分割线。

第二十六步：侧缝弧线。

第二十七步：底边弧线——对应前衣片底边起翘高度，后衣片底边整体起翘 1 cm，作下平线的平行线。

（2）男衬衫袖片，大、小袖衩结构图如图 5-2-4 所示。

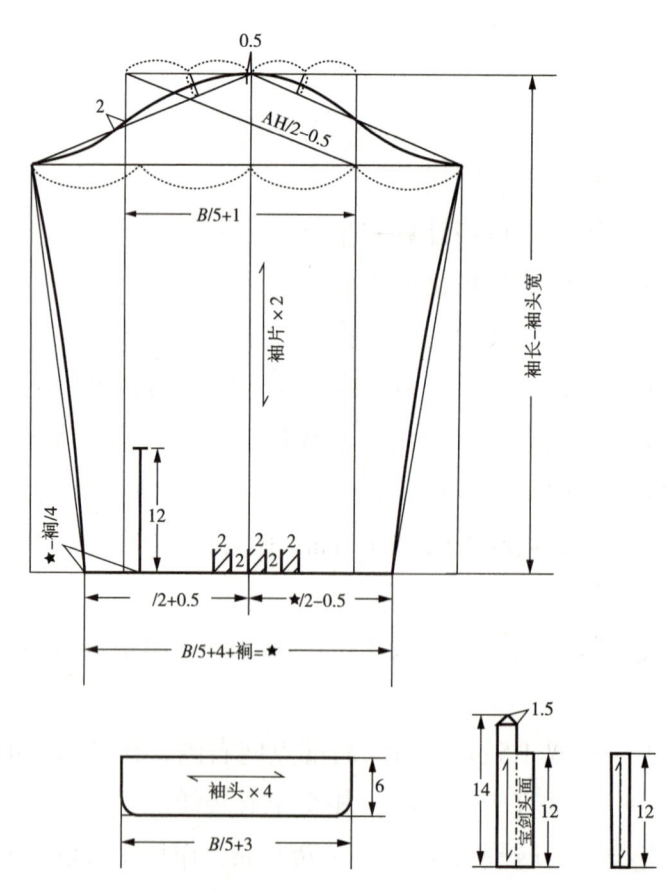

图 5-2-4　男衬衫袖片，大、小袖衩结构图（单位：cm）

（3）男衬衫领片结构图如图 5-2-5 所示。

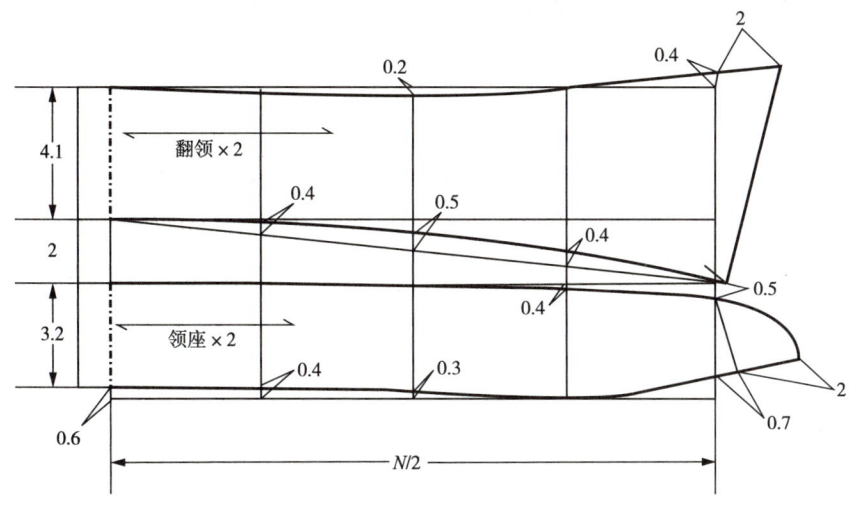

图 5-2-5　男衬衫领片结构图（单位：cm）

（五）裁剪样板放缝图和排料图

男衬衫裁剪样板放缝图和排料图如图 5-2-6 所示。

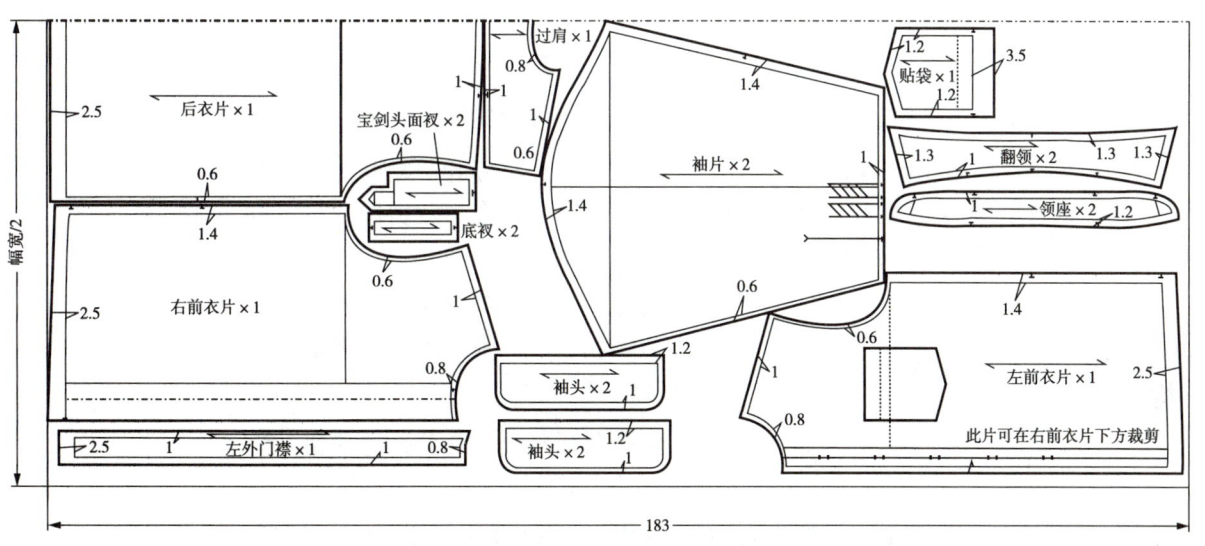

图 5-2-6　男衬衫裁剪样板放缝图和排料图（单位：cm）

（六）技巧提示

1. 男衬衫胸袋上口平直的原因

（1）因为男衬衫属于宽松造型，同时胸袋上、下口一样大，并且胸袋丝绺要与前衣片丝绺一致，所以在穿着时或多或少会出现视觉上略下斜的情况。

（2）在一般情况下，为了使视觉平衡，胸袋上口近袖窿处均略向上倾斜，但在男衬衫中不采用上斜的方法，而处理成平直。

2. 男衬衫第一至第二粒纽之间的距离比其他款式的上衣纽之间的距离稍小的原因

（1）男衬衫门襟如每粒纽距离一致，则在夏季作外衣穿着时，会显得衣领敞开太大，因此要略减小第一至第二粒纽之间的距离。

（2）男衬衫面料软而薄，衣领硬挺，这样可使衣领具有张开的趋势，达到雅观效果。

3. 用角度控制肩斜度较合理的原因

（1）肩斜度有两种控制方法，一是用计算公式控制肩斜度，二是用角度控制肩斜度。

（2）因为计算公式会因胸围、领围、肩宽等因素的变化而变化，而人体的肩斜度具有一定的稳定性，所以在实际设计中用两直角边的比值来确定肩斜度，这样既保证了用角度确定肩斜度的合理性，又使制图方法得到简化。相比较而言，用角度控制肩斜度具有一定的稳定性，因此用角度控制肩斜度比较合理。

五、作品评价

男衬衫质量检验评价见表 5-2-2。

表 5-2-2　男衬衫质量检验评价

学生姓名		班级		综合得分			
科目		小组		评价	自评得分	组评得分	师评得分
检验任务	序号	检验内容	评分标准	配分			
男衬衫结构设计	1	衣片、袖片、领片、贴袋、袖衩、袖头等结构图、裁剪图齐全	衣片、袖片、领片、贴袋、袖衩、袖头等结构图、裁剪图缺少一片扣2分	18			
	2	画线顺直、清晰、手势准确	画线不顺直每处扣1分，画线不清晰扣2分，画线手势不准确扣2分	15			
	3	丝绺标注准确	丝绺漏标每处扣2分，标注错误每处扣1分	15			
	4	结构图各部位标记准确	结构图各部位标记有误扣1分，多标、漏标、错出每处扣2分	12			
时间	5	在规定时间内完成	每超过5分钟扣2分	10			
工具	6	使用工具正确	未正确使用相应工具扣5分	10			
整洁	7	完成结构制图后，作品画面整洁	完成结构制图后，作品画面不整洁扣10分	10			
安全	8	安全	在制图中未按要求执行，出现安全事故扣10分	10			
企业质检评定等次		优质品（　　）良品（　　）合格品（　　）次品（　　）					
学生签字		组长签字		老师签字		师傅签字	

六、举一反三（男休闲衬衫结构设计）

（一）认识男休闲衬衫

图 5-2-7 所示为男休闲衬衫的款式结构造型。其领型为方形翻立领，前中开襟、单排扣（6 粒），左前贴 1 个胸袋，圆下摆，收腰型，装袖，袖型为一片式短袖。

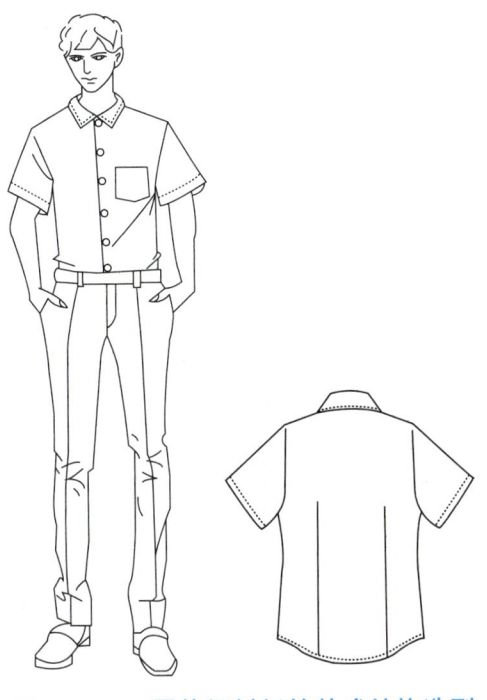

图 5-2-7 男休闲衬衫的款式结构造型

（二）成品规格

男休闲衬衫规格尺寸见表 5-2-3。

表 5-2-3 男休闲衬衫规格尺寸　　　　　　　　　　　　　　cm

号型	170/88A					
部位	衣长	胸围	肩宽	领围	袖长	AH
规格	72	103	46	39	28	44

（三）男休闲衬衫的部件结构

男休闲衬衫的部件包括前衣片 2 片，后衣片 1 片，袖片 2 片，领座、翻领各 2 片，贴袋 1 片。

（四）男休闲衬衫结构设计步骤

具体步骤如下。

（1）男休闲衬衫前、后衣片结构图如图 5-2-8 所示。

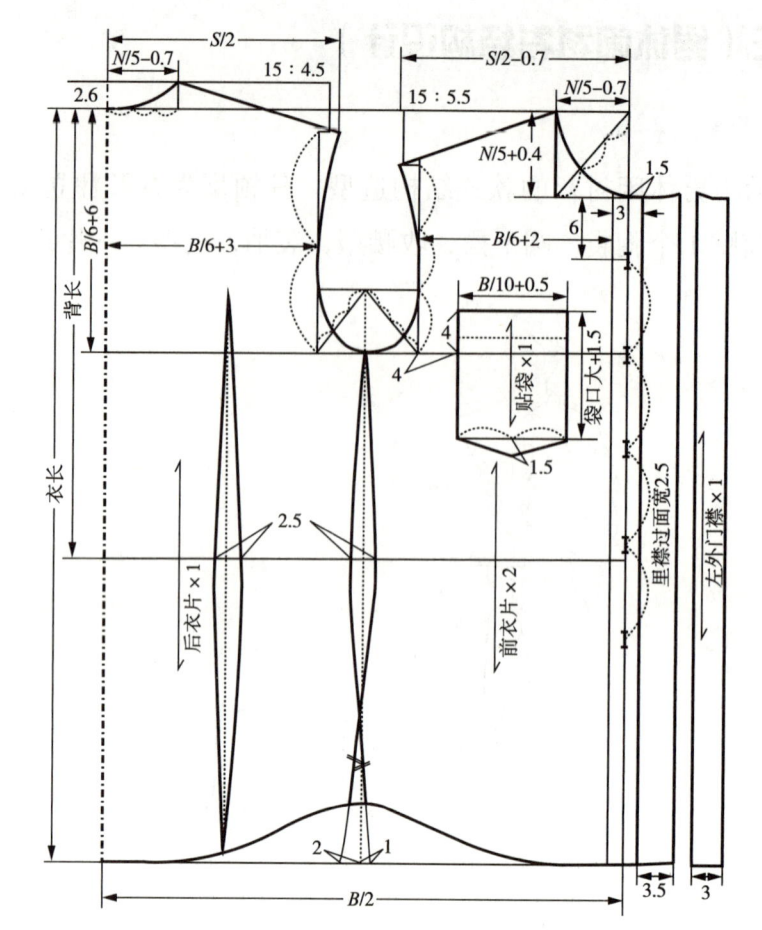

图 5-2-8 男休闲衬衫前、后衣片结构图（单位：cm）

（2）男休闲衬衫袖片结构图如图 5-2-9 所示。

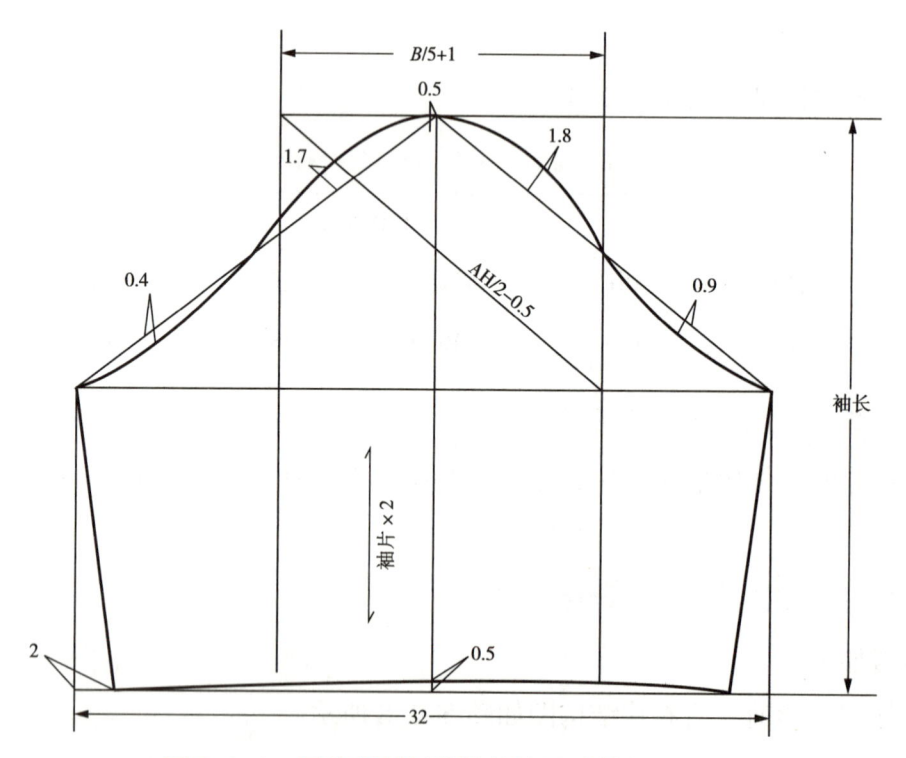

图 5-2-9 男休闲衬衫袖片结构图（单位：cm）

（3）男休闲衬衫领片结构图如图5-2-10所示。

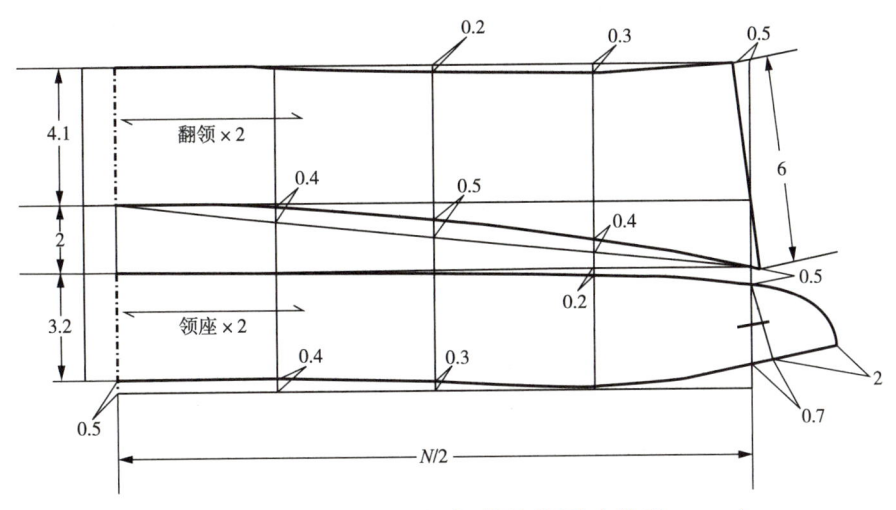

图 5-2-10　男休闲衬衫领片结构图（单位：cm）

（五）裁剪样板放缝图和排料图

男休闲衬衫裁剪样板放缝图和排料图如图5-2-11所示。

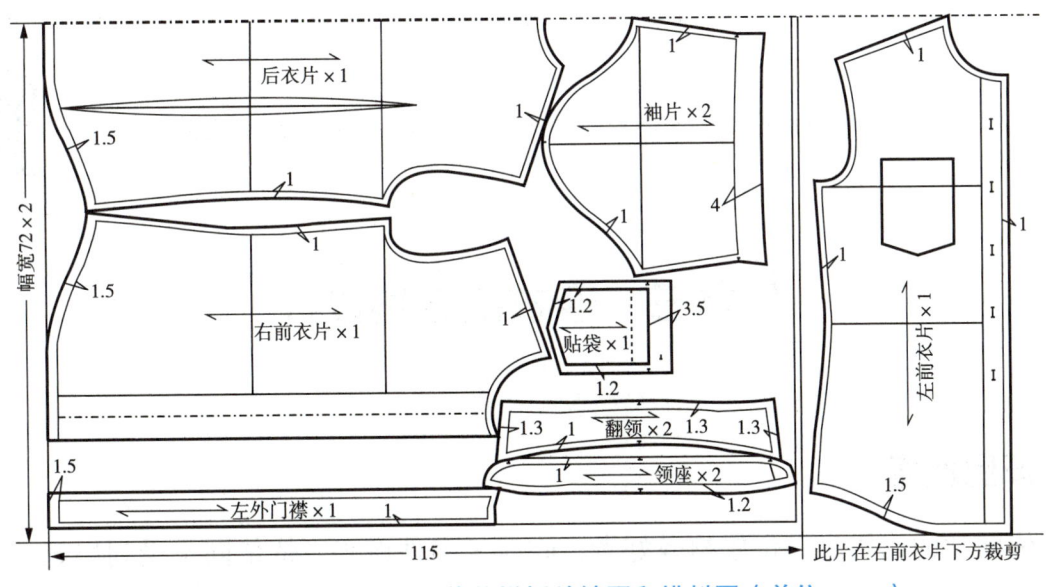

图 5-2-11　男休闲衬衫裁剪样板放缝图和排料图（单位：cm）

七、巩固强化

（一）专业知识——应知

1. 单项选择题（每小题列出的四个备选项中，只有一个正确答案。错选或漏选均不得分）

（1）在男衬衫结构制图中，前片肩斜线下落为（　　）cm。

A. $B/20$　　　　B. $B/20+2$　　　　C. $B/20-1$　　　　D. $B/20+1$

（2）在男衬衫袖片结构制图中，袖山高为（　　）cm。

A. 1.5B/10+3　　　B. 1.5B/10+2　　　C. 2B/10+3　　　D. B/10−1.5

（3）在男衬衫袖片结构制图中，前袖山斜线为（　　）cm。

A. AH−0.5　　　B. AH/2−0.5　　　C. AH+0.5　　　D. AH/2+0.5

（4）在男衬衫结构制图中，后片肩斜线下落为（　　）cm。

A. B/20−2.5　　　B. B/20+1　　　C. B/20+2　　　D. B/20−1

2. 判断题（正确的打"√"，错误的打"×"）

（1）男衬衫胸带后角需上翘1 cm。　　　　　　　　　　　　　　（　　）

（2）男衬衫的领底大等于前、后领圈弧长。　　　　　　　　　　（　　）

（3）男衬衫的前肩宽等于1/2总肩宽。　　　　　　　　　　　　（　　）

（4）男衬衫前衣片的直开领与横开领大相等。　　　　　　　　　（　　）

3. 简答题

（1）男衬衫袖衩位置如何确定？

（2）为什么男衬衫前胸袋口不上斜？

（3）为什么男衬衫第一至第二粒纽之间的距离比其他款式的上衣纽之间的距离稍小？

（二）技能操作——应会

根据男衬衫结构图的技术规格要求，绘制一款男衬衫的款式变化结构图。

任务三　连衣裙结构设计

一、作品概述

依依同学的妈妈是一位旗袍爱好者，收藏了多件旗袍。依依同学受到妈妈的影响，也想了解中国的旗袍文化，妈妈就给她讲起了旗袍的故事：旗袍是近代中国女性的代表服装，追随着时代，承载着文明，经历了清代旗袍、民国时期的新旗袍和当代时装旗袍三个发展时期（图5-3-1、图5-3-2）。依依同学想利用自己所学的服装专业知识，以旗袍为依托进行改良设计，提取旗袍的面料或图案，为自己设计一款具有现代风格的连衣裙。

二、设计灵感

以旗袍作为设计灵感，提取旗袍的外部轮廓结构，结合现代的审美观念，使连衣裙兼具旗袍流动的韵律、浓郁的诗情，以流畅的线条突显现代女性贤淑典雅、温柔清丽的气质。

图 5-3-1　黑色缎地短袖绣花旗袍
（美国大都会博物馆藏）

图 5-3-2　红色花卉纹缎无袖旗袍
（中国丝绸博物馆藏）

三、设计目标

根据连衣裙结构设计的相关书籍，了解连衣裙的部件，掌握连衣裙结构制图程序和技术要求，熟练绘制连衣裙结构图，并掌握绘制其款式变化结构图。旗袍不仅为中国人民所熟知，更得到了世界人士的赞誉。作为新时代的青年，不仅要熟知中国的旗袍文化，更要以现代审美观念将旗袍融入当下的时尚潮流，让其具有更大的发展空间。在连衣裙结构图绘制过程中，逐步培养巧思活用、爱岗敬业的精神。

四、作品设计

（一）认识连衣裙

图 5-3-3 所示为连衣裙的款式结构造型。连衣裙是指上衣与裙子连接在一起的服装。连衣裙可以分为腰围剪接式与腰围无剪接式两种。腰围剪接式按剪接位置的不同又可以分为低腰剪接式、中腰剪接式、高腰剪接式等；腰围无剪接式可以分为收腰式、直腰式、扩展式等。

图 5-3-3 所示为腰围剪接式连衣裙。其上衣部分为四开身无领、无袖，右侧缝处装拉链，前衣片侧缝及腰节收省，后衣片在肩部及腰节收省；裙子部分为两片式短裙，在腰节部位剪接。

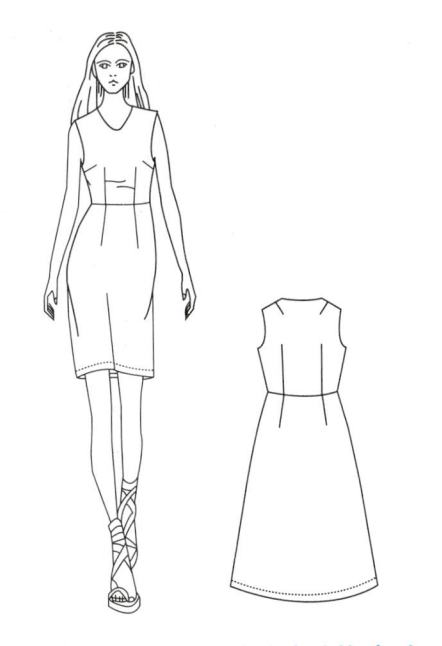

图 5-3-3　连衣裙的款式结构造型

（二）成品规格实例

连衣裙规格尺寸见表 5-3-1。

表 5-3-1　连衣裙规格尺寸　　　　　　　　　　　　　　　　　　　cm

号型	160/84A						
部位	裙长	腰节长	胸围	腰围	臀围	肩宽	领围
规格	60	39	92	72	96	38	38

（三）连衣裙的部件结构

连衣裙的部件包括前衣片 1 片、前裙片 1 片、后衣片 1 片、后裙片 1 片、前领袖贴边 1 片、后领袖贴边 1 片。

（四）连衣裙结构设计步骤

具体步骤如下。

（1）连衣裙前、后衣片结构图如图 5-3-4（a）所示。

（2）连衣裙前、后领袖贴片结构图如图 5-3-4（b）所示。

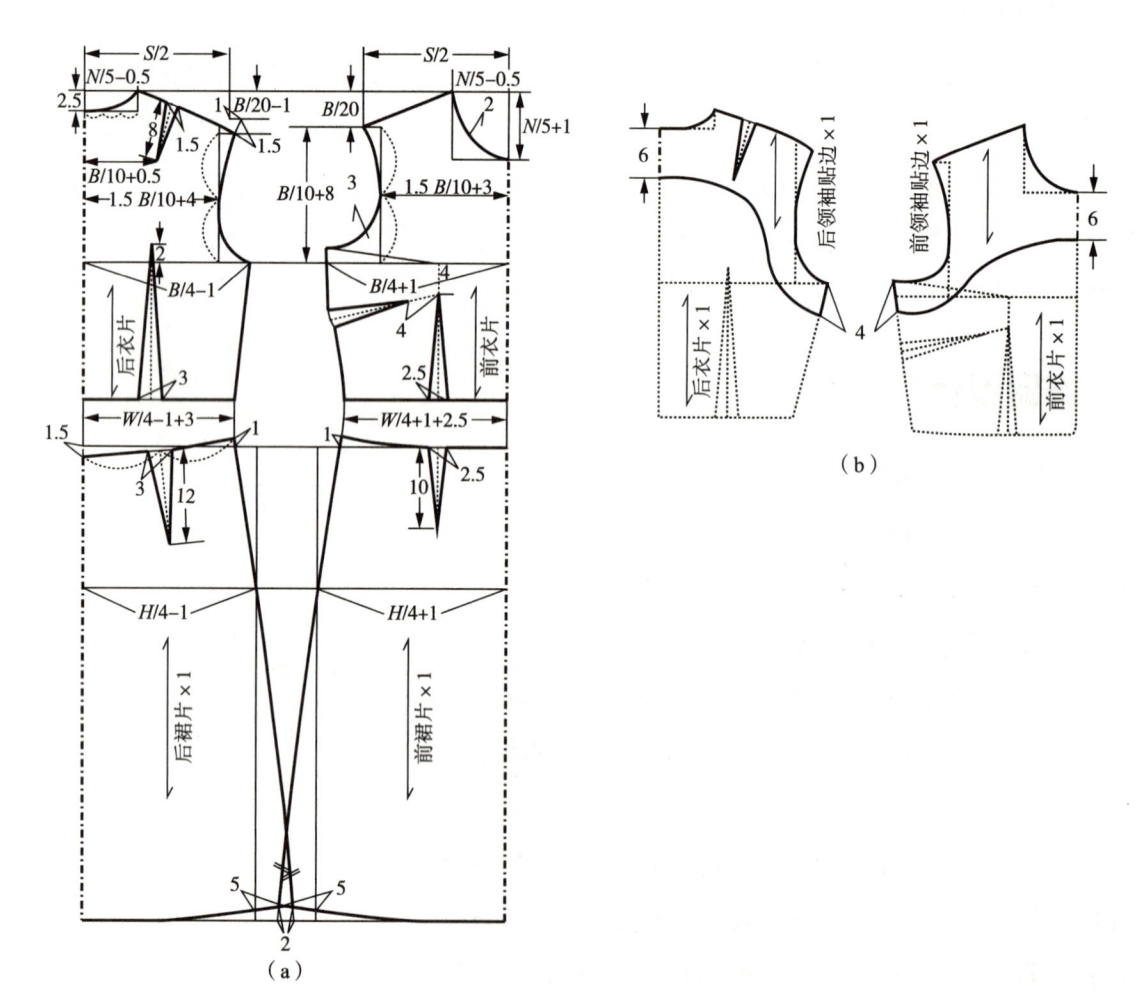

图 5-3-4　连衣裙前、后衣片及前、后领袖贴片结构图（单位：cm）

（a）前、后衣片结构图；（b）前、后领袖贴片结构图

（五）裁剪样板放缝图和排料图

连衣裙裁剪样板放缝图和排料图如图 5-3-5 所示。

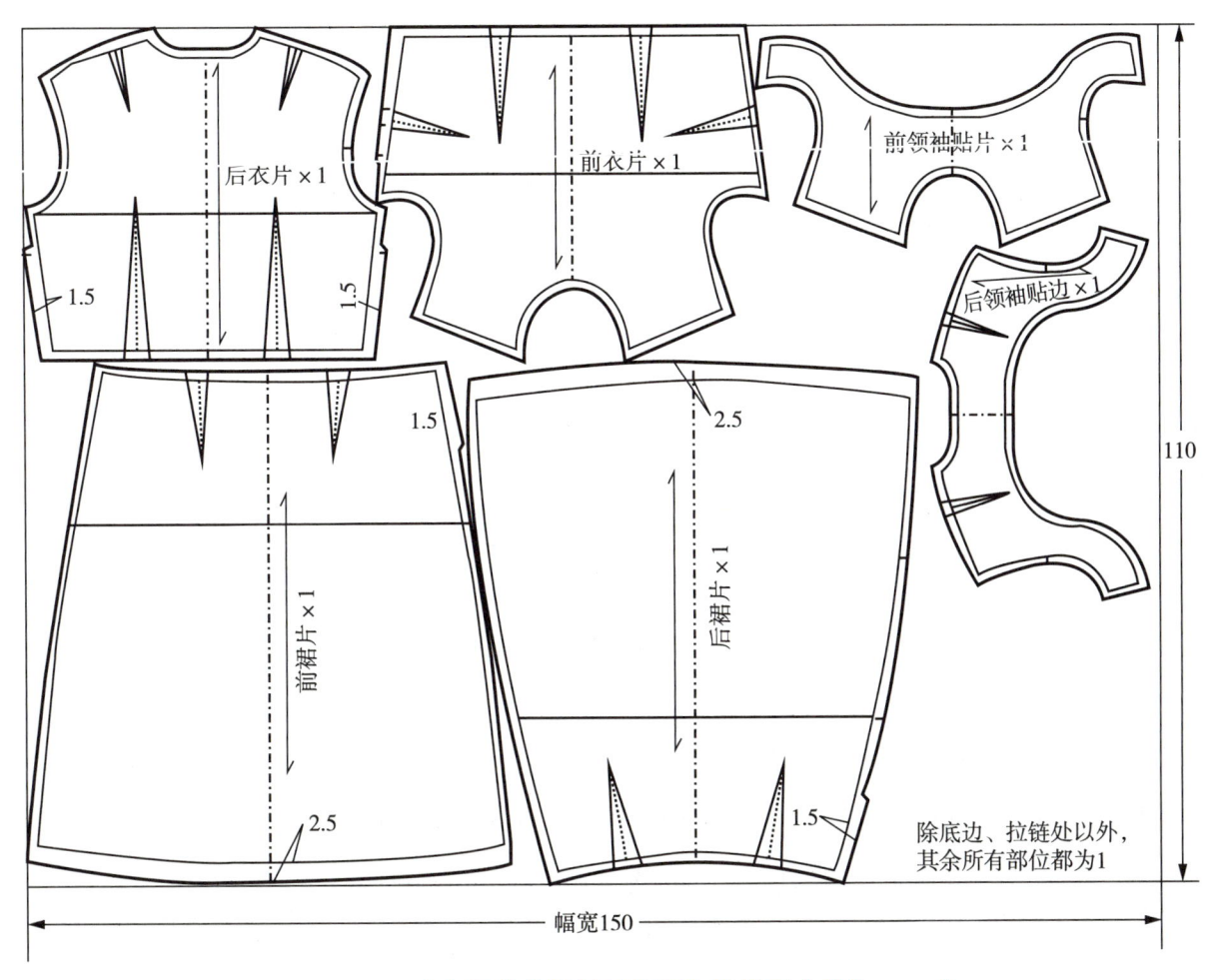

图 5-3-5　连衣裙裁剪样板放缝图和排料图（单位：cm）

（六）技巧提示

连衣裙按剪接位置的不同可分为低腰剪接式、中腰剪接式、高腰剪接式。无论采取哪种剪接方式，都要根据人体体型，使连衣裙整体比例协调，给人以平衡感。

（1）低腰剪接式：剪接位置低于人体腰部，在一般情况下，在臀围线至腰围线（腹围线）之间上下波动。

（2）中腰剪接式：剪接位置在人体腰部，是最常见的款式。

（3）高腰剪接式：剪接位置高于人体腰部，在一般情况下，在胸围线至腰围线之间上下波动。

五、作品评价

连衣裙质量检验评价见表 5-3-2。

表 5-3-2　连衣裙质量检验评价

学生姓名		班级		综合得分			
科目		小组		评价	自评得分	组评得分	师评得分
检验任务	序号	检验内容	评分标准	配分			
连衣裙结构设计	1	衣片、裙片、领袖贴片等结构图、裁剪图齐全	衣片、袖裙片、领袖贴片等结构图、裁剪图缺少一片扣 2 分	18			
	2	画线顺直、清晰、手势准确	画线不顺直每处扣 1 分，画线不清晰扣 2 分，画线手势不准确扣 2 分	15			
	3	丝缕标注准确	丝缕漏标每处扣 2 分，标注错误每处扣 1 分	15			
	4	结构图各部位标记准确	结构图各部位标记有误扣 1 分，多标、漏标、错标每处扣 2 分	12			
时间	5	在规定时间内完成	每超过 5 分钟扣 2 分	10			
工具	6	使用工具正确	未正确使用相应工具扣 5 分	10			
整洁	7	完成结构制图后，作品画面整洁	完成结构制图后，作品画面不整洁扣 10 分	10			
安全	8	安全	在制图中未按要求执行，出现安全事故扣 10 分。	10			
企业质检评定等次		优质品（　　）　　良品（　　）　　合格品（　　）　　次品（　）					
学生签字		组长签字		老师签字		师傅签字	

六、举一反三（旗袍裙结构设计）

（一）认识旗袍裙

图 5-3-6 所示为旗袍裙的款式结构造型。旗袍作为东方女性的象征，在国际服装舞台占有重要地位。

图 5-3-6 所示为常见的立领、斜开襟长袖旗袍。其前、后衣片中心线不分割，前衣片侧缝及腰部收省，后衣片肩及腰部收省，两侧开衩较高，偏襟，钉两副葫芦纽，侧

缝装拉链，袖子为一片袖，袖山较高，袖子较瘦，袖口向前偏，在后袖缝线肘部收一只省。

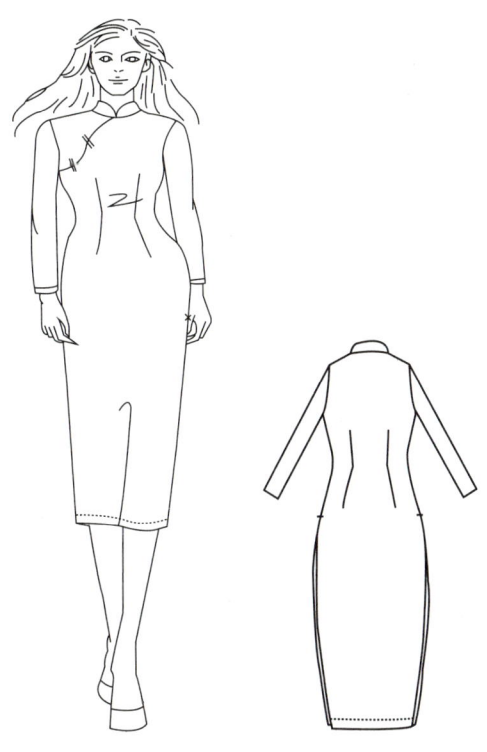

图 5-3-6 旗袍裙的款式结构造型

（二）成品规格

旗袍裙规格尺寸见表 5-3-3。

表 5-3-3 旗袍裙规格尺寸　　　　　　　　　　　　　　　cm

号型	160/84A										
部位	裙长	腰节长	胸围	腰围	臀围	肩宽	领围	袖长	袖口	前 AH	后 AH
规格	115	39	92	72	96	39	38	53	13	22	24

（三）旗袍裙的部件结构

旗袍裙的部件包括前衣片 1 片，后衣片 1 片，袖片 2 片，坐领领里、领面各 1 片，右前衣片 1 片，右门襟 1 片。

（四）旗袍裙结构设计步骤

具体步骤如下。

（1）旗袍裙前、后衣片结构图如图 5-3-7 所示。

（2）旗袍裙袖片结构图如图 5-3-8 所示。

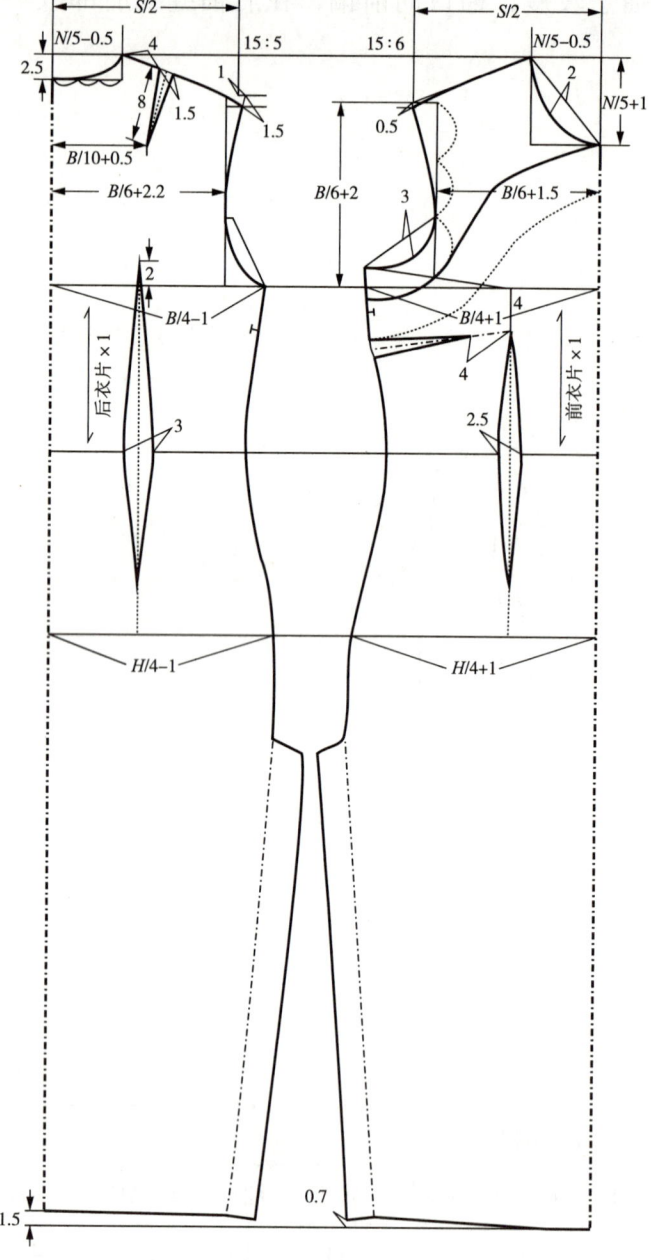

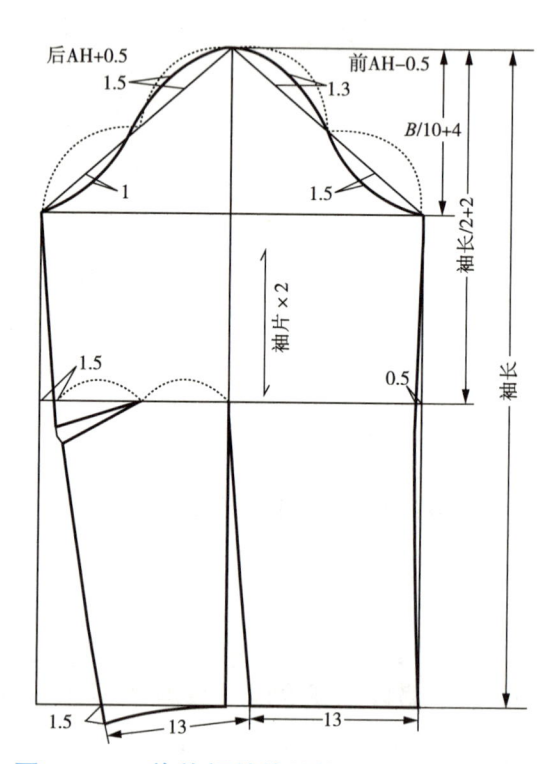

图 5-3-7 旗袍裙前、后衣片结构图（单位：cm）　　图 5-3-8 旗袍裙袖片结构图（单位：cm）

（3）旗袍裙领片结构图如图 5-3-9 所示。

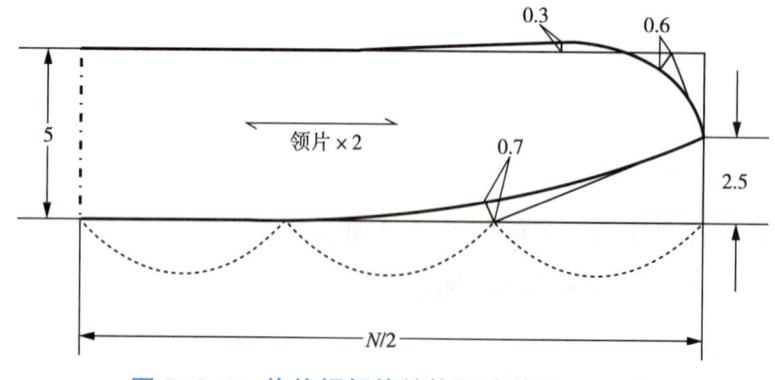

图 5-3-9 旗袍裙领片结构图（单位：cm）

（五）裁剪样板放缝图和排料图

旗袍裙裁剪样板放缝图和排料图如图 5-3-10 所示。

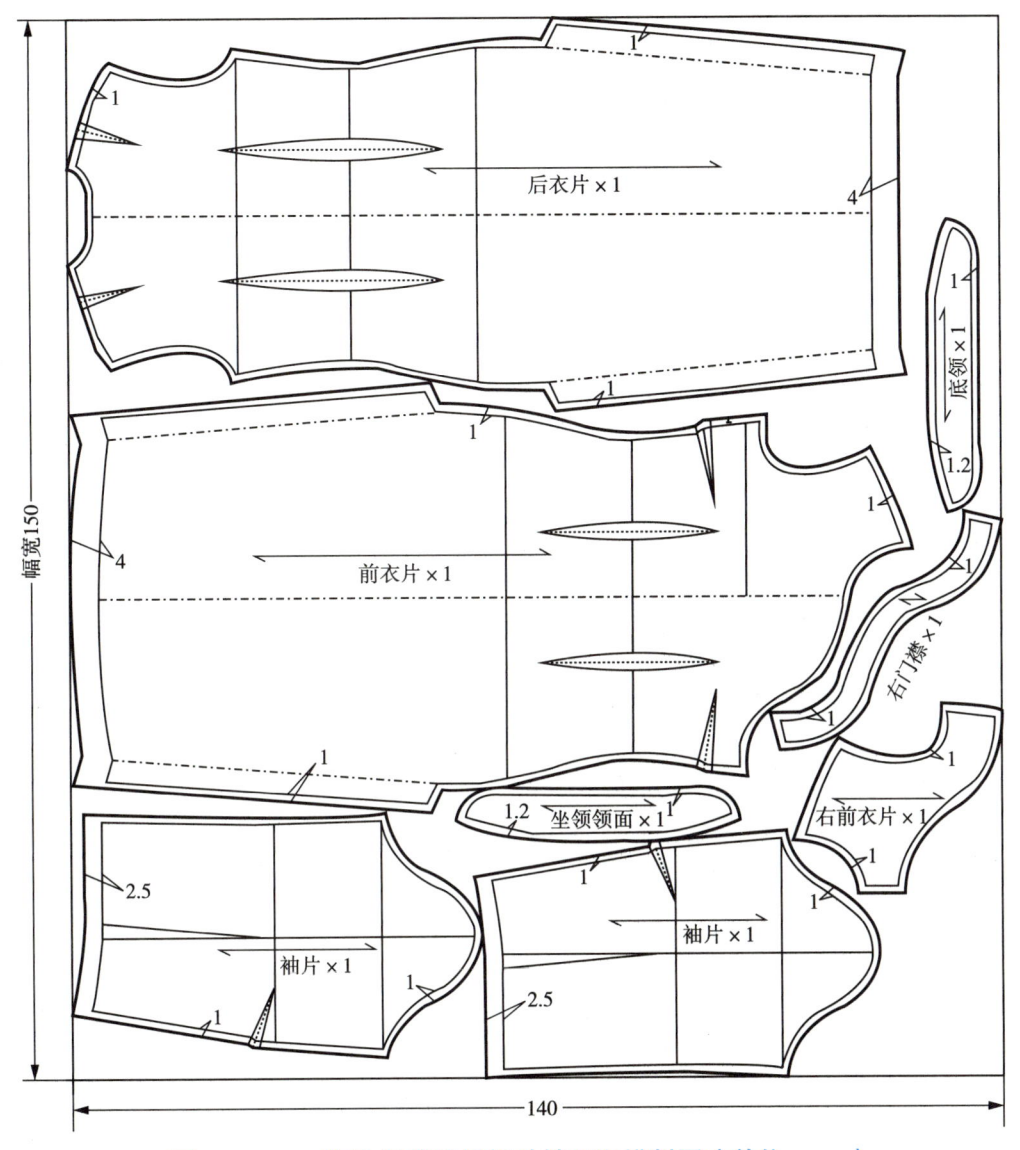

图 5-3-10 旗袍裙裁剪样板放缝图和排料图（单位：cm）

七、巩固强化

（一）专业知识——应知

1.单项选择题（每小题列出的四个备选项中，只有一个正确答案。错选或漏选均不得分）

（1）在连衣裙结构制图中，前胸宽为（　　）cm。

A. $1.5B/10+3$ B. $1.5B/10+2$ C. $2B/10+3$ D. $2B/10+2$

（2）在连衣裙袖片结构制图中，后背宽为（　　）cm。

A. $1.5B/10+3$ B. $1.5B/10+4$ C. $2B/10+3$ D. $2B/10+4$

（3）在连衣裙结构制图中，后片肩斜线下落为（　　）cm。

A. $B/20-2$　　　　B. $B/20+1$　　　　C. $B/20+2$　　　　D. $B/20-1$

2. 判断题（正确的打"√"，错误的打"×"）

（1）连衣裙上衣部分的前胸宽等于后背宽。（　　）

（2）连衣裙裙片的前、后腰口大相等。（　　）

（3）连衣裙前衣片的袖窿深应是（$1.5B/10+3$）cm。（　　）

3. 简答题

连衣裙按剪接位置的不同可分为哪几种？

（二）技能操作——应会

根据连衣裙结构图的技术规格要求，绘制一款连衣裙的款式变化结构图。

巩固强化
参考答案

模块六

时尚款式变化结构设计

学习内容

任务一 时尚女装基型结构设计示例
任务二 时尚女装省道转移及设计应用
任务三 时尚女装结构设计示例

学习目标

（1）熟练完成时尚女装基型结构设计示例、时尚女装省道转移及设计应用、时尚女装结构设计示例三个任务。
（2）提高制版能力，能够根据时尚款式变化规律，为各种时尚女装结构制图提供帮助。
（3）了解不同类型服装的设计理念，感受服装设计的魅力。

学习方法

学生结合任务视频、任务引领法、教师演示法等方式，以小组为学习单位，掌握常用工具、专用工具、计算机平面设计软件、服装CAD软件等基本知识，在有条件的情况下，建议通过在企业进行教学实习、顶岗实习等方式训练。

任务一　时尚女装基型结构设计示例

一、基型结构概述

基型结构即服装原型。通过人体体表展开法的分析，不仅可以直观地了解人体的曲面展开形状，而且经过对展开图的合理简化，可以组成人体的基本结构图，这种基本的结构形式就是基型。因此，基型真实地反映了人体原有的形态和特征，是服装款式变化的基础，是服装结构设计的实质所在。基型原理推演示意如图6-1-1所示。

上半身基型经归纳还可以划分为三种类型。一种是胸省量集中于腰围线上的基型，胸部隆起的程度可以在腰围线下直观地看出，日本的文化式、登丽美式基型便属于这类基型。第二种是腰围线成水平状的基型，胸省量可以通过腋下省、肩省等形式表达。第三种是胸省量分解为两部分省缝的基型，这类基型包含腰、胸两部分省量，特别适宜作胸部丰满的及立体感强的服装，美、英、意等国家的时装多使用此类基型。

图6-1-1　基型原理推演示意

至于哪种基型好，哪种形式的基型图更有效果，对三种基型进行比较，发现其大体相似，仅在领口、肩斜、侧缝、袖窿上有细微的差别，因此不能简单地评论优劣，应根据其各自的特点与用途来考虑。在裁剪宽松式外衣、大衣等服装时，宜使用第二种基型。在裁剪合体式服装时宜使用第三种基型。对于腰围线上作分割的服装使用第一种基型更为便利。总之，应根据各种服装款式选择合适的基型。

二、设计理念

了解并认真细致地讨论和研究基型的表现形式，认识基型本身结构的产生、形成及实质，从而理解产生多种形式基型的原因及它们之间的内在关系。只有这样，才能在设计时尚女装基型时，对其结构进行正确的分析和科学的处理。

三、设计目标

（1）了解时尚女装造型特点，省的作用、形状及位置规律。通过对时尚女装基型结构设计示例中规格尺寸、结构图的掌握，了解更多时尚女装基型结构变化。

（2）在工作过程（或小组学习活动）中培养严谨认真的学习态度，和有迹可循、有据可依的职业素养。

四、结构设计

（一）认识时尚女装基型

图 6-1-2 所示为时尚女装基型的款式结构造型。从外形看，其采用平驳头西装领、前中开门襟、单排扣（3 粒），前衣片收腰省，前中直下摆，后中设背缝，收腰省、肩胸省，袖为两片式合体原装袖。此款时尚女装既能勾勒女性优美的曲线体态，也体现了穿着者干练的气质。

图 6-1-2 时常女装基型的款式结构造型

（二）成品规格

时尚女装基型规格尺寸见表 6-1-1。

表 6-1-1 时尚女装基型规格尺寸　　　　　　　　　　　　　　　　　　cm

号型	165/84A							
部位	后中心长	后背长	前衣长	胸围	腰围	肩宽	袖长	袖口
规格	56	38	60	92	74	38	58	26

（三）时尚女装基型的部件结构

时尚女装基型的部件结构包括前衣片结构图 2 片、后衣片结构图 2 片、领片结构图 1 片、袖片结构图 2 片，如图 6-1-3 所示。

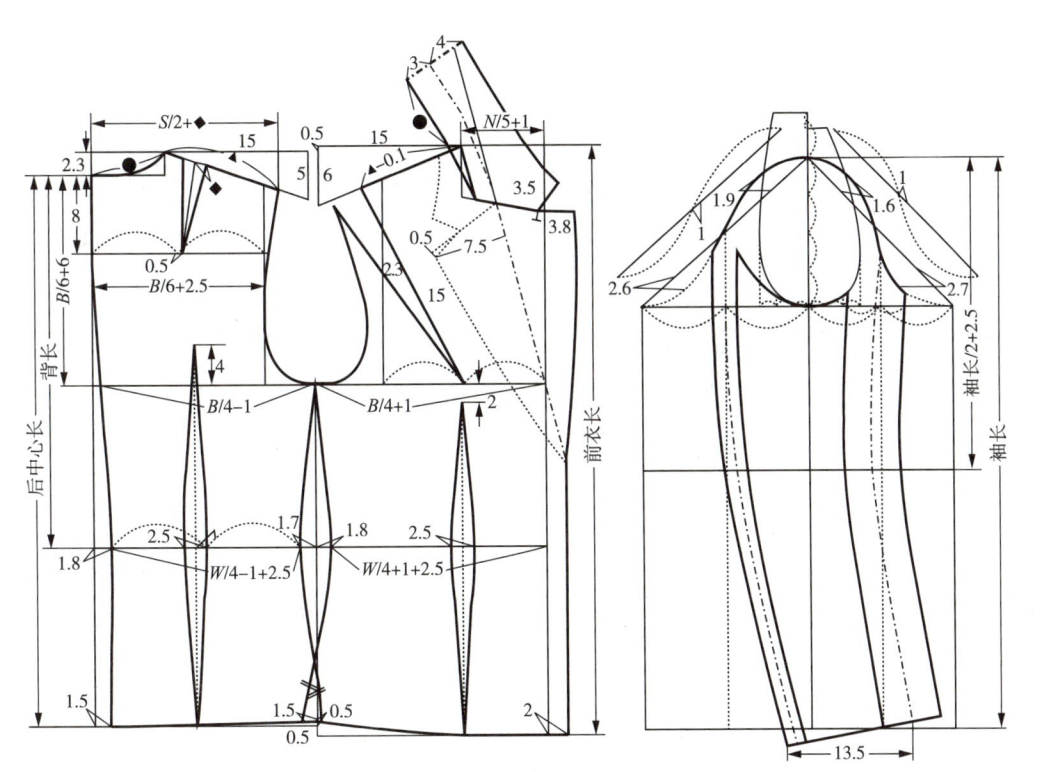

图 6-1-3 时尚女装基型的部件结构（单位：cm）

五、工作任务专业知识（应知）拓展

（一）时尚女装前衣片胸省变化较典型的原因

时尚女装在适身合体的前提下，应综合考虑设计、面料、款式等因素，省存在于前、后衣片，前、后裤片，前、后裙片以及衣领，衣袖等部位，而由省变化而来的分割线、褶裥更是在实用的基础上兼顾造型的美观。由于女性的胸部丰满，所以时尚女装前衣片胸省变化就较典型。

（二）时尚女装必须在适当部位作收省、分割、褶裥等处理的原因

在款式变化结构设计中，省型方向的变化是最基本、最重要的结构变化。收省的主要作用是使服装适身合体。由于人体的体表由起伏不平的凹凸面组成，女性体表的曲线变化较男性更为突出，所以平面的面料要符合立体的人体，能够贴附在人体各部位不同的曲线上，于是必须在适当的部位作收省、分割、褶裥等处理。

任务二　时尚女装省道转移及设计应用

一、省道转移概述

（1）省道转移的原理。胸省的位置和形态是可以变化的，但变化时必须保持胸省角度不变。以时尚女装基型胸省为基础，胸省围绕BP点作360°旋转，保持省道角度转移前后不变。

（2）省道的分布及命名。文化式时尚女装基型的省道是位于腰部的腰省，以BP点为中心在360°范围内的任何位置均可设置省道，根据省道所在的位置对省道进行命名（图6-2-1）。

（3）省道转移方法。按照省道转移的形式分为旋转法（1:1的基型硬衣片）和剪切法（1:1的基型软衣片）；按照省道转移的程度分为全部转移法和部分转移法。

（4）省道转移的种类。基本的省道转移、连省成缝、单省变多省、省变褶裥、不对称省（整片省）等。

（5）省道消除。时尚女装结构设计的重点是解决衣身的结构平衡，其关键是消除胸围线以上部位由胸凸所引起的浮余量。处理的方法有两种，一种是从结构上处理，如省褶处理、下放处理、袖窿松量处理，另一种是从工艺上处理，如归拢、缩缝等。其中最常用的是省道消除。用胸省消除胸围线以上浮余量，用腰省消除胸围线以下、腰围线以上的浮余量，从而塑造出美观、贴体的服装。而且，胸、腰省位置、形态的变化是时尚

女装款式变化的重要元素之一。

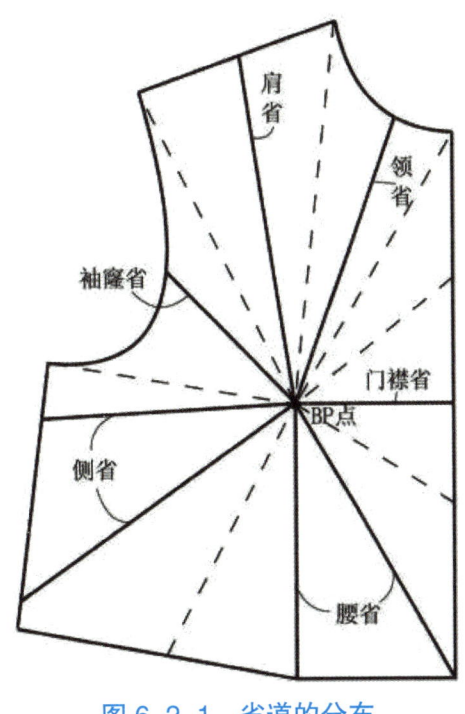

图 6-2-1 省道的分布

二、设计理念

掌握纸样省道转移的变化规律以及纸样的操作方法。通过对时尚女装省道转移及设计应用所涉及的规格尺寸、款式图、结构图的掌握，认识更多时尚女装结构变化规律。

三、设计目标

（1）学习和掌握时尚女装省道转移的原理及方法。

（2）掌握时尚女装省道转移的操作方法，并能够进行简单的省道转移应用，为下一步学习复杂的省道转移打下基础。

（3）培养观察分析能力、举一反三能力和动手实践能力，以及严谨扎实的学习态度。

四、工作任务实施

（一）成品规格示例

时尚女装省道转移及设计应用规格尺寸示例见表 6-2-1。

表 6-2-1 时尚女装省道转移及设计应用规格尺寸示例　　cm

号型	165/84A							
部位	后中心长	后背长	前衣长	胸围	腰围	肩宽	袖长	袖口
规格	56	38	60	92	74	38	58	26

（二）时尚女装省转移示意图

（1）时尚女装前衣片省道转移分布示意图如图 6-2-2 所示。

（2）时尚女装领胸省转移示意图如图 6-2-3 所示。

（3）时尚女装肩胸省转移示意图如图 6-2-4 所示。

（4）时尚女装袖胸省转移示意图如图 6-2-5 所示。

（5）时尚女装侧胸省转移示意图如图 6-2-6 所示。

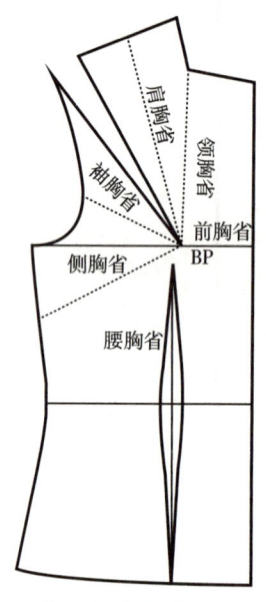

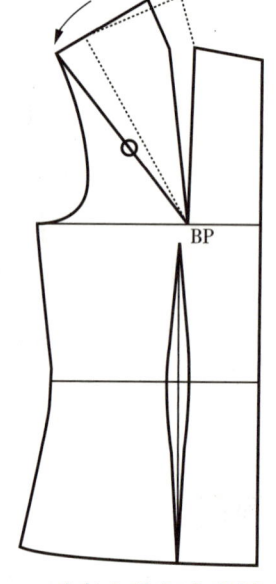

图 6-2-2　时尚女装省道转移分布示意图

图 6-2-3　时尚女装领胸省转移示意图

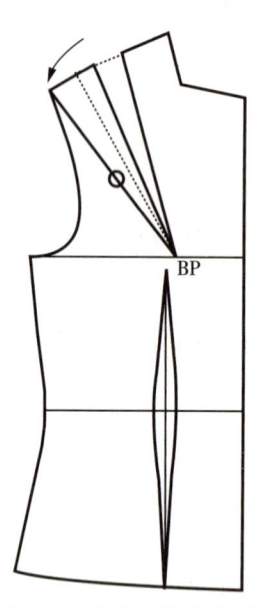

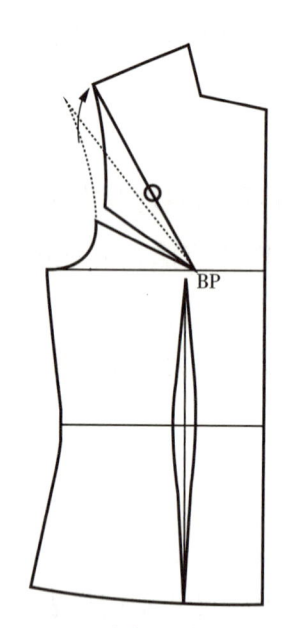

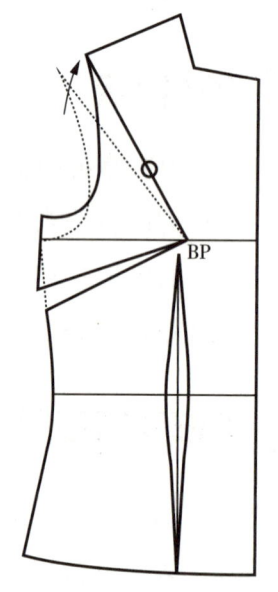

图 6-2-4　时尚女装肩胸省转移示意图　　图 6-2-5　时尚女装袖胸省转移示意图　　图 6-2-6　时尚女装侧胸省转移示意图

（三）时尚女装设计应用示意图

（1）时尚女装领胸省设计应用示意图如图 6-2-7 所示。

（2）时尚女装肩胸省设计应用示意图如图 6-2-8 所示。

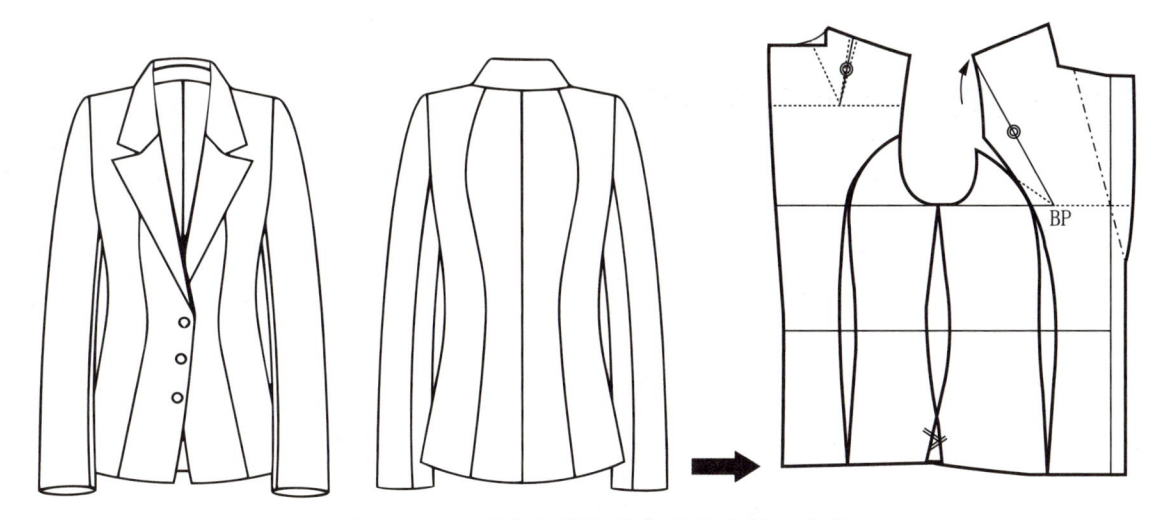

（3）时尚女装袖胸省设计应用示意图如图6-2-9所示。

（4）时尚女装侧胸省设计应用示意图如图6-2-10所示。

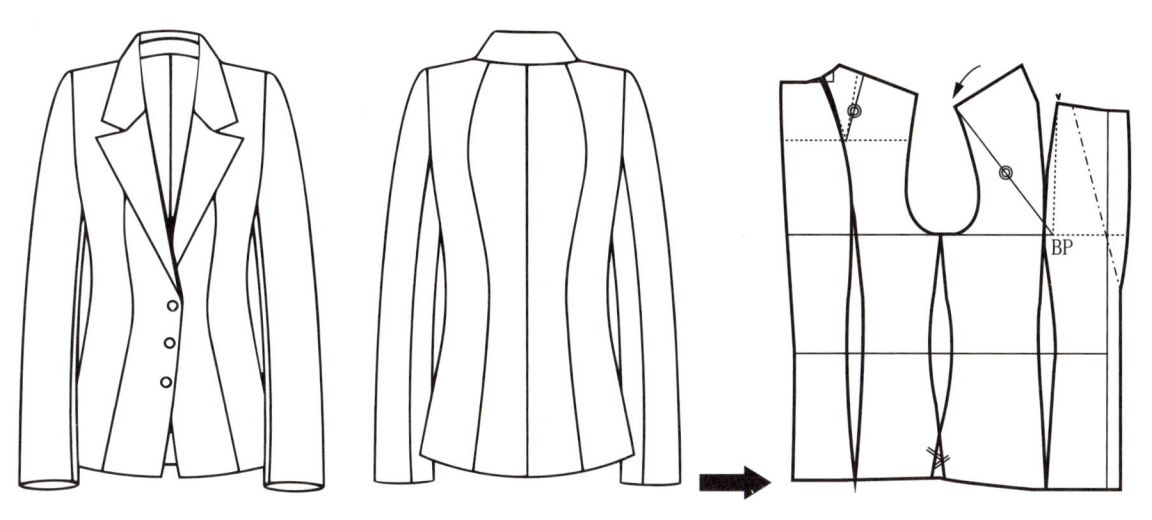

图 6-2-7 时尚女装领胸省设计应用示意图

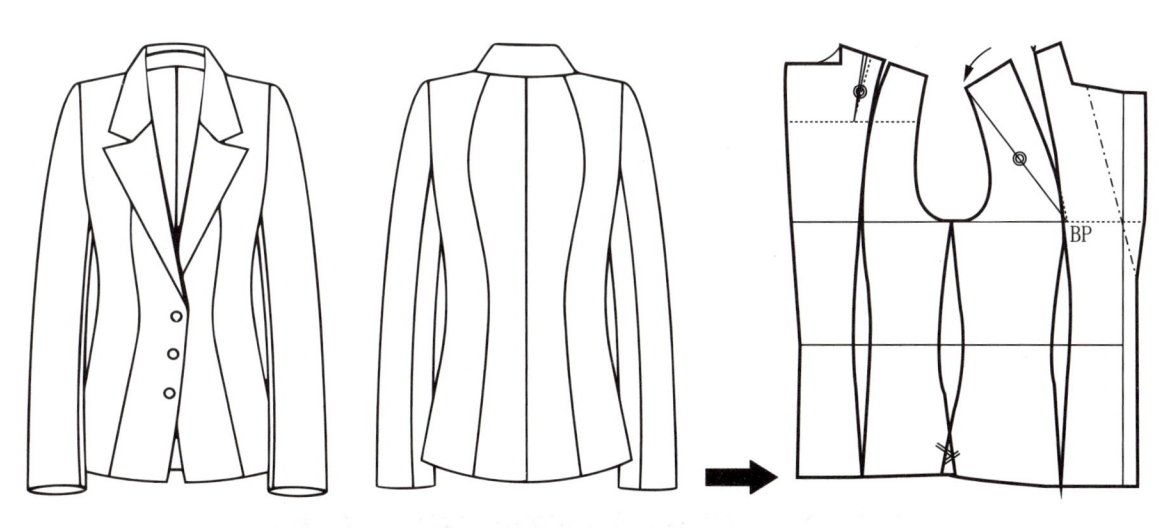

图 6-2-8 时尚女装肩胸省设计应用示意图

图 6-2-9 时尚女装袖胸省设计应用示意图

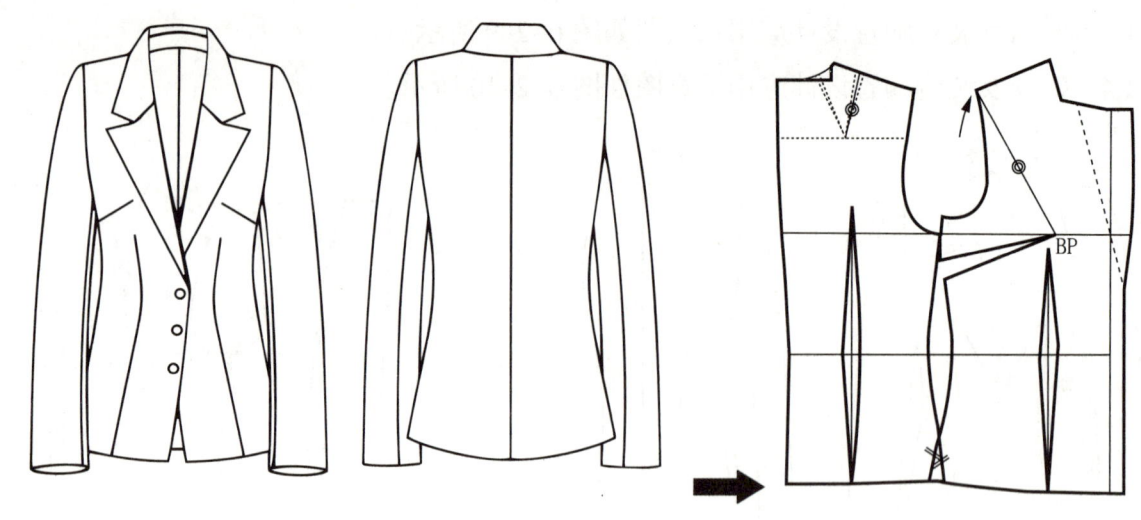

图 6-2-10　时尚女装侧胸省设计应用示意图

（四）工作任务专业知识（应知）拓展

时尚女装胸省变化的方法大致分为角度转移法、纸型折叠转换法、纸型旋转移位法。

（1）角度转移法，即将角度转化成用两直角边的比值来确定肩斜度，既保证了角度确定的合理性，又使制图方法得到了简化。

（2）纸型折叠转换法，即在纸型上将设定的胸省位向着胸高点的方向剪开，将纸型上的省份折叠，剪开就会自然张开。

（3）纸型旋转移位法，即以省尖压胸点（BP点）旋转纸型，旋转至纸型上原有省份合并，并在设定的省份上定位。

以上三种方法各有优、缺点，无论采用哪一种方法，最后的结果应该都是一致的。

任务三　时尚女装结构设计示例

一、时尚女装结构设计要点概述

（1）款式造型的审视：主要关注款式图的结构、效果图的类别、款式的功能属性、平视与透视结构、结构的可分解性、材料的性质与组成、工艺处理形式。

（2）款式结构分解：准备设计图，确定服装规格，进行细部结构比例计算、特殊部位结构分析，研究内、外层结构的吻合关系。

（3）结构线的特征与设计：主要关注结构线的部位、形态、数量的改变所引起的服装造型艺术效果，以及工艺特征，即结构线适合人体体型及加工方便性方面的特征。

（4）衣身结构平衡：衣身结构平衡是指服装在穿着状态中前、后衣身在 WL 以上部位能保持合体、平整，表面无造型所产生的皱褶。达到衣身结构平衡，关键是消除衣身前浮余量。

衣身覆合在人体上，将衣身纵向 FCL、BCL 及纬向 BL、WL 分别与人体覆合一致后，前衣身在 BL 以上（肩缝、袖窿处）出现的多余量称为前浮余量，也称为胸凸量或乳凸量，后衣身在背宽线以上（肩宽、袖窿处）出现的多余量称为后浮余量，也称为背凸量。

（5）时尚女装结构设计过程中需要重视的关键要素：尺寸和比例、细节处理以及舒适度与美观的平衡；独特性和个性化的追求、面料和材质的选择，以及合理剪裁和结构设计；线条和形状的优美呈现、色彩和材质的合理搭配，以及功能性和实用性的考量。只有在这些方面做到精确和全面，才能真正创造出令人满意、充满女性魅力和个性的时尚女装设计作品。

二、设计理念

时尚女装结构设计需要技巧和耐心。时尚女装结构设计具有复杂性和精致性。

时尚女装是展现女性魅力和个性的一种方式，更是对时尚潮流的回应和追求。时尚女装是艺术和创意的结晶，可以表现独立、坚强，反映了女性对自由和平等的追求，是为女性提供自信和幸福感的重要途径。

三、设计目标

通过时尚女装结构设计示例，了解省的作用、形状及位置规律。通过对时尚女装结构设计示例中规格尺寸、结构图的掌握，了解更多时尚女装结构变化。在时尚女装结构设计过程中培养"千锤百炼始成钢，百折不挠终成才"的学习态度和精益求精的工匠精神。

四、作品设计

（一）认识时尚女装示例一

图 6-3-1 所示为时尚女装示例一的款式结构造型，其为连身立领结构，前翻驳领开关两用，领子翻折线上端起于立领上端，止点位于腰围线上方；首粒扣双排，末尾扣单排，共 4 粒扣，为四开身结构；前中圆角底摆，公主线自颈侧点沿领口向前折转，通过胸点，呈 S 曲线造型至底摆；采用单开线袋口真口袋，口袋要实用；后背中无缝，公主线自领口向下，通过肩胛骨，呈 S 曲线造型至底摆；圆装袖为合体一片袖结构，省道起于后袖窿。

图 6-3-1 时尚女装示例一的款式结构造型

（二）成品规格

时尚女装示例一规格尺寸见表 6-3-1。

表 6-3-1 时尚女装示例一规格尺寸　　　　　　　　　　　　　　　　cm

号型	165/84A								
部位	后衣长	背长	前衣长	胸围	腰围	肩宽	袖长	袖肥	袖口
规格	58	39	62.5	92	76	38	58	33	25

（三）时尚女装示例一的部件结构

时尚女装示例一的部件结构包括前衣片结构图 2 片、后衣片结构图 2 片、过面结构图 2 片、袖片结构图 2 片、领贴 1 片，如图 6-3-2 所示。

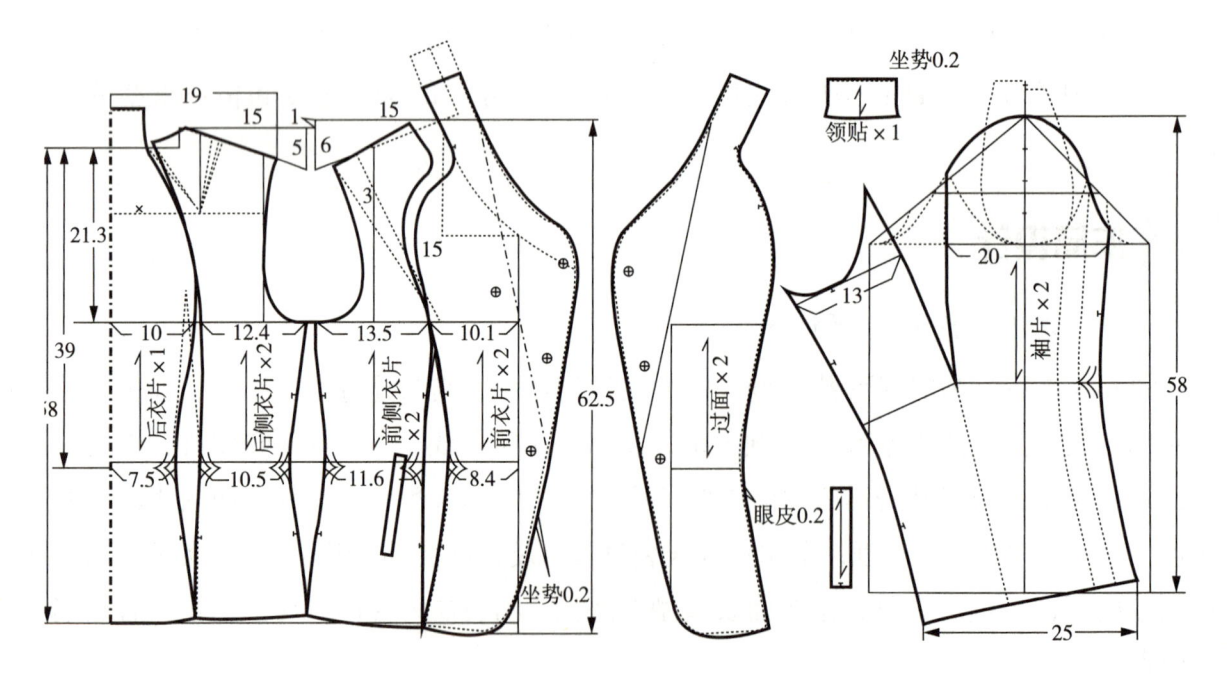

图 6-3-2 时尚女装示例一的部件结构（单位：cm）

（四）面料样板加缝图和排料图

时尚女装示例一面料样板加缝图和排料图如图 6-3-3 所示。

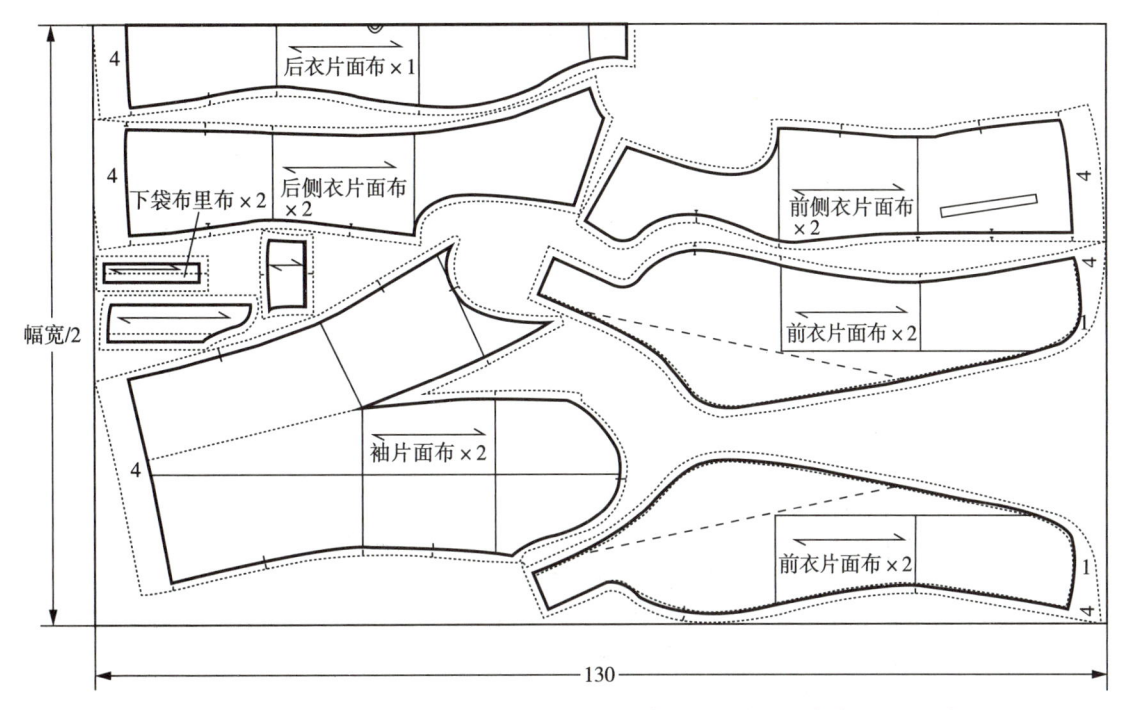

图 6-3-3　时尚女装示例一面料样板加缝图和排料图（单位：cm）

（五）里料样板加缝图和排料图

时尚女装示例一里料样板加缝图和排料图如图 6-3-4 所示。

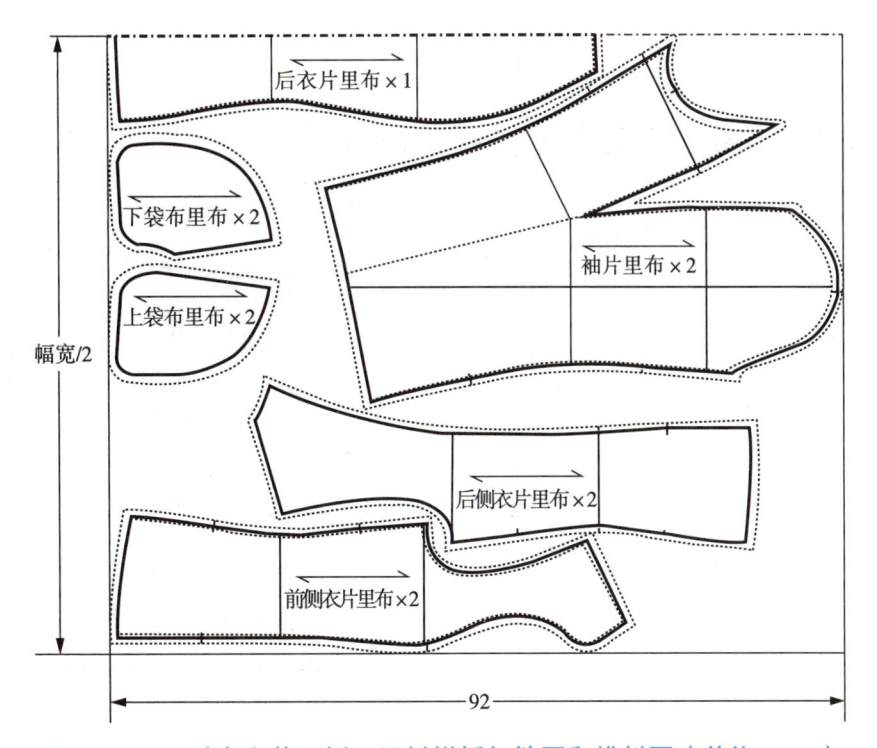

图 6-3-4　时尚女装示例一里料样板加缝图和排料图（单位：cm）

（六）衬料样板加缝图和排料图

时尚女装示例一衬料样板加缝图和排料图如图 6-3-5 所示。

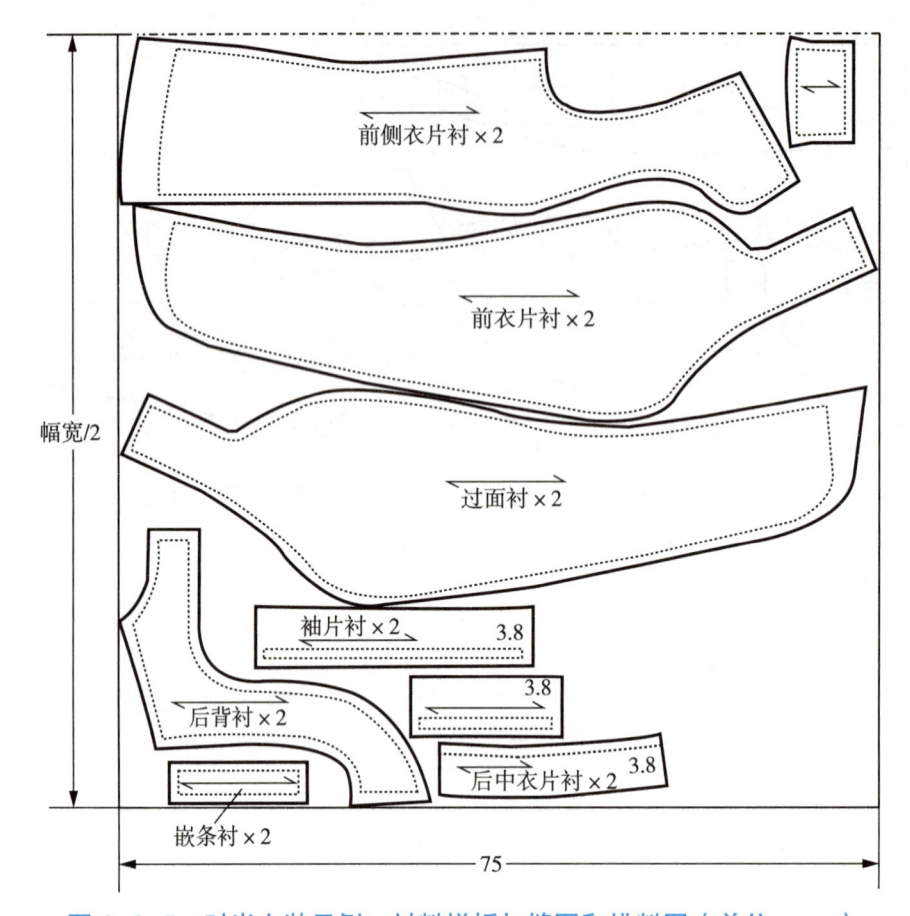

图 6-3-5　时尚女装示例一衬料样板加缝图和排料图（单位：cm）

（七）部分工艺样板图

时尚女装示例一部分工艺样板图如图 6-3-6 所示。

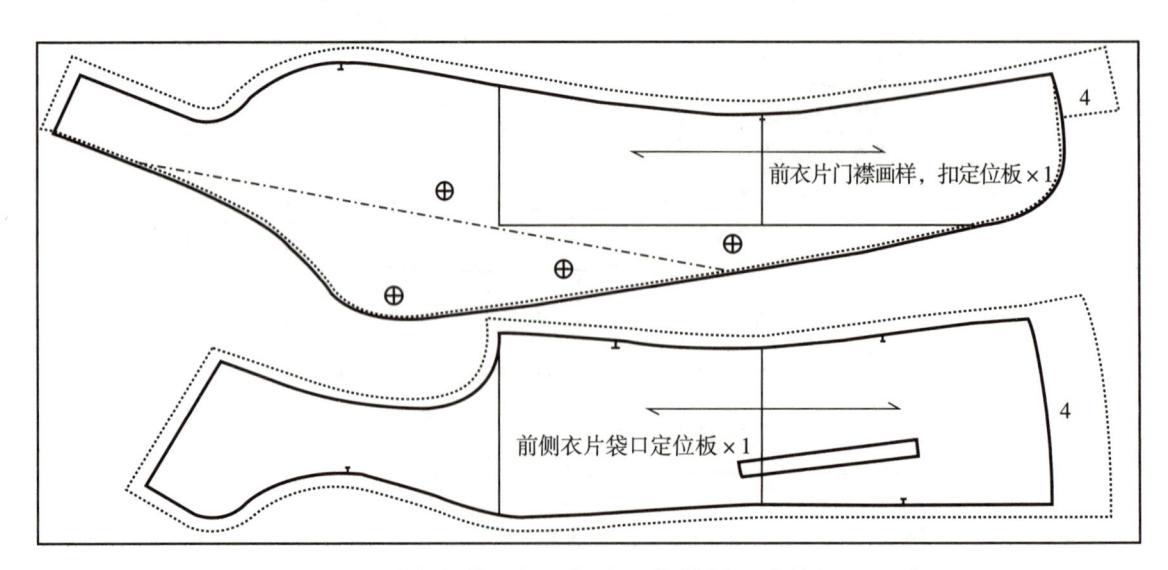

图 6-3-6　时尚女装示例一部分工艺样板图（单位：cm）

五、工作任务技能操作（应会）拓展训练

根据时尚女装示例一结构图的技术规格要求，绘制其款式变化结构图。

六、举一反三·一

（一）认识时尚女装示例二

图 6-3-7 所示为时尚女装示例二的款式结构造型。其采用平驳头西装领，领面为分体翻领，领底为连体翻领；四开身，门襟 1 粒纽；采用尖角倒 V 形下摆；前衣片分割线自串口线内端，过胸点至口袋前端，穿过双开线口袋至底摆，袋长距侧缝 1 cm，采用方袋盖；前中下部为复层结构，领下有省道，为吸腰合体型；后背中缝直通底摆；后侧刀背公主线自袖窿起至底摆；泡泡袖为合体一片袖结构，有袖肘省。

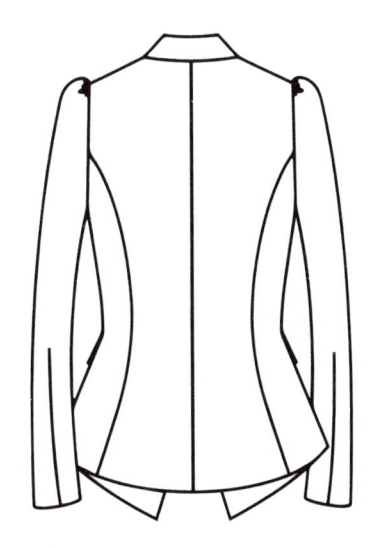

图 6-3-7 时尚女装示例二的款式结构造型

（二）成品规格

时尚女装示例二规格尺寸见表 6-3-2。

表 6-3-2 时尚女装示例二规格尺寸　　　　　　　　　　　　　　　cm

号型	165/84A								
部位	后中长	背长	前衣长	胸围	腰围	肩宽	袖长	袖肥	袖口
规格	56	38	64.5	92	76	36	60	33	26

（三）时尚女装示例二的部件结构

时尚女装示例二的部件结构包括前衣片结构图 2 片、后衣片结构图 2 片、过面结构图 2 片、袖片结构图 2 片、领结构图 2 片、下脚复层结构图 2 片，如图 6-3-8 所示。

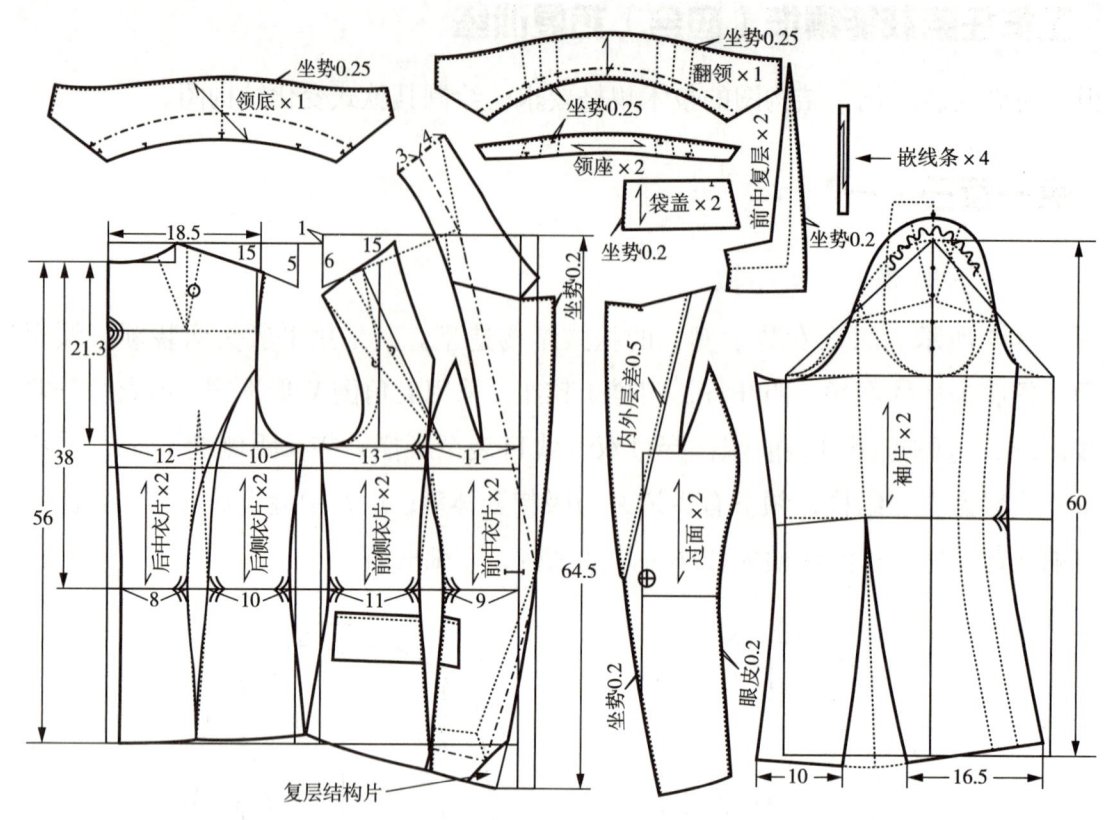

图 6-3-8 时尚女装示例二的部件结构（单位：cm）

（四）面料样板加缝图和排料图

时尚女装示例二面料样板加缝图和排料图如图 6-3-9 所示。

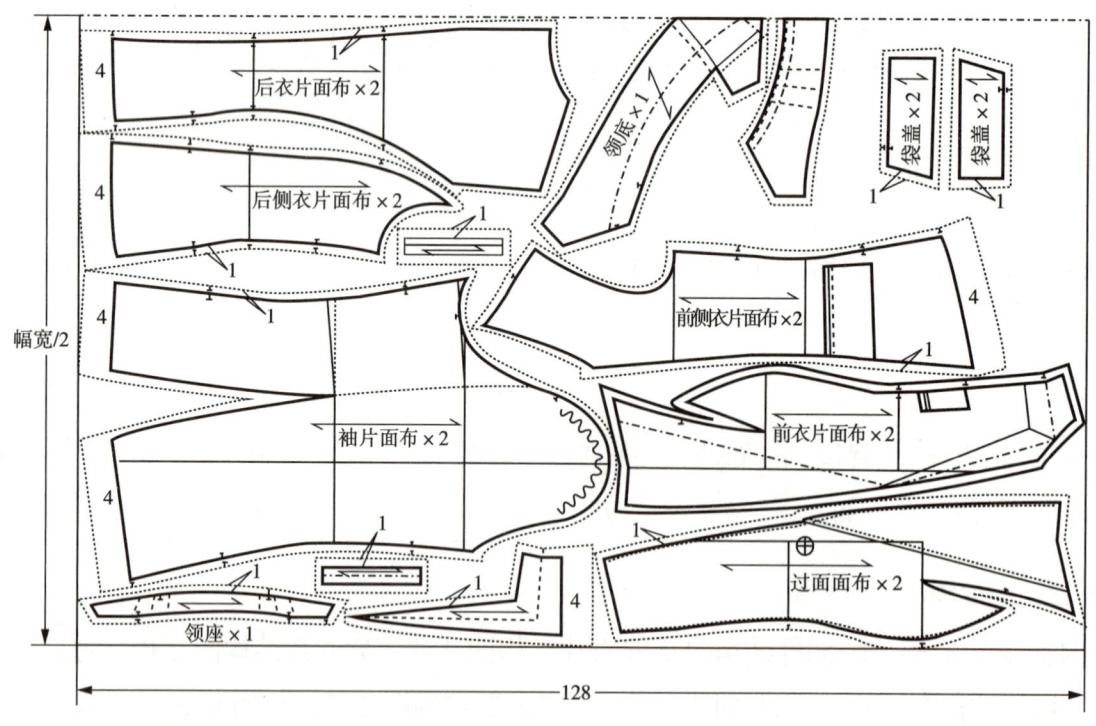

图 6-3-9 时尚女装示例二面料样板加缝图和排料图（单位：cm）

（五）里料样板加缝图和排料图

时尚女装示例二里料样板加缝图和排料图如图 6-3-10 所示。

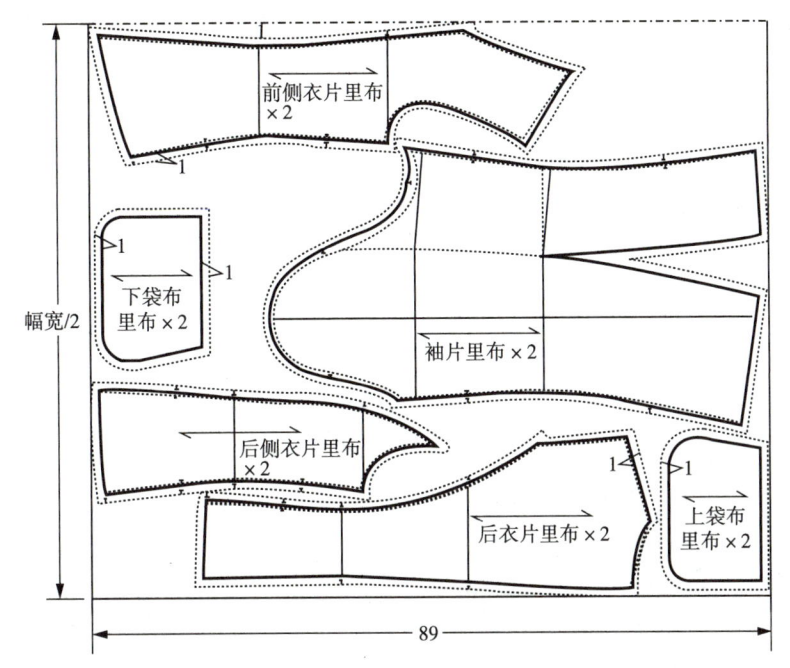

图 6-3-10　时尚女装示例二里料样板加缝图和排料图（单位：cm）

（六）衬料样板加缝图和排料图

时尚女装示例二衬料样板加缝图和排料图如图 6-3-11 所示。

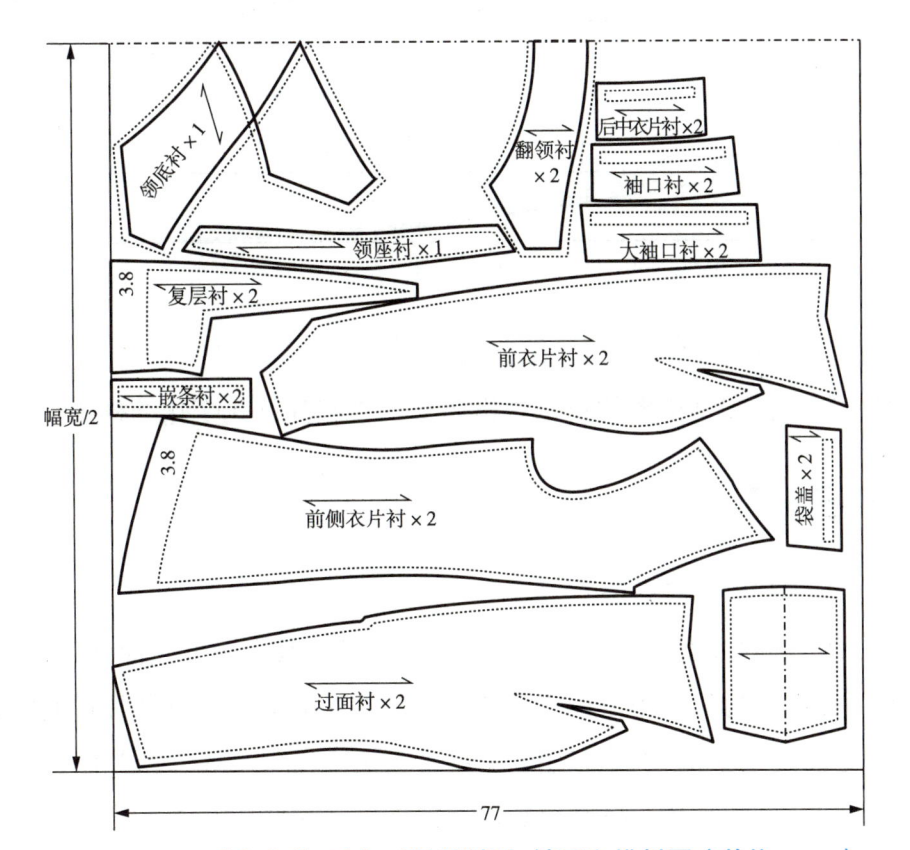

图 6-3-11　时尚女装示例二衬料样板加缝图和排料图（单位：cm）

（七）部分工艺样板图

时尚女装示例二部分工艺样板图如图 6-3-12 所示。

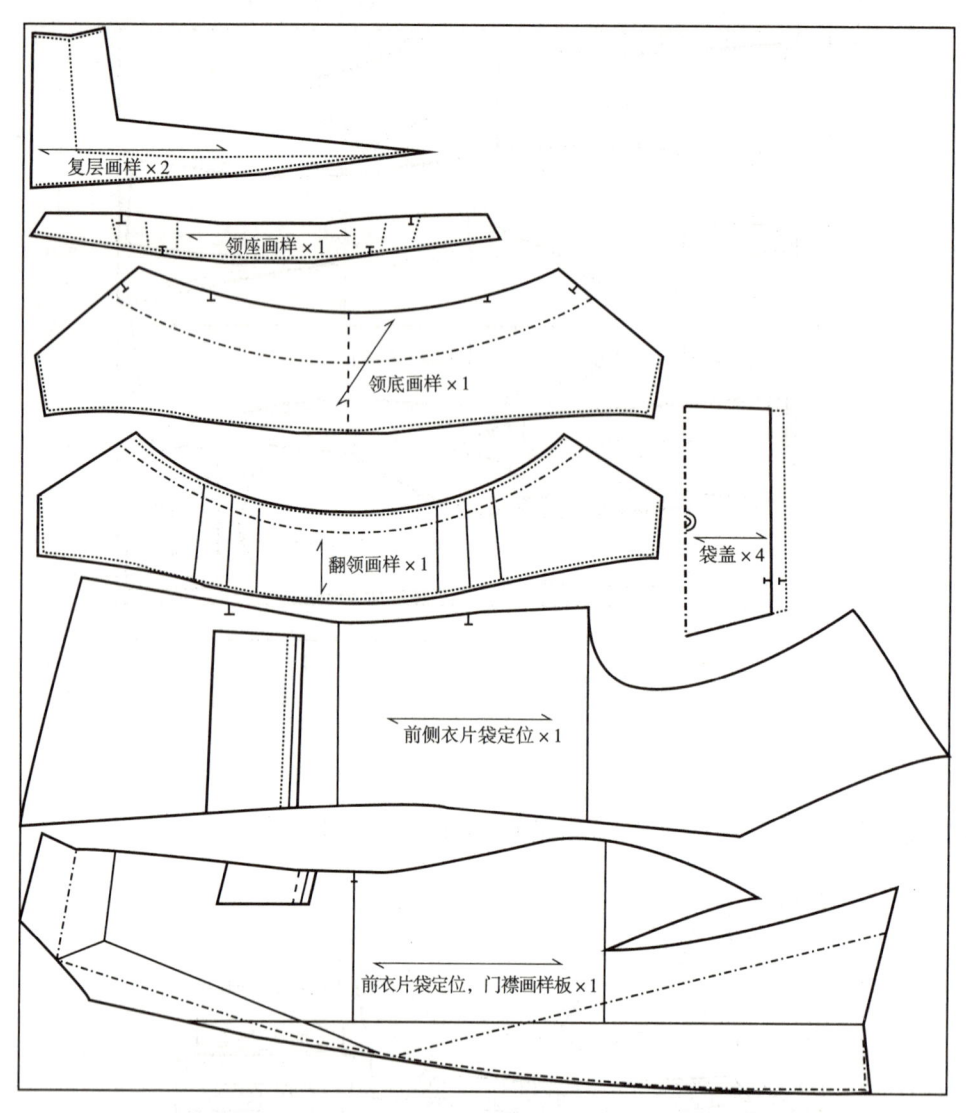

图 6-3-12　时尚女装示例二部分工艺样板图

（八）工作任务技能操作（应会）拓展训练

根据时尚女装示例二结构图的技术规格要求，绘制其款式变化结构图。

七、举一反三·二

（一）认识时尚女装示例三

图 6-3-13 所示为时尚女装示例三的款式结构造型。其采用戗头西装领，驳头小圆角，方领角；领面为分体结构，领底一片，为两开身结构；胸腰省道与腰腹省道串通，与前腰横向分割线呈"丁"字形状；有领口省，1 粒纽，腰横向分割线上留扣眼；刀背省由袖窿至腰部，下接纵向双开线袋牙，有真口袋；省尖止于前胯部，有倒 V 形大圆摆；采用四开身结构，后背中缝直通底摆，刀背缝分割线下端与双开衩相连；合体包肩圆头泡泡袖有袖

开衩，2粒纽。

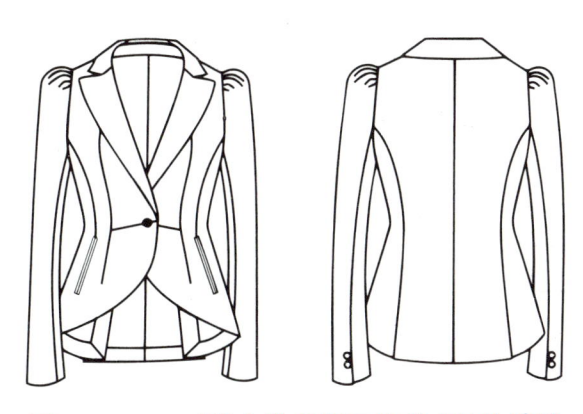

图 6-3-13 时尚女装示例三的款式结构造型

（二）成品规格

时尚女装示例三规格尺寸见表 6-3-3。

表 6-3-3 时尚女装示例三规格尺寸　　　　　　　　　　　　　　　　　　cm

号型	165/84A							
部位	后衣长	背长	胸围	腰围	肩宽	袖长	袖肥	袖口
规格	60	39	92	74	34	61	34	25

（三）时尚女装示例三的部件结构

时尚女装示例三的部件结构包括前衣片结构图 2 片、后衣片结构图 2 片、袖片结构图 2 片、过面结构图 2 片、领贴结构图 4 片，如图 6-3-14 所示。

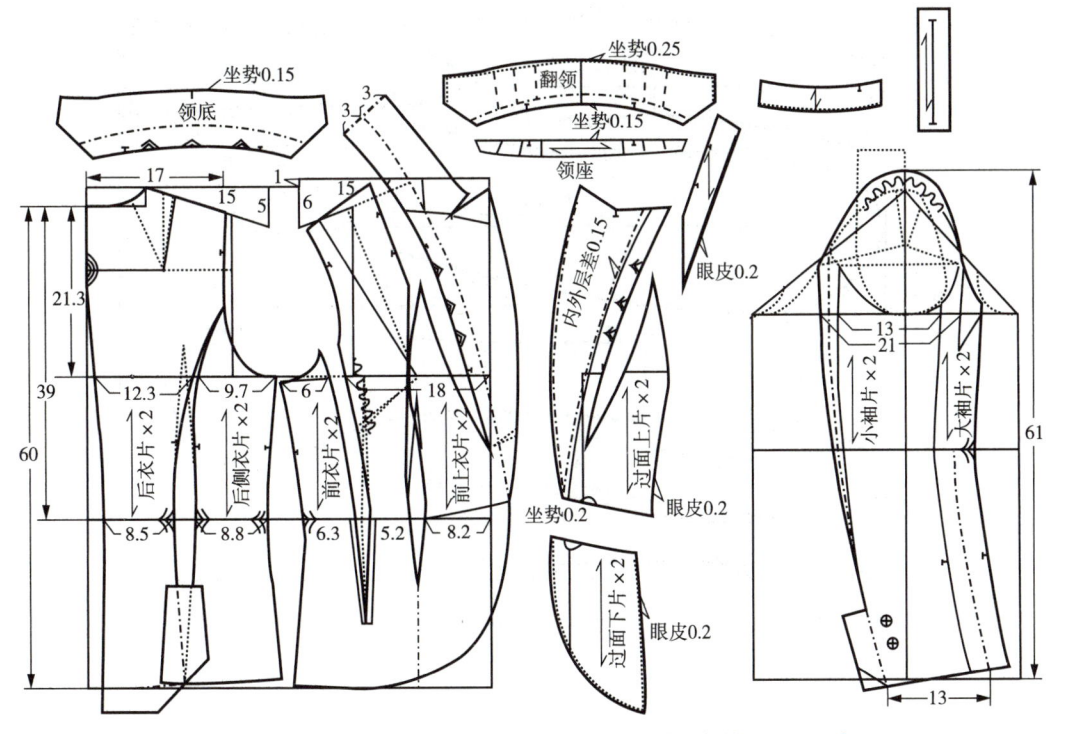

图 6-3-14 时尚女装示例三的部件结构（单位：cm）

（四）面料样板加缝图和排料图

时尚女装示例三面料样板加缝图和排料图如图 6-3-15 所示。

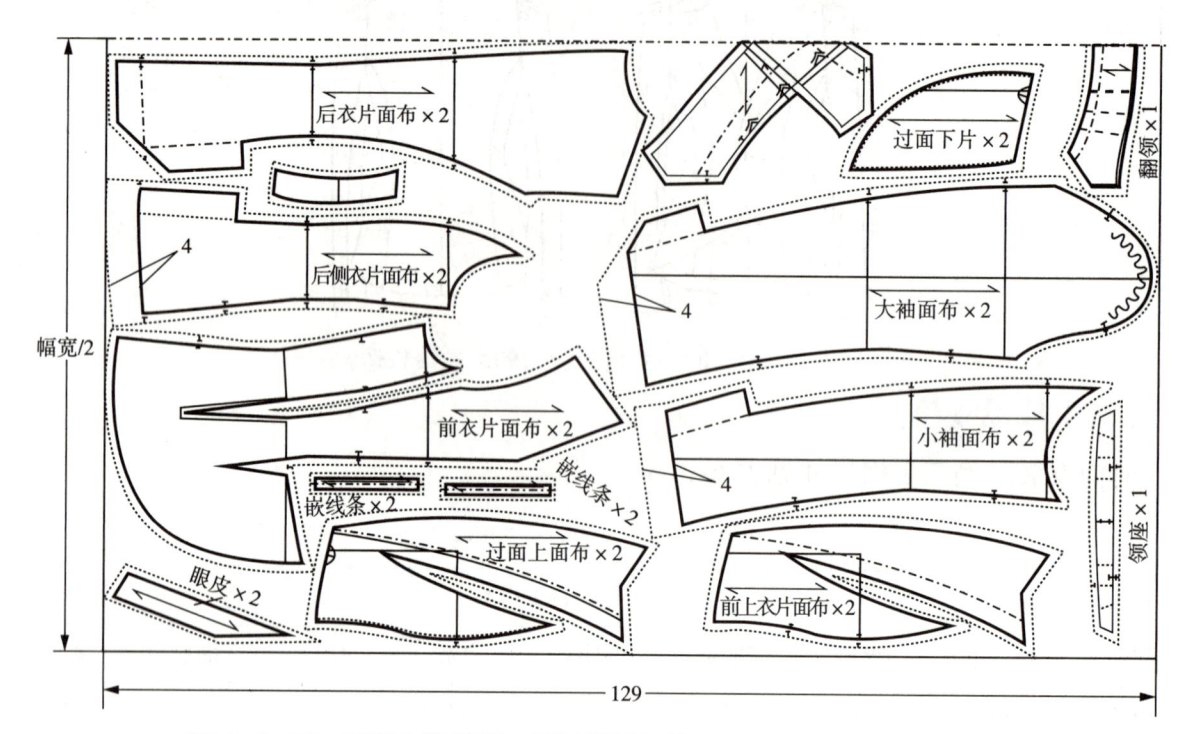

图 6-3-15　时尚女装示例三面料样板加缝图和排料图（单位：cm）

（五）里料样板加缝图和排料图

时尚女装示例三里料样板加缝图和排料图如图 6-3-16 所示。

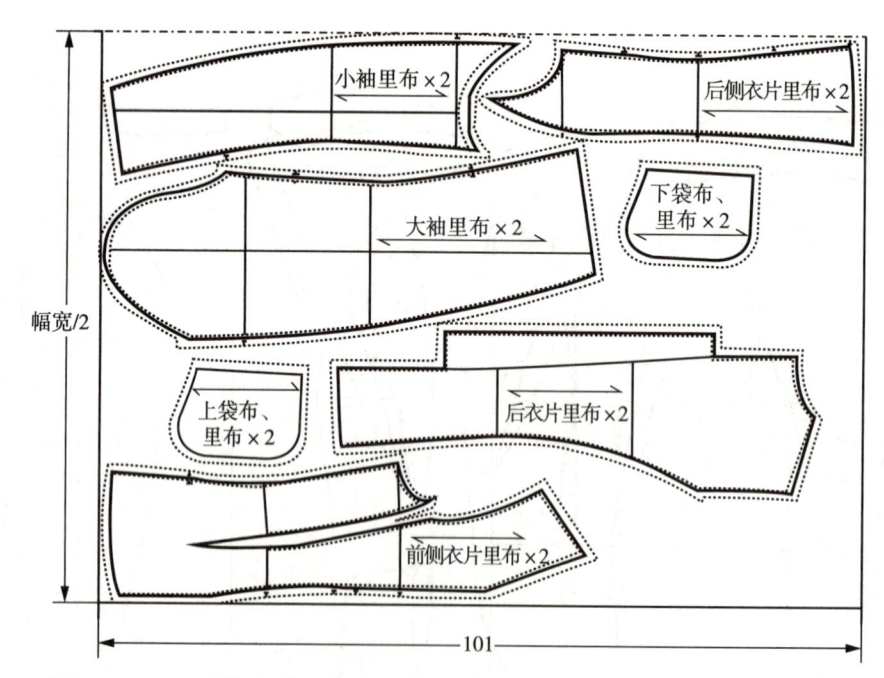

图 6-3-16　时尚女装示例三里料样板加缝图和排料图（单位：cm）

(六)衬料样板加缝图和排料图

时尚女装示例三衬料样板加缝图和排料图如图6-3-17所示。

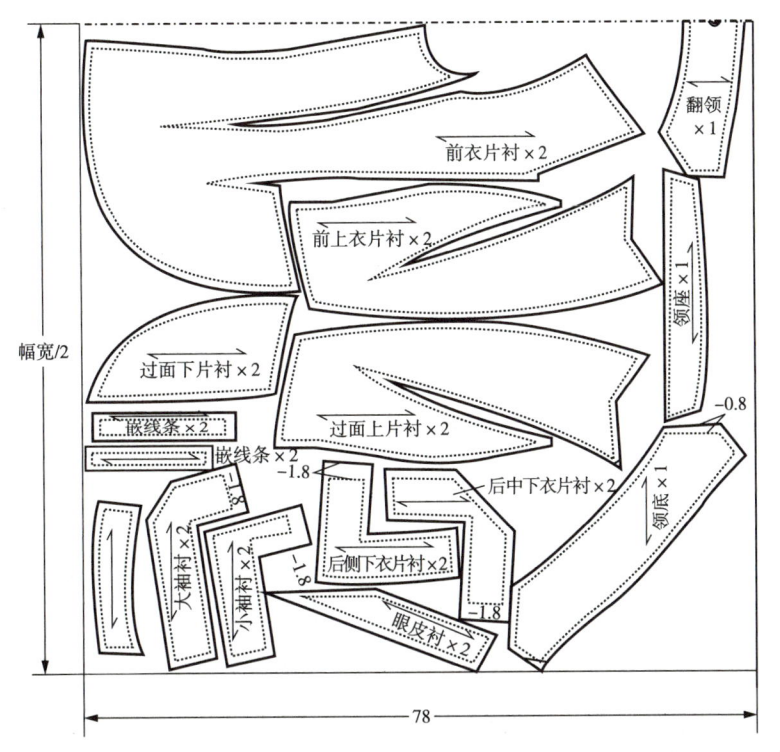

图6-3-17 时尚女装示例三衬料样板加缝图和排料图(单位：cm)

(七)部分工艺样板图

时尚女装示例三部分工艺样板图如图6-3-18所示。

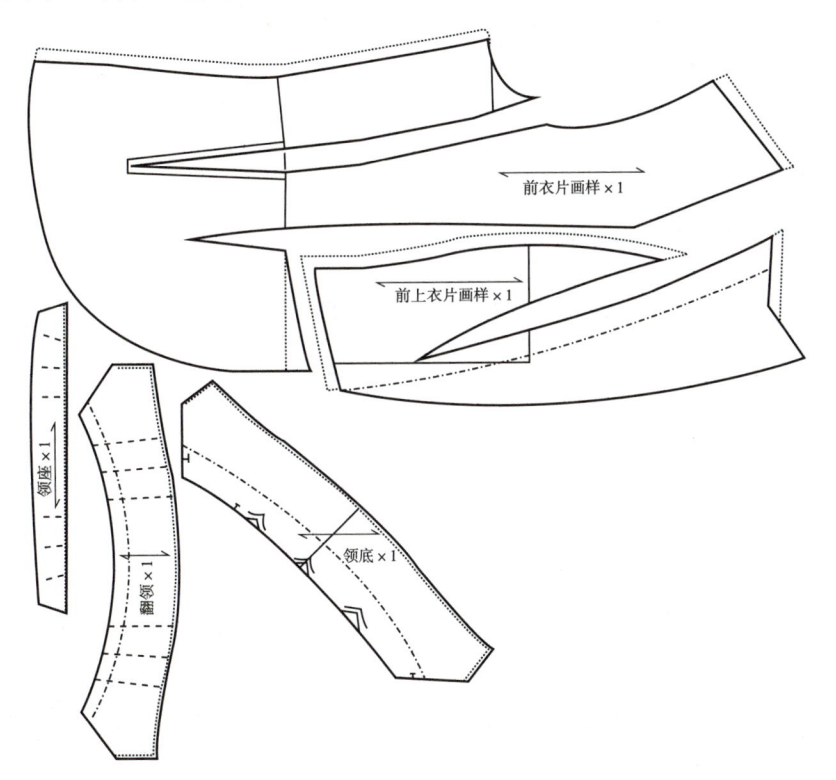

图6-3-18 时尚女装示例三部分工艺样板图

（八）工作任务技能操作（应会）拓展训练

根据时尚女装示例三结构图的技术规格要求，绘制其款式变化结构图。

八、举一反三·三

（一）认识时尚女装示例四

图 6-3-19 所示为时尚女装示例四的款式结构造型。其采用驳领、戗驳头，领面为分体翻领，领底为一片斜纱向；采用四开身结构，门襟有 1 粒纽；采用小圆角下摆，前片小刀背分割线自袖窿起至前腰袋盖前边连接，有 L 形折转缝，前侧刀背缝与袋盖相连（小圆角袋盖），领下和刀背缝上有胸省道；后腰背省道过腰线与褶裥贯通，小刀背缝自袖窿中部起通向腰线与袋盖后端相接；合体两片袖的袖口开衩，有 2 粒袖纽。

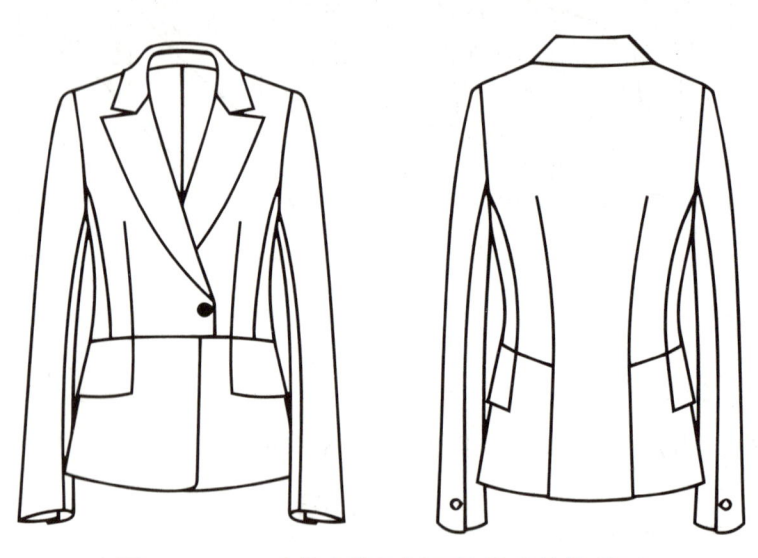

图 6-3-19 时尚女装示例四的款式结构造型

（二）成品规格

时尚女装示例四规格尺寸见表 6-3-4。

表 6-3-4 时尚女装示例四规格尺寸　　　　　　　　　　　　　　　　　　cm

号型	165/84A								
部位	后衣长	背长	前衣长	胸围	腰围	肩宽	袖长	袖肥	袖口
规格	58	38	62.5	92	76	38	58	33	26

（三）时尚女装示例四的部件结构

时尚女装示例四的部件结构包括前衣片结构图 2 片、后衣片结构图 2 片、过面结构图 2 片、袖片结构图 2 片、领贴 1 片，如图 6-3-20 所示。

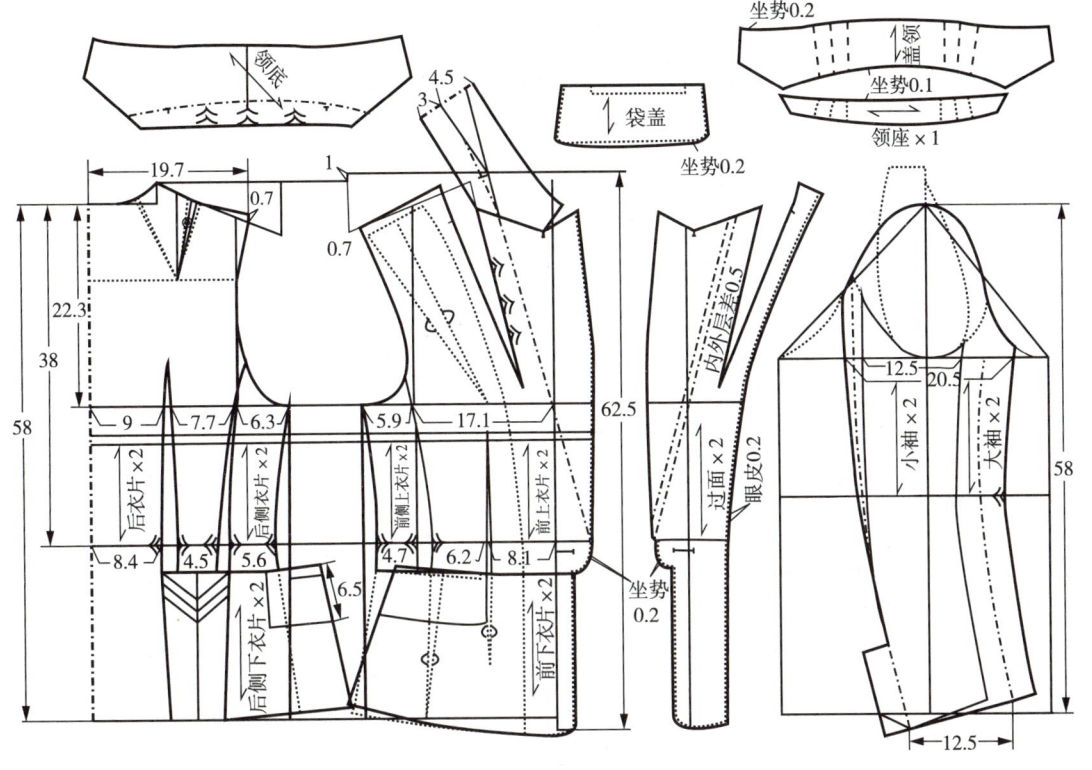

图 6-3-20 时尚女装示例四的部件结构（单位：cm）

（四）面料样板加缝图和排料图

时尚女装示例四面料样板加缝图和排料图如图 6-3-21 所示。

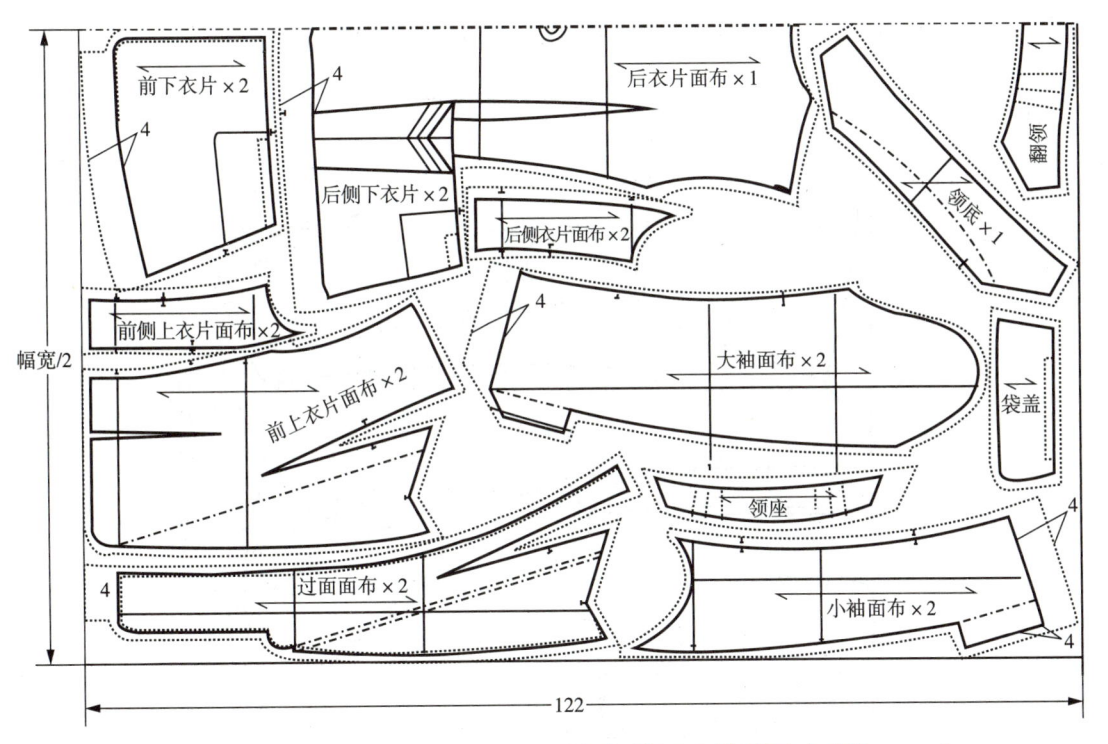

图 6-3-21 时尚女装示例四面料样板加缝图和排料图（单位：cm）

（五）里料样板加缝图和排料图

时尚女装示例四里料样板加缝图和排料图如图 6-3-22 所示。

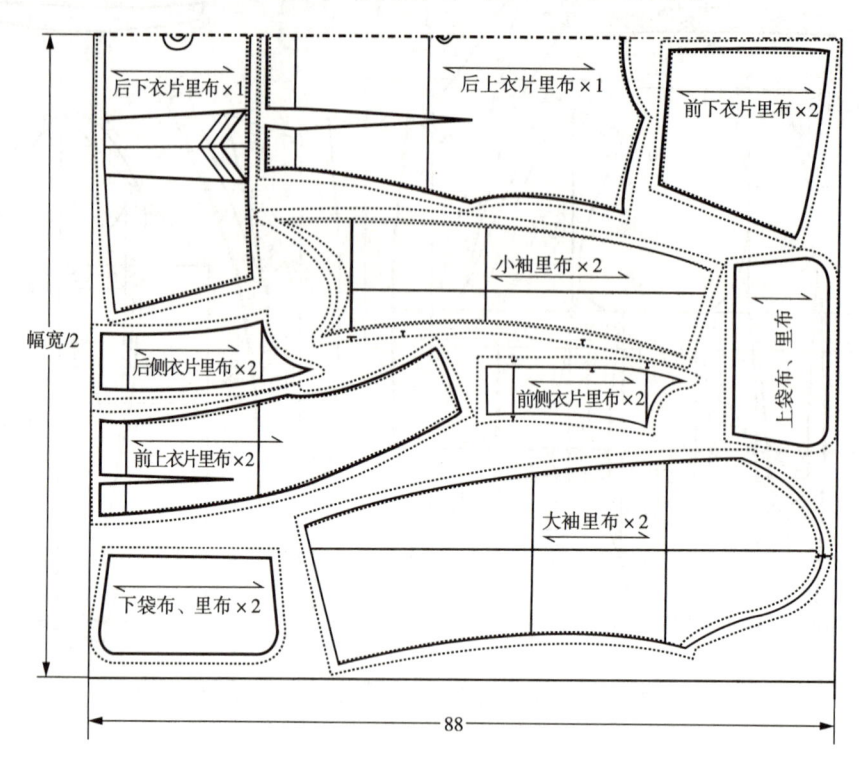

图 6-3-22　时尚女装示例四里料样板加缝图和排料图（单位：cm）

（六）衬料样板加缝图和排料图

时尚女装示例四衬料样板加缝图和排料图如图 6-3-23 所示。

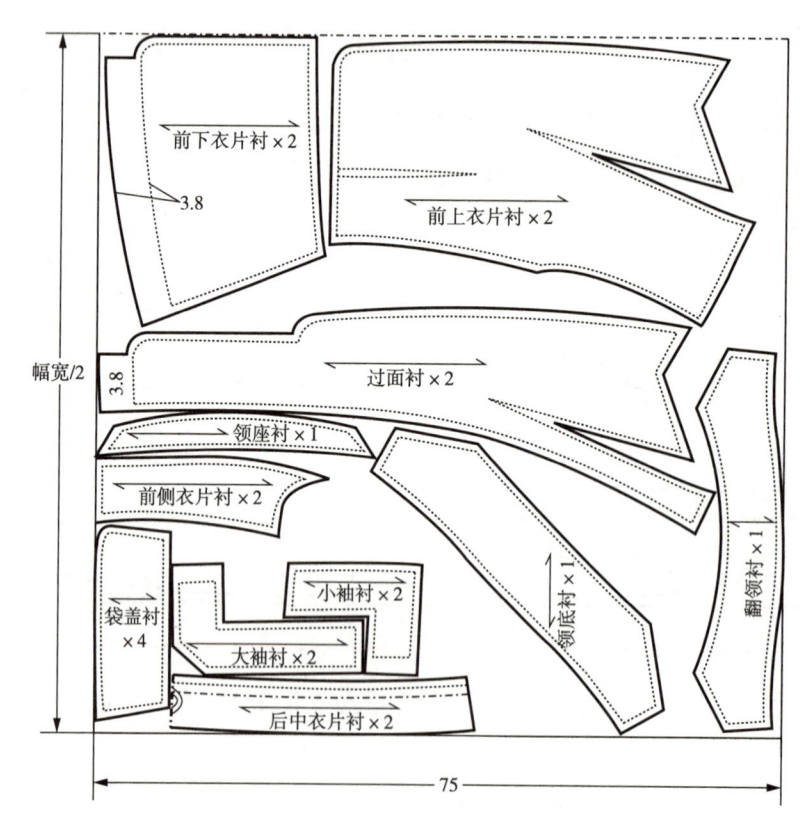

图 6-3-23　时尚女装示例四衬料样板加缝图和排料图（单位：cm）

（七）部分工艺样板图

时尚女装示例四部分工艺样板图如图 6-3-24 所示。

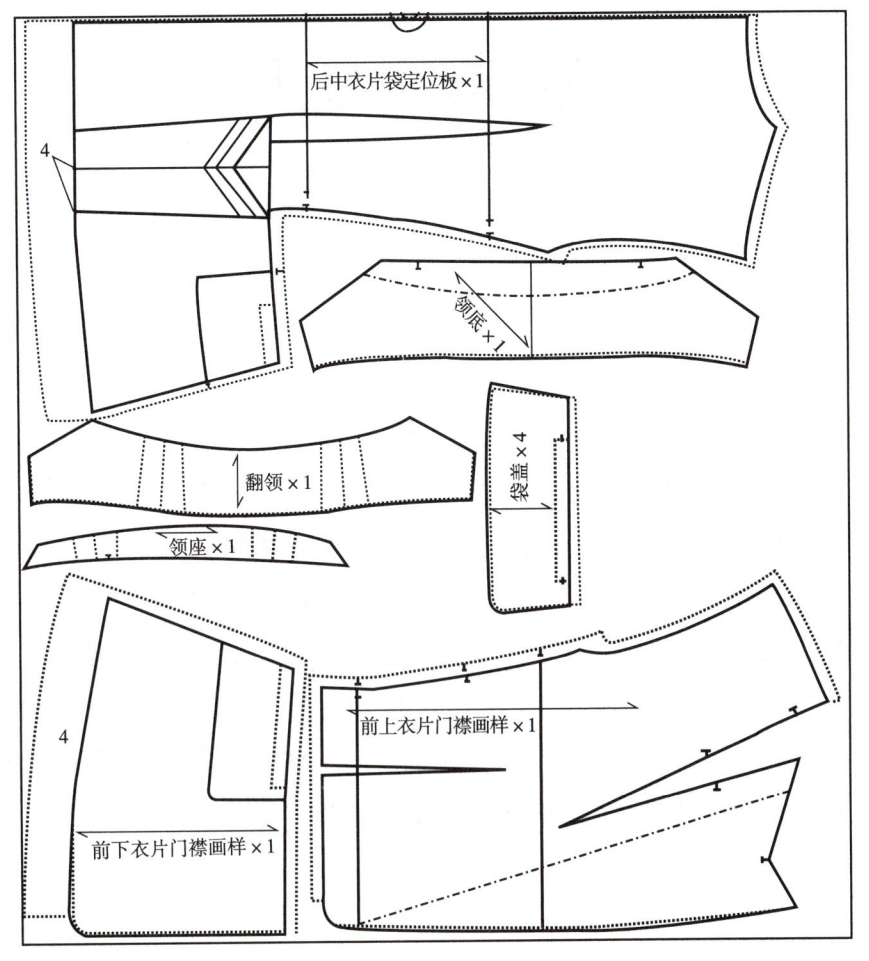

图 6-3-24　时尚女装示例四部分工艺样板图（单位：cm）

（八）工作任务技能操作（应会）拓展训练

根据时尚女装示例四结构图的技术规格要求，绘制其款式变化结构图。

参考文献

［1］甘小平. 服装结构设计［M］. 北京：中国纺织出版社，2021.
［2］孔庆，骆振楣. 服装结构制图［M］. 北京：高等教育出版社，2016.
［3］甘小平. 成衣制作［M］. 南京：江苏教育出版社，2014.
［4］徐雅琴. 服装结构制图［M］. 北京：高等教育出版社，2021.
［5］黄英，叶菁. 服装结构设计［M］. 北京：北京邮电大学出版社，2008.
［6］陈东生，甘应进. 新编服装生产工艺学［M］. 北京：中国轻工业出版社，2008.
［7］叶菁，罗芳. 服装基础工艺——项目化实训手册［M］. 成都：四川大学出版社，2022.
［8］张明德. 服装缝制工艺［M］. 北京：高等教育出版社，2019.